# 城市基础设施投融资的市场化改革
## ——PPP的理念与实践

北京大岳咨询有限责任公司　编著



中国城市出版社

**图书在版编目 (CIP) 数据**

城市基础设施投融资的市场化改革：PPP 的理念与实践 / 北京大岳咨询有限责任公司编著 . —北京：中国城市出版社，2019.4

ISBN 978-7-5074-3179-7

Ⅰ. ①城…　Ⅱ. ①北…　Ⅲ. ①政府投资—合作—社会资本—应用—城市—基础设施建设—投融资体制—金融改革—研究—中国　Ⅳ. ①F299.24 ②F832.48

中国版本图书馆 CIP 数据核字（2019）第 055844 号

责任编辑：陈夕涛　徐昌强　陈小娟
责任校对：王宇枢

**城市基础设施投融资的市场化改革——PPP 的理念与实践**
北京大岳咨询有限责任公司　编著
*
中国城市出版社出版、发行（北京海淀三里河路 9 号）
各地新华书店、建筑书店经销
逸品书装设计制版
北京圣夫亚美印刷有限公司印刷
*
开本：787 × 960 毫米　1/16　印张：14¾　字数：246 千字
2019 年 5 月第一版　　2019 年 5 月第一次印刷
定价：**32.00** 元
ISBN 978-7-5074-3179-7
（904153）

《城市基础设施投融资的市场化改革——PPP的理念与实践》

# 编 委 会


**主　　编：** 金永祥

**副 主 编：** 徐志刚　宋雅琴

**编 委 会：** 蔡建升　毕志清　张笑戬　常庆海　姜卫东　马　莉　李世超　韦　杨　刘　冰　侯　明　沈宏源　石　磊　何　涛

**编写人员：** 赵　晶　向　上　李小芬

# 序

自1992年以来，我国城市基础设施投融资逐步开始市场化改革的探索。城市基础设施投资规模逐步扩大，基础设施投融资体制改革也逐步成为中国经济体制改革的重要内容，初步实现了投资主体由单一到多元、融资渠道由封闭到开放的转变，新的投融资模式不断出现，城市基础设施市场化投融资初具规模。近年来，随着土地财政、四万亿计划、政府平台融资、政府购买服务等其他工具接连出现问题，PPP成为地方政府进行基础设施和公共服务投资的主要通道，也是不可逆转的政策选择。

自2014年始，经历了四年多的高速发展，PPP已成星火燎原之势。根据财政部的官方统计，截至2018年12月末，全国PPP综合信息平台项目数量12625个，投资额17.8万亿，其中管理库项目8654个、投资额13.2万亿元，签约项目4691个、投资额7.2万亿元。进一步的，融资到位已经开工的项目2237个、投资额3.2万亿元。17万亿项目入库，说明地方政府推动PPP的积极性高；3万亿项目实际落地，说明PPP的遴选和控制机制能够有效地控制地方政府盲目投资的冲动。实际能落地的是经过了社会资本方和金融机构按照市场机制检验的好项目，未落地项目正在各方共同努力下，按照市场机制向前推进。

但是，万亿级的PPP蓝海下也蕴藏着诸多问题和风险隐患。如果项目各方对于PPP内涵和边界、相关政策和项目运作流程理解不到位、不准确甚至错误，不能理性看待和科学运用PPP模式，项目在操作层面不规范，不能合理地分配和控制风险，PPP就有可能重复过去犯过的错误或又走弯路，为将来留下隐患。在某种程度上，PPP各方，特别是政府部门欠缺PPP相关的能力和经验是当前制约中国PPP健康可持续发展的短板之一，也是在中国PPP进入攻坚克难阶段迫切需要解决的问题。PPP是一把双刃剑，成功实施便能够提高城市建设和管理效率，助力经济社会的发展；而做不好则可能会给经济社会发展带来巨大风险。中国PPP已经是一场输不起的战争。

为使我国各级政府人员能够更系统地学习和掌握PPP相关专业知识、操作技能及管理方法，加快PPP项目落地，切实提高PPP项目实施成功率，北京大岳咨询有限公司编写此书，旨在帮助公共部门建立与PPP模式相匹配的专业能力。大岳咨询自1996年成立以来，已累计完成了900多个PPP项目，目前执行中的PPP咨询项目超过600个，涉及总投资额超2万亿元；在中央政府部门推出的PPP示范项目及海绵城市、地下管廊试点项目中，大岳参与的约占30%。作为市场占有率和公司规模均已为中国PPP领域第一的专业咨询机构，大岳希望从PPP实践者的角度，对中国式PPP的概念正本清源，梳理和分析PPP实践中存在的政策法律和体制机制等方面的问题，深入解读PPP项目的具体实施操作流程，剖析典型案例（示范项目），使读者在理论和实操层面对PPP有一个更加清晰、全面、深入的认识，提升读者PPP模式的理论水平与操作技能。期待我们编写的这本书能为PPP的发展提供一定的支持，让中国的PPP“不走错路、少走弯路”。

本书由大岳咨询董事长、大岳研究院院长金永祥统筹。大岳咨询董事总经理、大岳研究院常务副院长徐志刚和大岳咨询总政策法规师、大岳研究院副院长宋雅琴负责框架的确定和全文统稿。具体章节方面，赵晶负责第一、二章和第三章第四节的撰写，向上负责第三、四、五章的撰写，李小芬负责第六、七章的撰写，章喻婕梳理总结了PPP相关的法律政策文件，郑冰聪对文中的数据和图表做出了贡献。

# 目录

## 第三章 中国式PPP的内涵与发展历程 39

# 绪 论

2017年11月，财政部出台财办金〔2017〕92号文加强PPP项目入库监管，同期国资委发布国资发财管〔2017〕192号文收紧央企PPP项目投资，中国人民银行等部门也推出资管新规征求意见稿，对资金池、期限错配、多层嵌套和通道业务提出更严格的监管要求，政策紧锣密鼓三管齐下，不免引起市场担忧，PPP到底还能往前走多远？

为此，2018年年初，大岳咨询组织了两次内部研讨会，邀请了中央政府部门的主管领导、几大央企和主要民营上市公司的PPP业务负责人、国有和股份制银行PPP的业务负责人、险资负责人，共同讨论相关政策对市场的实际影响，探讨PPP现存问题，力求为中国PPP的发展提出建议。会后，结合社会各界反馈及大岳咨询对中国式PPP的思考与认识，形成了《中国式PPP的使命与出路》《提质增效背景下PPP项目资本金制度的反思与重构》《从PPP到PEP：政府社会资本合作的本质探究》三篇专题研究文章，明确PPP是相比土地财政、四万亿计划、政府平台融资、政府购买服务等政策负面作用最小的政策，并根据我国PPP实践指出PEP实则我国政府和社会资本合作的本质，通过重新审视项目资本金制度在PPP项目中的适用，提出符合我国PPP发展需求的合理化建议。大岳咨询认为，国家并没有让PPP停下来，PPP只是从2014年到2017年高速发展的起飞期转入平飞期，各项政策的出台也是为了让PPP做得更规范，让PPP走得更远。

在此，现将三篇专题研究文章摘录如下，我们期待这些文章有助于业内理解中国式PPP，让PPP在稳增长、促改革、惠民生方面发挥积极作用，真正推动我国经济高质量发展。

# 中国式PPP的使命与出路

金永祥　赵克进　宋雅琴

财办金〔2017〕92号文和国资发财管〔2017〕192号文的接连出台，给PPP市场带来了巨大震动。在当前形势下，必须清醒地认识中国式PPP的本质，才能出台切实可行的管控政策。对于当下中国而言，PPP不是一个单纯的学术问题，仅研究PPP本身的利弊是不够的。PPP政策事关中国经济走向，必须把PPP与其他可选的政策进行横向对比，决策者要选的不是一个毫无瑕疵的最优政策，而是相比其他政策而言负面作用最小的政策。

## 一、以往政策工具积累了政府债务风险

近年来，为化解地方政府债务风险，政府出台的大的经济政策工具有土地财政、四万亿计划、政府平台融资、政府购买服务和PPP等。随着其他工具接连出现问题，一扇又一扇门关闭了，PPP成了地方政府进行基础设施和公共服务投资的主要通道。

土地财政把土地和城市发展统筹考虑，盘活了政府手中的土地资源，成就了中国近年来的高速城市化，但也造成了中国城市的高房价。如今政府陷入两难境地，高房价地区土地供应有限，低房价地区土地需求不大，土地财政模式终究不具有可持续性。

地方融资平台承担着为地方政府基础设施投资建设进行融资的职责，很多时候也是土地财政的实际操刀手。在宏观层面上，地方融资平台带来了数十万亿的政府债务和政府或有债务风险的聚集，一旦土地出让收入下行，许多融资平台就可能崩盘；在微观层面上，居于垄断地位的融资平台很难有足够的内在动力提升投资建设运营水平，地方政府和融资平台之间的父子关系很难按照清晰的规则来运转。自国发〔2014〕43号以来，地方融资平台头上的紧箍咒套了一个又一个，

但是地方政府对融资平台的天然偏好和金融机构对融资平台背后政府隐形担保的依赖却始终存在。有的平台公司仅是在表面上去掉了政府融资职能转变为社会资本，与当地政府签署协议后重新开始做政府项目。但这种合作关系下，政府既未能转移风险，也没有使社会资本之间形成实质性的竞争，至于入库透明管理、按照运营绩效付费更无从谈起。

政府购买服务原本与基础设施投资建设不相关，但一些地方政府和金融机构为了规避PPP严格的社会资本主体要求和强制性竞争规则，借道政府购买服务这一相对宽松的渠道，通过单一来源采购等非竞争性方式选定社会资本承接政府基础设施投资项目，这其中一部分社会资本为平台公司。起初，政府购买服务是为专项金融债落地铺路，后来尝到甜头的地方政府开始大规模的使用政府购买服务方式实现基础设施融资目的，导致规避PPP的政府购买服务项目在一年之内累积了7万亿元。

上述经济政策及同时期其他经济政策的一个共同假设就是政府是无风险的，或者只要政治正确，银行对商业风险是无所谓的。无论是银行还是企业都把风险推给了政府，这实质上是在制造风险和放大风险。依托于政府的融资往往会进一步依赖地方政府自己的平台公司来运作基础设施投资，不愿意让市场机制发挥作用。上述各种政策工具在十多年时间里，使地方政府债务达到了难以承受的数额，这已经引起了政府高层的关注，进而使得去杠杆成为当下的主要工作。事实上，不仅是债务问题，在没有竞争压力的环境下，处于垄断地位的地方融资平台不可能有足够的激励自发地提高投资、建设和管理的效率。

## 二、PPP是负面作用最小的经济政策

首先，PPP有效地控制了政府支出风险。PPP目前最大口径是财政系统的全国入库项目，合计14220个，累计投资额17.8万亿元；但这些项目中完成两评的只有6778个，投资额10.1万亿元；签约项目只有2388个，投资额4.1万亿元。进一步地，融资到位已经开工的项目仅914个，四年累计投资额应在2万亿元之内。17万亿项目入库，说明地方政府推动PPP的积极性高；2万亿项目实际落地，说明PPP的遴选和控制机制能够有效地控制地方政府盲目投资的冲动。实际能落地的是经过了社会资本方和金融机构按照市场机制检验的好项目，未落地项目正在各

方共同努力下，按照市场机制向前推进。政府信用系统、国企风险控制系统、上市公司风险控制系统、金融风险控制系统共同对PPP发挥作用，全方位控制了政府非理性投资的冲动。全社会共同努力通过PPP模式提高了政府决策的科学性。

其次，PPP有效的竞争机制提高了投资效率。PPP模式从根本上重构了政府和企业在提供基础设施和公共服务上的关系，政府重新回归公共利益的代表者和监管者的角色。政府负责执行与社会资本之间的合同，而不再承担与监管者身份无关的担保责任。相应地，项目的融资也无法再依赖于政府的主体信用，金融机构只能按照社会资本的能力和项目自身的品质决定是否贷款。而在平台公司为主要投资主体的模式下，政府和下属企业之间是典型的父子关系，不可能形成可预期的、稳定的合同关系。在这种模糊的政企边界之下，政府和企业之间无法建立起以绩效考核为依据的付费体系。而这都是PPP模式的核心优势所在。在PPP模式下，政府和市场各归其位，各方主体的权利义务和风险分担回到市场均衡水平，市场真正地开始在资源配置中发挥决定性的作用。此外，PPP还有助于规模效应的实现，社会资本在全国范围内比较集中地拿到了多个同类项目，有助于企业向专业化的方向进一步努力，行业研发水平和管理水平都会大大提高。

再次，PPP是推动国家治理现代化的重要工具。在中国，PPP是一种推动社会变革的工具，其使命是利用市场机制优化政府决策机制，理清政府和企业之间的边界，充分利用我国的社会资源推动新型城镇化。PPP推广4年来，政府非理性决策的问题得到了市场的有效矫正，央企借助PPP实现了从建设到投资运营的转型。由于历史原因，我国民企实力较弱，盘活央企资源对我国经济发展具有战略意义。中国的PPP和国外的PPP不一样，不能拿国际PPP的标杆来衡量中国的PPP，只要这种模式比BT、融资平台等模式有进步，就应该在总结经验教训的基础上不断完善并推广。在4年发展过程中，PPP在中国演变出新的特定的使命，PPP的发展在大方向上没有错，在技术上可以持续不断地进行优化。PPP传进中国变成了政府和社会资本合作，后者无法在英语环境下再翻译成PPP。因此，中国的PPP是中国式PPP，其本质上是政企合作（Public Enterprise Partnership，PEP），已经不仅是一种公共产品的提供方式，而是变成了一种宏观经济政策工具。不可否认，国有资本的参与是中国式PPP的基本特征。

最后，PPP是目前监管最为有效的模式。相比其他政策工具，PPP模式推行4

年以来，国家发展改革委和财政部在项目监管层面作出了巨大的努力。目前，财政部全国PPP综合信息平台在推动项目信息透明度、项目信息综合统计方面卓有成效。项目库的相关信息为社会资本和金融机构提供了辅助决策功能，入库作为项目获得社会资本和金融机构青睐的必要而非充分条件，相关机构可以入库为参考条件，做进一步的合规审查和商业风险判断。有关各方应该认识到，透明度高的特点使得PPP的各种问题暴露了出来，我们不能因此认为PPP的问题比其他不透明的政策工具更严重。相反，应当从正面认识到透明度高是PPP的优势，有助于增强政府监管的可预期性。同时，必须承认我国经济面临很多问题，PPP本身不能解决所有体制层面的问题，而PPP本身出现的问题需要容忍并用更为现实的态度来对待。

PPP是一个负面作用最小的政策，但会触动某些既得利益。与任何其他改革一样，既得利益的反弹可能会成为PPP遭遇困境的根源。

## 三、各方政策对PPP市场的实际影响

92号文、192号文以及“一行三会”等五部委公布的《关于规范金融机构资产管理业务的指导意见（征求意见稿）》的政策初衷是让PPP更加规范。如果不严格执行这些“规范”政策，“规范”就不能称之为规范；但是三个规范政策叠加到一起，如果严格执行，可能给PPP市场带来毁灭性的打击，市场不是整顿后提升完善，而可能直接冰封熄火。

三个规范影响最大的是PPP项目资本金。92号文提出，PPP项目不得以债务性资金充当资本金，对于该债务性资金到底是项目公司债务还是社会资本方股东的债务，没有明确的说法。要求债务性资金不得是项目公司债务，符合项目资本金制度的宗旨，亦有明确的政策依据。然而，如果将债务性资金解读为社会资本方股东的债务，则意味着企业不能以发债资金作为资本金来源，也意味着低风险偏好的金融机构也无法通过社会资本方股东担保增信的方式为PPP项目提供资本金。考虑到PPP项目具有规模大、资金需求高的特点，这样的解读将导致PPP直接面临资本金的全面断流。

即便将“债务性资金”解读为项目公司的债务性资金，192号文也直接禁止央企为资金方的股权出资提供担保和承诺收益，也禁止央企以劣后级身份参与结

构化产品。这样一来，央企未来要参与PPP项目，可能要拉上民营企业或地方国企。然而雪上加霜的是，资管业务征求意见稿对资产管理产品的嵌套、结构化和期限错配都做了严格的限制，这将终结以银行资管资金为资本金融资主要来源的现状，未来要么银行资管资金直接投资作为一层资管产品的PPP项目公司，要么PPP项目就要接受成本急剧升高的真股权投资资金。而后者在期限上受制于期限错配的限制也将进一步收短。即便有好的PPP项目，项目的融资成本也将大幅提升。

如果按照几个部门的要求，真的对名股实债和小股大债进行全面清理，那么，第一，已经完成融资并实际投资的1万亿项目将面临全面重新谈判，其中一部分谈判失败将转向BT等传统模式；第二，社会资本垫资或赊欠下游分包商的已开工未完成融资的项目不仅要重新谈判而且大部分无法在PPP模式下完成融资，也将被迫转型为BT等模式，大岳咨询公司估计此类项目规模也有1万亿元；第三，签约后未完成融资也未开工的项目，可能直接转型为BT等传统模式，也同样面临重新谈判和谈判失败的问题；第四，准备采用PPP模式的项目可能也面临重重困难，政府方、社会资本方和金融机构将用现有资源力保已开工项目，能用于未开工项目和新项目的资源将十分有限，未来PPP的推进将十分艰难。

除此以外，192号文对央企的限制也会极大地遏制了PPP发展。根据192号文关于央企集团累计对PPP项目的净投资原则上不得超过上一年度集团合并净资产的50%以及资产负债率高于85%的子企业不得单独投资PPP项目的规定，央企再投PPP的空间是十分有限的。各方寄希望于民营资本，其受资本金融资能力限制远超央企，基本没有能力补上央企留下的空间。

有一个问题我们必须面对：目前用于规范PPP项目的资本金要求是否合理？该要求套用永续经营企业投资的资本金要求，对PPP项目资本金进行管理。对于一个PPP项目而言，商业贷款还清后，会有大量资金沉淀在项目公司里无法用于新的投资，这不仅造成了巨大的社会资源的浪费，还是小股大债和名股实债现象产生的根源，也是很多项目无法落地的原因。各方就该政策进行改革的呼声一直没有得到有关政府部门的回应，以不合理的制度对PPP实践进行规范，这是PPP在夹缝中求生存、出现各种异化的一个重要原因。

## 四、进一步优化PPP的政策建议

现阶段，经济增长还要保持稳定，民生问题还要逐一解决，必须要坚定不移地推动PPP。如果仅因为技术性缺陷就否定PPP，只会把地方政府重新推回土地财政、平台融资、国企运营的老路上去。PPP目前确实存在一些制度上和技术上的问题，但是PPP推动开放、竞争、绩效管理的大方向没有错，PPP的问题要通过稳妥的方式进行改革，改革的过程要充分考虑市场各方的承受能力，合理设置政策的过渡期，控制好政策力度，要给市场稳定的预期和正面的信号。

我们建议政府部门在下一步的规范工作中暂缓有关项目资本金的内容；为避免政策叠加效应，建议国资委暂停192号文的执行；建议人民银行最终发布的资管新规为PPP项目资本金融资留出余地。除此以外，我们认为必须要在以下方面迅速启动改革措施，为PPP的良性发展保驾护航。

（1）完善现行PPP政策并据此规范项目。在过去4年PPP的发展过程中，有关各方突破政策约束进行了大量创新，出现了很多新的做法，其中的有些做法被列入了本次“规范”的范围，但业内普遍认为缺少论证。我们建议根据4年来PPP的实践，对现行政策进行完善，然后再用完善的政策对PPP项目进行规范，让市场在PPP发展过程中发挥决定性作用。

（2）加快价格和收费制度改革。价格机制是影响PPP项目成败乃至行业发展潜力的关键因素。对于PPP项目而言，如果建设运营成本没有直接体现在使用者的付费上，那将主要体现在一般性的税收上，个别使用者的成本就会被一般公众来分担。目前，在供水、污水处理、垃圾焚烧发电、轨道交通等涉及价格的领域，PPP项目的回报机制多设置了与项目运营成本挂钩的调价机制，未来一旦调价失败，多数情况下政府都需要承担按照影子价格与社会资本结算的风险。如果公用事业和公共服务的价格调整机制不能到位，PPP项目的长期可持续发展将面临极大的风险。我们建议，一是应按照社会资本方盈利而不暴利的原则积极而稳妥地推动公用事业和公共服务的价格机制改革，向社会资本释放明确的市场预期，调动社会资本参与公用事业的积极性，提高PPP模式的可持续性；二是建立完善的社会保障机制，确保社会救助和保障对象的补贴与价格上涨机制联动；三是进一步强化地方人大在PPP项目决策机制中的作用，以防止地方政府盲目投资、通过价格上涨转移政府不当决策导致的付费压力。只有价格改革真正到位了，政府用于PPP财政支付的压力才能真正降低，政府才有财力实施确需政府付费的项目，原本没有收益的项目才能转变为对社会资本和金融机构有吸引力的项目，PPP才能实现真正的项目融资。届时股权投资者将不请自来，繁荣的资产证券化市场也将指日可待。

（3）研究制定适用于PPP的项目资本金制度。过去在政府直接投资的情况下，项目资本金来自于财政拨款，不需要回收，不用考虑资本金回收的问题。在PPP模式下，PPP项目公司后期会沉淀大量资本金，又无法用于项目以外的投资，必须降低PPP项目资本金的比例要求并给资本金留出合理的退出通道。小股大债这一方便社会资本方后续灵活退出的方式被禁止之后，项目公司只能通过频繁减资或者购买理财产品解决沉淀资金时间成本的问题，这种解决方式是扭曲的。PPP项目资本金应区别于永续经营公司的资本金，PPP项目资本金比例适宜由社会资本和金融机构通过协议来解决，没必要通过政策来干预。项目资本金比例过高是小股大债和名股实债的根源，也是PPP项目融资难的核心影响因素。

（4）国家发展改革委和财政部的PPP项目库不能为项目落地背书。项目库应采用"宽入库、严落地"的原则，强化PPP运作程序的规范性，进一步提高PPP项目的竞争性，控制政府风险。进一步优化PPP的运作机制，推动PPP回归项目融资的初衷。入库仅仅是政府管控PPP支持体系的一部分，而不能作为市场主体判断项目质量的依据，应避免过度行政化。建议对社会资本和金融机构明确这一定位，将落地与否的问题交给市场，按市场规则各负其责。政府不对入库项目进行背书，没有入库的项目只要满足政策条件仍然鼓励市场主体参与。

## 五、小结

就PPP论PPP，2014年以来的PPP项目与2013年以前的PPP项目是存在差别的，更无法与英国等发达国家的PPP相比。但2014年以后的PPP是中国式PPP，盘活了以央企为主体的国有资本及其他社会资本的资源，使PPP规模化，提高了我国经济建设决策的科学性和全社会效率，促进了经济发展方式转型，在我国经济发展的总盘子中占据重要位置。

从本质上讲，中国式PPP已经不是起源于国外的那种PPP，而是政企之间的合作（即PEP）。它是一种经济发展方式，或者说是一项经济政策，与之相对应的是土地财政、平台融资、政府购买服务等。评价中国式PPP（即PEP）不能就PPP论PPP，而应与近年国家推出的各项经济政策进行比较。可以肯定的是，PPP不是政府债务和高杠杆的推手，而是负面作用最小的经济政策。

经过4年的发展，今天的PPP成就完全超出了4年前中国PPP从业者（无论是政策制定者、操盘手还是学者）的认知。如此大规模的PPP实践没有瑕疵是不可能的，如何解决这些问题，将考验中国PPP从业者的智慧。我们认为：第一，应该认真总结PPP发展过程中的经验，修改完善PPP政策，再用完善的规则对PPP项目进行规范，最大限度地承认市场创造的成果，让市场在PPP发展过程中发挥决定性作用；第二，下决心攻克新阶段PPP发展的各道难关，加快价格和收费制度改革、研究制定适用于PPP的项目资本金制度、正确定位政府PPP项目库的功能。

我国的经济社会现实决定了我国的PPP不能按照外国的方式发展。若想做纯粹的“符合国际标准”的PPP，总体规模不会太大，没有必要举全国之力推进。如果我们认真研究过去4年PPP的实践，不刻意否认PPP某种程度上具有融资功能或者是比其他经济政策更好的融资工具，重新为中国式PPP进行定位，赋予中国式PPP在中华民族伟大复兴历史洪流中更志存高远的使命，那么就应该尊重我国特定市场机制下形成的PPP规则，正视我们面临的经济社会现实环境，使PPP具有一定规模且宽容一定程度的瑕疵，坚定地走中国式PPP发展道路。

## 从PPP到PEP：政府与社会资本合作的本质探究

金永祥　宋雅琴　满庆鹏　周林洁

自2013年年底以来，政府与社会资本合作在中国已经大规模推广了4年。时至今日，国外的理论已经无法指导中国政府与社会资本合作的实践，而中国内生的理论尚属空白，缺乏稳固理论支撑的实践容易迷失。站在政策调整的关键时点，我们有必要深入思考一个问题：中国当下的政府与社会资本合作与4年前我们引以为据的西方经典PPP有什么区别？在中国特定的历史发展阶段和国情之下，衡量政府与社会资本合作成败的尺度是什么？这是两个很重要的认识问题，事关我们还能不能简单套用经典PPP的尺度来衡量中国政府与社会资本合作的成败，并决定政府与社会资本合作的政策走向和实施效果。要回答这两个问题，仅仅停留在政策层面是不够的，需要上升到理论层面回答政府与社会资本合作的本质究竟是什么。

回顾世界PPP的发展历程，PPP在西方国家并不是一成不变的静态工具。以英国为例，其PPP经历了PFI到PF2的升级优化，近年来LEP（Local Enterprise Partnership，当地企业合作伙伴）又开始超越PF2成为地方政府基础设施投融资和城市更新的主力。法国作为特许经营模式最为成熟的国家，也吸取了英国PFI的经验，建立了与PFI类似的伙伴关系合同（Contract of Partnership，CP）。可见，PPP的适用过程需要不断总结经验和教训，从而进行制度优化。中国理应对过去4年来推广政府与社会资本合作的实践进行深入总结，并对政府与社会资本合作的本质进行提炼，从而为政策制定者决策提供认识基础，为学术研究者开展学术对话提供基本架构，为PPP的发展提供更大、更规范的发展空间。

我们认为，国有企业作为社会资本对政府与社会资本合作项目的风险承担能力与经典PPP中的私人资本有本质区别，这导致国企参与的项目的运作逻辑与私人资本参与的项目有显著差异。政府与社会资本合作发展到今天更适合用PEP（Public-Enterprise-Partnership，政企合作）来概括，作为社会资本一方的企业既包括了属于私人资本的民营企业和外资企业，也包括了央企和地方国企等国有资本，还包含了混合所有制企业。因此，PEP可以分为PPP和PSP（Public-SOE-Partnership，政府与国有企业合作），PPP又可以进一步分为PIPP（Public-International Private-Partnership，政府与国际私人资本合作）和PCPP（Public-Chinese Private-Partnership，政府与本国私人资本合作）。PEP的大规模广泛应用决定了其已经成为一种宏观层面的经济政策。PEP相较以往的政府投融资政策，在透明度、竞争性、效率性和决策科学性方面具有显著的进步，目前看来还没有更好的、更成熟的措施来替代它，完善PEP可助力政府投融资体制改革和财政管理体制改革走入螺旋上升路径，使PEP成为国家治理现代化的重要抓手，而摒弃PEP则可能使改革走回头路。

## 一、经典PPP：项目层面的精耕细作

西方语境下的经典PPP，有一个庞大的家族谱系，从早期的BOT到TOT、BOO、BOOT、LOT、O&M等，涵盖了政府与私人资本在投资、建设和运营各个环节各种基于合同的合作形式。整体而言，经典PPP具有以下特征：

一是社会资本的私营属性鲜明，对项目风险更为敏感。PPP中的第二个P，本义是私人资本（Private）。在发达国家，政府和市场的边界相对清晰，私人资本通常是纯市场化的主体；而在中国以外的发展中国家，由于国内资本相对匮乏，私人资本中很大比例是境外资本。在上述两种情况下，私人资本是产权明晰、具有自我约束机制的市场竞争主体，他们高度重视项目风险识别的充分性和风险分担的确定性。对于不可预测、不可控制的风险，私人资本要么选择放弃项目，要么提高项目的回报要求。

二是项目结构复杂，前期准备工作深入、周期长。经典PPP项目多采用项目融资方式，私人资本的回报与项目建设运营内容、绩效指标息息相关。以营利为目的的私人资本希望通过PPP合同尽可能地减少风险带来的不确定性。对于贷款方而言，PPP项目的贷款金额高、项目期限长，项目融资方式意味着贷款方要承担比常规项目更大的风险。因此，在经典PPP项目中，项目风险的识别广泛而细致，风险分配措施复杂，导致项目结构复杂。这意味着需要很长的谈判时间和高额的前期成本。以伦敦地铁PPP项目为例，该项目用于制定PPP方案的咨询费高达1.5亿英镑，中国早期的广西来宾B电厂项目的咨询费也高达4700万元，相应的项目准备周期往往长达数年。大岳咨询作为牵头顾问的北京地铁四号线PPP项目的前期准备工作也耗时3年，北京第十水厂PPP项目的社会资本方投标文件曾需要用卡车来运输。

三是项目执行缺乏弹性。经典PPP讲究项目内容的确定性、招标过程的合规性、合同变更的有限性和争议解决的对抗性。这些特点与西方国家成熟、清晰、稳定的法制环境有关，有助于减少项目风险成本，打消私人资本的后顾之忧。然而，PPP作为一项长期合同，在合同执行期内项目条件发生变化是大概率事件。由于PPP项目留给各方进行合同调整、再谈判的空间有限，极有可能导致项目出现提前中止甚至彻底失败，这也是PPP模式在国内外受到诟病的主要原因。这一

特点决定了PPP的应用受限，很难进行大规模推广。

四是体量较小，项目在行业内呈点状分布。经典PPP的前述特征，决定了这一模式很难遍地开花。据统计，发达国家中PPP推广较为成功的澳大利亚、英国和芬兰，PPP占公共投资的比例约在10%～15%，而发展中国家中PPP推广较为成功的墨西哥，PPP占公共投资的比例约为15%。经典PPP尚未成为公共投资的主导力量，与PPP相关的决策主要限于项目层面的精耕细作，很难上升为宏观经济政策工具。

## 二、从PPP到PEP：中国政府与社会资本合作的演进路线

PPP在中国兴起于20世纪80年代中期，到目前已经经历了五个发展阶段。20世纪80年代中期到1993年是探索阶段，这个阶段BOT项目开始零星引入中国。1994年国家计委选择了广西来宾B电厂项目、成都第六水厂项目等5个BOT试点项目先行先试，PPP正式受到政府重视。这一时期，我国政府注重国际经验的引进、消化并开始本土化，社会资本也以外商为主，PPP完全按照经典PPP的特征来进行操作。2003年建设部发布《关于加快市政公用行业市场化进程的意见》，PPP进入推广阶段。这一阶段市场经济的特征非常明显：一是破除了所有权的藩篱，外企、民企同台竞争，国企开始参与；二是项目竞标过程公开透明，竞争达到白热化。与此同时，PPP规则的本土化也逐步完成。2008年，随着“四万亿”救市计划的出台，PPP的市场格局出现了重大变化，央企开始成为PPP项目中的社会资本一方。央企成为主角改变了PPP的规则，央企和地方政府领导定的调子成为PPP的准则，竞争、透明等市场规则退居二线，外资开始撤退。

2013年以来，财政部以化解地方债务风险、解决新型城镇化建设融资问题、推动财政体制改革以及推动国家治理现代化为主旨来推动PPP，PPP进入到了全面普及的第五阶段。目前的社会资本格局呈现出新的特点：外资守住原有的存量项目，没有进行业务扩张，市场份额逐渐萎缩；民营资本一边观望一边参与，占有一定的市场份额；国有企业特别是央企积极参与，获得了半数以上的成交项目和七成以上的成交额。

与外资固守经典PPP的交易逻辑不同，国企作为社会资本参与项目的方式更为灵活，而民营企业的风格则介于外资和国企之间。国企成为社会资本的主力

军使得政府与社会资本合作与经典PPP相比已经呈现出新的特征：

一是国企作为社会资本对项目风险具有更强的承受能力。央企、国企与地方政府均属于"国家队"。对央企来说，凭借其行政级别在与地方政府博弈的过程中并不落下风，这使得央企能够承担很多对于外资和民资来说不可承受的风险；对地方政府来说，与央企合作的风险也小，特别是当面临中央层面的政策调整时，央企往往选择自觉地服从，并积极配合地方政府进行整改，而不是像经典PPP项目中的私人资本那样会轻易选择对抗性的诉讼或仲裁程序。至于地方性国企，仍然跟地方政府有着千丝万缕的联系，参与政府与社会资本合作项目有时更像履行政治任务，在项目执行出现问题的时候显然会更加倚靠行政体制内部的沟通和协调。央企、国企与地方政府之间的"血缘关系"改变了政府与社会资本之间的合同关系属性，地方政府原本与"陌生人"签订的合同，变成了与"表兄弟"（央企）或者"分家出去的儿子"（地方国企或市场化运作的平台）之间签订的合同。这种合同型治理的方式，是介于纯市场化合同和纯行政性监管之间的一种形态，整体而言市场化色彩更浓一些，但仍然带有一定的行政烙印。

二是项目结构和前期工作均大大简化。国企与地方政府之间势均力敌的博弈关系降低了双方的信息沟通成本，进而降低了整个交易成本。相较于民营企业，央企更容易和地方政府之间达成默契——对于项目中诸多难以预测或难以分割的风险，暂且搁置争议、留有弹性，以待将来处理。这种合作默契显然有助于降低项目结构的复杂性和合同的完备性。本土化以后的合同文本，相较经典PPP项目的合同文本，在风险分配安排、债权人的介入权、利益冲突、争议解决等方面都根据实际情况做了一定的简化和调整。

三是沟通协调成为争议解决的主渠道，较少使用诉讼和仲裁。国企的参与有效解决了经典PPP中的一个难题——PPP招标采购与合同的刚性如何适应漫长合作期限内项目环境可能发生的剧烈变动。许多PPP项目的失败，都是来源于刚性的PPP合同造成了PPP执行过程中的矛盾，而诉讼和仲裁的对抗性又进一步加剧了政府和私人资本之间的紧张关系。国有企业与政府之间的血缘关系在一定程度上为合同增添了柔性约束力，国有企业为了维护与政府的长期关系往往愿意与政府进行重新谈判。较高的重新谈判成功率，有效地缓解了传统PPP里面"一言不合就解约"的问题，从而更有助于维护基础设施和公共服务项目运营的稳定性，防止合同层面的纠纷影响到公共服务受众的体验。

四是从项目工具上升到国家宏观经济政策。4年以来，政府与社会资本合作的适用范围从传统的市政公用、交通、环保领域全面扩展到农林、教育、文体、城市综合开发、旅游、能源等领域，有意愿采用政府与社会资本合作模式的项目超过14000个，累计投资额接近18万亿元，其中已经采用政府与社会合作模式落地的项目超过6000个，成交金额超过9万亿元。政府与社会资本合作的应用范围之广、规模之大，意味着，在中国，政府与社会资本合作不再仅仅是一种项目层面的融资工具，而是上升到国家的宏观经济政策，与国家经济增长、经济结构调整、区域协调发展、控制发展风险等一系列宏观政策目标紧密关联在一起，其推动的力度、速度、深度和广度均取决于宏观调控节奏，而不是仅仅考虑单个项目的得失。

基于合作者属性、决策模式和政策目标的重大变化，我们认为，PPP（即第二个P是私人资本）已经无法概括和解释中国正在发生的事情，用PEP（Public-Enterprise-Partnership，政企合作）能够更为恰当地把握这一概念。Enterprise包含了各种所有制的企业，相较Private更符合中国的实际情况，也更容易解释中国政企合作中的特殊现象。PEP成为PPP的上位概念，PEP包括PPP和PSP（Public-SOE-Partnership），社会资本为私人资本的PPP又可以进一步区分为PIPP（Public-International Private-Partnership，）和PCPP（Public-Chinese Private-Partnership，）。PEP的概念体系如图1所示。

## 三、PEP：符合中国国情的政策选择

当我们将中国式的政府与社会资本合作从PPP上升到PEP层面之后，站在PEP的角度对政企合作的得失进行评判，将更加全面和客观。相比PEP之前的土地财政、平台公司融资、专项金融债、政府购买服务等投融资方式，PEP对中国的贡献，是系统推动了中国的国家治理现代化，在政府投融资体制改革领域和财政管理体制改革领域均有积极的推动作用。

一是PEP使用市场机制在一定程度上矫正了地方政府的非理性投资决策，提高了政府投融资决策的质量。在平台公司为主要融资工具的年代，地方政府上项目是书记市长一句话，有条件无条件都要上。PEP模式引入后，地方政府的投资

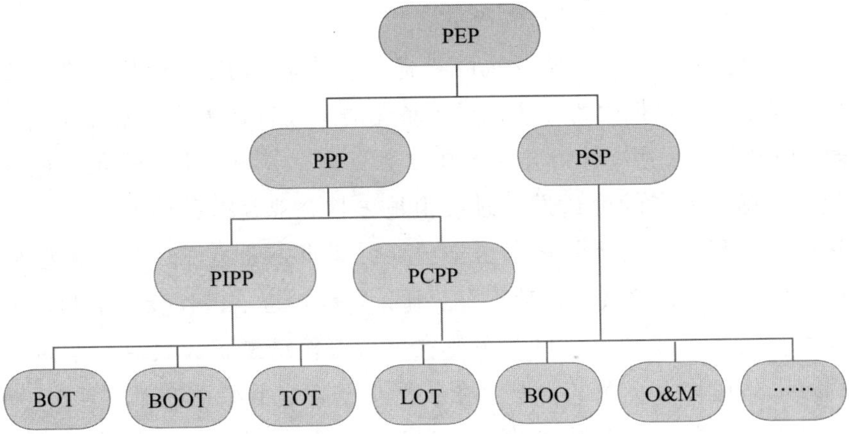


**图1 PEP的概念体系**

项目要顺利落地需要经过社会资本和金融机构两道关卡，没有社会资本响应、没有金融机构提供贷款的项目，地方政府只能留待时机成熟后再启动。各方一再诟病的项目落地难问题，其实恰恰说明这种模式有效地抑制了地方政府非理性的投资冲动。在PEP模式下，政府和市场各归其位，市场在资源配置中起到了决定性作用的同时，更好地发挥了政府作用。

二是PEP促进了央企和政府融资平台的转型，做强做优做大了国有资本。积极参与PPP的央企，多以施工为主业。PEP在全国范围内大规模的支撑基础设施建设，在稳增长的同时也为这些企业进行战略转型提供了机遇，避免他们陷入房地产建筑市场下行带来的经营困境。借助PEP的机会，很多企业成功实现了从单纯的施工向投资和运营的转型。在投资层面，央企的投资决策能力大大提升，融资工具不断丰富；在运营层面，央企有效地整合了市场资源和上下游的行业资源，逐渐填补基础设施和公共服务领域市场化运营的空白。我们已经看到，一批世界级的基础设施企业正在崛起。PEP也为地方政府融资平台的转型提供了机遇。激进型的融资平台转为市场化经营的国有企业，与其他社会资本同台竞争；稳健型的融资平台则承担政府出资代表的责任，其功能从融资走向项目监管，承担起公益性国有企业的职能。PEP中的PSP与PPP一样，也强调物有所值，与此同时，国企的风险承受能力强往往对应着投标价格的降低，这就意味着在同等建设和运营质量水平下，在某些类型的项目上(例如，市场需求风险较小的项目)，

PSP可能比PPP更有利于实现物有所值。

三是PEP提高了基础设施领域的投资运营效率。PEP的大规模推广整合了地方政府、国企和金融机构的资源，以市场化的方式将资源导入基础设施和公共服务领域。PEP强调以竞争性的方式选择社会资本，为社会资本提供了进入原本封闭的地方基础设施市场的通道。过去由地方性企业运营的污水、供水、垃圾处理、河道治理等项目，开始逐渐由全国性的集团企业投资运营。大型集团进入到基础设施投资运营领域，有助于企业通过规模效应有效降低投资和技术进步的边际成本。我们观察到，环保类企业在市场份额迅速扩大之后，开始引入国际先进的污水处理技术；施工类企业在获得几十条地下综合管廊项目合同的同时，加大研发以实现管廊工程技术的升级和优化；地产类公司则借助园区开发、特色小镇类项目向城市综合运营方面进行业务方向的拓展。借助PEP带来的规模化和专业化效应，中国基础设施的建营水平在短时间内实现了效率层面质的提升。

四是PEP提升了政府与社会资本之间合作的规范性。在“四万亿”时代，地方政府和央企往往凭借一纸战略合作协议就能开工建设，而在PEP时代，尽管合同的完备性距离经典PPP仍然有一段不小的距离，但相较以往，项目的规范性已经有了质的提高。在财政、金融、国资的多重监管之下，PEP项目合同的规范性与过去的土地财政、平台公司融资、专项金融债、政府购买服务相比已是天壤之别。PEP合同通过建设内容、回报水平、绩效指标、风险分配的基本框定，有效控制了政府的投资规模。

五是PEP已成为政府投融资体制改革和财政管理体制改革的有效工具，是推动国家治理现代化的重要抓手。政府投融资体制改革要解决的根本问题不是钱从哪里来的问题，而是如何提高资金使用效率的问题。评价一种政府投融资工具的价值，不能仅仅观察资金的成本，还要评价这一工具对市场资源的整合效率和对政府决策的优化程度。在这几个方面，PEP都具有不可取代的优势。对于财政管理体制改革而言，PEP改变了公共财政的投入方式，从补建设到补运营，从事后被动接受到事前主动算准财政承受能力。此外，PEP通过项目库信息公开、政府采购信息公开，有效提高了项目的信息公开水平，为政府有效控制项目带来的政府付费压力提供了决策依据。整体而言，PEP时代，政府的角色将从重建设转为重运营，从按投入付费转为按绩效付费，从亲自操刀转为强化监管，PEP将推动国家治理现代化改革不断前行。

六是PEP是中国实现新型城镇化的不可逆转的政策选择。新型城镇化是中国既定的发展方针，过去地方政府推动城镇化的时候有两条路，分别是土地财政和利用政府信用举债，现在这两条路基本都不通。PEP的实践证明，与传统的土地财政、地方融资平台、政府购买服务等政府投融资方式相比，PEP是负面作用最小的政策。要盘活资本搞新型城镇化，通道就只有PEP，这是不可逆转的政策选择。如果PEP的发展通道不畅，那么地方政府要么彻底偃旗息鼓不再搞基础设施建设，要么重回各种违法违规模式的老路子，让债务风险在暗处积累。

## 四、完善PEP：寻求改革的螺旋上升路径

在中国，PEP生发自PPP，但已经根据中国的国情演变为更具有包容性的概念，是中国4年来伟大的社会实践的成果。中国的PEP和国外的PPP不一样，不能简单地拿国际PPP的标杆来衡量中国的PPP，只要这种模式比过去的政府投融资模式有进步，就应该在总结经验教训的基础上不断完善并推广，而不是纠结于PEP到底是不是国外的PPP。只有这样，中国才能为世界PPP的发展做出贡献。

我们认为，PEP的发展在大方向上没有错，在技术上可以持续不断地进行优化。完善PEP可从四个大的方面着手：

一是完善PEP内部的分类管理体系。PEP内部的PSP、PCPP和PIPP因社会资本方承担风险能力的不同，适用范围也不同。站在PPP的视角下，很多边界范围不清晰的项目根本不具有可操作性，但是在PEP的视角下，项目边界不清晰造成的风险是国有企业能够承担的风险。行政机关在对PEP进行监管时，可采用差异化的监管手段进行监管，以维系PEP的市场活力。

二是完善PEP的竞争规则。PEP的生命力在于竞争，这种竞争既包括不同类型社会资本之间的竞争，也包括同类社会资本之间的竞争。PEP从不排斥民营资本参与竞争，而是强调要接受国企和民企之间的存在差异这一客观现实，强调采购制度应给予不同类型的社会资本同台竞争的空间，让社会资本根据自身的条件，界定自己能够接受的风险程度，并相应地给出报价水平。

三是完善PEP的配套政策。目前在项目可行性决策、采购政策、税收政策、预算管理、价格体系等各个层面都存在与PEP发展不相匹配的结节性问题。在大

的政策方向达成共识之后，需要政府各部门强化研究，通力合作，解决实践层面的政策梗阻。

四是加强PEP的理论研究。中国的政府与社会资本合作是以经典PPP理论为基础发展起来的，随着国外PPP理论的不断演变和中国实践的丰富，中国的PEP亟须一套扎根中国国情的理论来指导，否则对PEP的认识就会陷入混乱，对PEP的规制就会出现手段与目的的倒置。

理想的改革应该是一个螺旋式上升的过程，而不应是左右摇摆、低水平重复的过程。当我们站在PEP的角度来审视中国政府与社会资本的合作，可以看到PEP所走的路符合中国国情的正确方向。与其缘木求鱼、另辟蹊径，不如锲而不舍、攻坚克难，集中力量攻克PEP推动过程中的体制性障碍，用中国成功的发展模式为世界PPP理论和实践的拓展做出贡献。

# 提质增效背景下PPP项目资本金制度的反思与重构

金永祥　宋雅琴　秦　迪

## 一、引言

2017年年末到2018年年初，各路监管加班加点密集发布政策文件，或重申，或强化，或定新规，全面指向去杠杆、防范系统性金融风险这一当下中国经济最大的问题。PPP作为基础设施和公共服务领域投融资的重要一环，在监管风暴中也受到影响，财办金〔2017〕92号文重申国发〔1996〕35号文关于项目资本金不得是项目公司债务性资金的规定，禁止投资人以“小股大债”的方式投资PPP项目；国资发财管〔2017〕192号文则进一步要求央企在PPP项目中不得通过“名股实债”的方式与财务投资人合作。这两条规定都旨在按照我国已经运行了20多年的固定资产投资项目资本金制度对PPP项目进行规范。

与此同时，资金端的监管要更加严厉。根据“一行三会”《关于规范金融机构资产管理业务的指导意见》（征求意见稿）确立的监管原则，未来市场上真股权资金也正在迅速萎缩：公募产品原则上不得投资未上市股权，能够投资非上市股权的只能是面向合格投资者的私募产品；新规对资金池、期限错配、多层嵌套和通道业务的严格监管，意味着目前能够为PPP项目资本金提供股权投资的资金来源被全面收紧。

可见，对于PPP项目资本金融资而言，资金的刚性需求被进一步强化，但资金的供给端却被迅速收紧，两重夹击下，如果维持政策现状，PPP将迅速萎缩，各种政府违规举债手段可能又将卷土重来，这将是中国经济的不可承受之重（相关观点请参见：金永祥、赵克进、宋雅琴《中国式PPP的使命和出路》一文）。本文认为，为保证公共部门提供公共服务的能力，降杠杆的监管手段需要以科学化和精细化的标准来制定和实施。要解决“人民日益增长的美好生活需要和不平衡不充分的发展之间的矛盾”，需要给政府提供公共产品留出合理的资金运作空间。科学合理地控制宏观杠杆率，要求监管在有效控制金融风险的前提下，适当减少实体领域的行政性手段，让市场主体通过管控各自风险来决定资本金等问题。因此，本文在尊重金融监管趋势的前提下，以发展的动态视角重新审视项目资本金制度在PPP项目中的适用，提出符合我国PPP发展需求的合理化建议，以达到PPP提质增效的目的。

## 二、项目资本金制度的本质

### 1. 项目资本金是政府控制投资规模和投资风险的一种行政手段

项目资本金制度形成于20世纪90年代，本质上是政府控制投资规模和投资风险的一种行政手段。国发〔1996〕35号文的规定：投资项目资本金，是指在投资项目总投资中，由投资者认缴的出资额，对投资项目来说是非债务性资金，项目法人不承担这部分资金的任何利息和债务；投资者可按其出资的比例依法享有所有者权益，也可转让其出资，但不得以任何方式抽回。可见项目资本金对项目公司而言是权益性资金。

各行业项目资本金比重随宏观调控形势的变化而有所调整，经历了1996年、2009年、2015年三次调整，目前PPP所涉及的基础设施和公共服务领域固定资产投资项目的最低资本金比例以20%为主，港口、沿海及内河航运、机场项目为25%，城市地下综合管廊、城市停车场项目以及经国务院批准的核电站等重大建设项目，可以在规定最低资本金比例基础上适当降低。

对于永续经营公司的新建项目，项目资本金的作用主要体现在建设期。在运营期间，资金由公司统一调度，不存在资金沉淀和浪费的问题。随着项目法人制逐步健全，项目资本金主要对债务资金起到安全垫的作用，只要劣后于贷款退出的资金本质上都具有资本金的属性，但这一点尚需政策明示。

**2. PPP项目资本金与项目公司注册资本之间的关系**

在PPP业务中，由于项目公司是融资主体，便出现了项目资本金与项目公司注册资本的重合。本质上，项目资本金和项目公司注册资本的法律依据和概念内涵均不相同，尤其是我国《公司法》已经取消了最低注册资本的限制，二者本不是一回事。但在项目融资领域，项目资本金和项目公司的注册资本均来源于股东出资，均为项目公司的非债务性资金，可以理解为股东的同一笔出资满足了项目和公司两个层面的要求。

根据现行的监管要求，PPP项目资本金应等于项目公司的权益性资金，具体有两种实现形式：一是项目资本金等于注册资本，二是项目资本金大于注册资本，超出部分计入资本公积。无论采用哪种形式，剩余建设资金均通过项目公司借款解决。

## 三、现行项目资本金制度适用于PPP领域造成的问题

**1. PPP项目公司的性质造成项目资本金沉淀**

项目资本金重点关注固定资产投资项目的建设期，而PPP的长期运营期会导致项目资本金的大量沉淀。社会资本投入到项目公司的资本金在项目建设期转化为项目公司的固定资产、无形资产或金融资产，在项目运营期则通过固定资产折旧或无形资产、金融资产摊销留存在项目公司账面上，这部分现金流不属于《公司法》项下的可分配利润，无法向社会资本方进行分红。

PPP项目公司不同于永续经营公司。对于永续经营公司而言，折旧、摊销形成的现金流可以用于再投资，而PPP项目公司仅为特定项目而存续，项目公司的经营范围仅限于项目本身，无法扩大投资范围，项目公司的存续期随着项目期限的结束而结束，这就意味着项目公司无法将沉淀资金用于新项目的再投资，沉淀资金造成了资金浪费，并对社会资本的经营绩效产生不利影响。

在现有规定下，逐年减资是社会资本方盘活项目资本金现金流的唯一路径。项目公司在还完银行贷款之后，可以根据现金流的情况开始逐年减资，也可以在还完银行贷款之前在取得银行同意的前提下启动减资程序。但是《公司法》对减资的流程要求极高，逐年减资面临政府方和债权人方的重重压力，操作层面存在诸多不确定性，为减资付出的代价是一种无效的浪费。

如果减资的途径不畅，社会资本只能等到项目到期通过对项目公司剩余财产分配收回项目资本金。PPP项目规模巨大，许多项目的投资额动辄数十亿甚至过百亿，而任何社会资本方都不是只投一个项目而是要投多个或大量项目，这样其资金效率就会降低。对于大多数民营企业来说，投资几个大型PPP项目，可能就要面临现金流断裂的风险，至于大型央企和民营上市公司，实力再强大，也不可能支撑起万亿PPP项目对项目资本金的需求。

**2. 小股大债和名股实债出现的原因及其合理性**

项目资本金制度的刚性与PPP的不兼容，导致市场上很快出现了变通手段。

资本金退出机制不畅，催生了小股大债模式。该模式由股东以借款的方式为项目提供资本金，该笔资金对于项目公司来说是债务性资金，项目公司需要承担这部分资金的本息。从合规性的角度，这种“小股大债”模式直接违反国发〔1996〕35号关于项目资本金应为权益性资金的规定。但从合理性的角度，我们观察到，市场上确实有小股大债的项目完成融资、顺利落地，这就意味着小股大债模式只要获得贷款银行认可，是能够在项目各方当事人之间实现利益平衡的。为了获得银行等融资方的认可，股东需要承诺在项目公司偿还银行贷款前放弃对该股东借款的受偿权，这就意味着股东借款的退出时点已经接近项目的中后期，对项目的建设和主体运营的影响很小。股东借款作为一种劣后于银行贷款的债性资金，在性质上接近优先股，采用这种“资本金+劣后贷款+优先贷款”的模式，有效降低了资本金的比例，同时其偿还顺序排在金融机构之后又满足了银行的要求；在盘活项目公司沉淀资金的效果上，接近于项目公司减资，但由于程序灵活，有效降低了减资的交易成本和不确定性。与此同时，对政府而言并未增加其债务，政府仅按照合同承担为公共产品付费的义务。

资本金比例过高以及央企寻求债务出表则催生了股东之间的名股实债模式。社会资本通过引入财务投资人，为项目提供资本金，建立股东之间的名股实债模式。考虑到我国目前市场上能够接受PPP项目回报率的财务投资人，普遍具有风险厌恶偏好，产业投资人和施工企业通常需要以股权回购、差额补足、流动性支持、远期认缴等方式为财务投资人的股权投资提供增信。财务投资人的引入，解决了项目资本金不足的问题，但仍然没有从根本上解决项目资本金沉淀的问题，财务投资人退出的压力被转嫁给了从事施工和运营的社会资本，股权回购、远期认缴等结构化的融资安排意味着社会资本虽然短期内施工利润大幅上升，但基金在项目中期退出时社会资本将面临极大的回购压力。这也是关注央企债务风险的国资委对央企与财务投资人之间的“名股实债”说不的原因。从经济运行效率的角度来看，从事施工和运营的社会资本与财务投资人之间的“名股实债”安排，是一种典型的基于市场的资源优化配置，施工企业和金融机构各取所需，只要双方均是理性决策人，市场通过价格机制能够引导资金为真正有能力的社会资本提供杠杆，而这也是金融的本质和要义所在。

## 四、重构PPP项目资本金制度

1. 行政监管“多管齐下”的市场后果

财办金〔2017〕92号文完全封死了小股大债的做法，社会资本只能通过引入财务投资人解决项目资本金问题；国资发财管〔2017〕192号文禁止央企引入“名股实债”类的股权资金，意味着央企必须压低施工利润、提高项目自身的回报率，以吸引真正的股权资金。然而随着“一行三会”《关于规范金融机构资产管理业务的指导意见》（征求意见稿）的发布，市场极其悲观的发现，所谓的真股权资金也正在迅速枯竭。如果现有的监管政策全面执行到位，那么未来在基础设施和公共服务领域推行PPP的空间将大大缩小，地方政府要么彻底偃旗息鼓不再搞基础设施建设，要么重回各种违法违规模式的老路子，让债务风险在暗处积累。

2. PPP项目资本金制度改革的可能路径

考虑到PPP自身的特殊性，我们认为PPP项目资本金制度以及相关的PPP监管政策应做如下调整：

其一，下调PPP项目资本金比例，将项目资本金比例的决定权更多地交给相关的市场主体自主决定。党的十八大报告提出让市场成为配置资源的决定性因素，如果项目资本金比例由投资人和银行互相博弈，将会根据市场供需状况达到均衡，从而实现宏观政策逻辑与微观主体商业逻辑的贯通。从国际上来看，国外基础设施类项目权益类占比基本上都是10%左右，其他部分以债性资本作为补充，固定收益类产品大量参与，这是与基础设施资产的性质相匹配的。我国PPP项目的资本金可以参照这一标准。如果现阶段直接降低资本金比例的阻力较大，可以把该政策作为储备政策，待日后时机成熟时加以推动。

其二，在维持项目资本金现有比例的情况下，完善对项目资本金出资来源的认定机制。小股大债、名股实债是现行资本金制度不适应PPP发展造成的，已经被市场主体广泛接受，是市场创造性的表现，在完善资本金制度时，应该以某种形式在某种程度上给予认可。我们建议，允许注册资本金小于项目资本金，对于投资人以股东借款形式向项目提供的资本金，只要项目公司不承诺保证固定付息，并晚于贷款、信托退出的，可以认定为资本金。此外，积极探索引入永续债、优先股等工具，优化项目资本金的结构。

其三，如维持项目资本金的现有比例，可以允许地方政府在符合财政承受能力论证要求、符合地方政府负债率监管要求的前提下，对财务投资人的股份予以回购。PPP项目周期很长，在漫长的项目周期内完全禁锢地方政府回购项目的权利不利于地方政府自主调配地方发展的需求和与之匹配的资源。地方政府回购社会资本股权和资产，应属地方政府在PPP合同项下的合同权益，属于市场层面能够解决的问题。在顺周期内，地方政府在有能力的前提下，完全可以把优质资产回购回来。对于大多数PPP项目而言，地方政府最有能力控制PPP项目的需求风险。作为一项选择权，回购安排既可以安慰社会资本和金融机构，也可以降低项目的风险成本，提高治理效率。

**3. 对PPP项目资本金改革措施的利益相关者分析**

我们通过利益相关者分析来看放松PPP项目资本金能否达到帕累托最优的效果。

一是银行。在PPP的各方主体中，最在意项目资本金比例的是银行。在一个低资本金、高贷款的项目结构中，一旦项目出现违约，在没有资本金作为缓冲垫的情况下，银行贷款将直接暴露在项目风险面前。但对于这个问题，银行实际上已经有了一套成熟的应对方案，对于以“小股大债”模式投入项目资本金的项目，银行会对股东借款的退出条件、退出时间做出严格的限定，并通过将项目公司基本账户设立在贷款行的方式对项目资金进行监管，以确保股东借款的退出劣后于银行贷款的回收。如果项目资金主体全部来源于银行贷款，那么银行贷款可以通过结构化安排，对劣后级贷款提出更高的利率要求。如果彻底降低项目资本金比例，那么在国际上有一套成熟的融资方介入权制度可以供银行使用，银行可以在项目公司违约时自行或委托第三方在项目提前终止前对项目进行补救，以减少项目提前终止对银行的债权实现造成的影响。或许我们的银行目前还没有这样的意愿和能力，但随着资管新规的落地，在银行表外运转的资金将重新被挤压到银行的资产负债表内，银行将面临市场上的股权资金断流和债权资金泛滥，如果不主动变换车道，牢牢把握住行使介入权的主动权，银行就将直接丧失基础设施融资这块主营业务。

二是地方政府。项目资本金制度改革并未增加地方政府债务，只是项目公司层面债股比例的变化。有的地方政府会认为，放松项目资本金，就意味着施工企业可以用更高的杠杆撬动银行资源，会诱使施工企业在获得施工利润之后跑路。这种担心纯属多余。根据PPP的交易结构，政府按照项目公司的绩效对项目公司进行付费，一旦项目公司违约，政府的付费义务也随之暂停，项目将进入提前终止程序，这里损害的是银行的利益而非政府的利益。而对于理性的市场主体而言，放弃项目公司的运营责任将导致其在金融市场上再无立足之地。此外，政府完全可以在设置项目回报机制时，压缩施工企业的施工利润，提高项目公司的投资回报，迫使施工企业认真对待项目运营。PPP机制的一大优势就是政府对双方合作有顾虑的事宜都可以通过合同监管机制加以预防。事实上，对于政府来说，降低项目资本金比例的好处是立竿见影的，债务性资金的价格通常显著低于权益性资金的价格，项目资金更多来源于债务性资金可以显著降低项目资金成本，政府的支出责任也会相应下降，这更符合PPP所强调的物有所值理念。

三是中央政府。中央政府坚持项目资本金制度，初衷是希望遏制地方政府的非理性投资，包括担心地方政府将PPP当成融资加杠杆的工具。然而，从宏观角度来看，通过类似于项目资本金这样的纯粹技术性、财务性的工具，来约束PPP的规模，效果并不理想。历史上，靠提高项目资本金比例对钢铁、水泥、电解铝、房地产等产能过剩行业调结构、调总量、控风险，作用并不明显。要在宏观层面约束地方政府的融资冲动，更适合的抓手应该是项目层面的可行性报告审批和宏观层面的财政承受能力论证。我们建议，财政承受能力论证可以由上级政府来管控，而不是交由项目本级地方政府财政来论证。此外，财政承受能力论证过程可以更多考虑地方政府的负债率、存量债务水平与一般公共预算支出占比等指标来加以管控。

四是社会资本。小股大债可以解决股权回报的双重征税问题，有效降低PPP项目的税务成本。此外，对于社会资本来说，降低资本金的要求，将有利于金融资源流向投资效率高的企业，有利于这些企业降低资金沉淀、加速资金流转，真正实现规模效应，尤其有利于提高民营企业的投资能力。放开PPP项目资本金比例，也不意味着社会资本方可以无限加杠杆。当前，金融体系的监管和PPP业务的监管都在不断规范、不断强化，相关主体，无论是地方政府、国企、上市公司还是金融机构，都在监管的制约下决策日益理智。至于名股实债是否会伤及央企利益，我们认为，只要央企切实落实“实质重于形式”的会计合并报表的要求以及对PPP业务重大决策终身追责制度的要求，名股实债在企业报表中会直接体现为债务融资工具，会提高企业的负债率，进而影响金融机构对央企的融资决策。这是一个有效的市场博弈过程，可以不需要政府方面的强制监管。

## 五、结语

项目资本金制度在20年前财政监管不足、金融监管不足、国资监管不足、项目法人以非公司制指挥部为主的情况下有其存在的历史价值，而在今天，当其他监管体系日益完备的时候，这种纯行政性的监管手段如同当年的公司法定注册资本限额一样，到了应当重新审视的时候。

对PPP项目资本金制度进行抽丝剥茧的分析，我们发现，传统的以行政手段进行规制的项目资本金制度在新的监管环境下会对PPP的发展形成致命的伤害，而放松PPP项目资本金并通过市场力量形成均衡的PPP项目资本金比例才是真正的让市场在资源配置中发挥决定性的作用。当前环境下，“去杠杆”是各部门监管的共同发力点，从政府的角度确实能够形成强大的监管合力，攻克改革中的难点。然而，对于市场，特别是以信心为根基的金融市场来说，在设立新规时必须综合考虑新规与既有规则之间的兼容关系、评估多项新规共同发力的累加和放大效应，避免因为防风险而出现新的风险。重构PPP项目资本金制度，需要各方主体各司其职。政府方要控制好的是政府债务积累和稳增长之间的关系，央企要控制好国有资产保值增值、央企的战略使命与资产负债率之间的关系，银行要控制好自己的投资风险。至于具体到项目层面的资本金比例，更适合由交易主体自行判断，自担风险。总之，监管发力时仍然要注意区分市场和政府的界限，对于政府应该补位的地方果断补位，对于适合交给市场决定的事项应及时放手，按照“简政放权、放管结合、优化服务”的思路，培养市场的辨别判断能力和风险责任意识。

过去4年的PPP实践中出现的小股大债和名股实债等做法，是市场创新、演化和选择的产物，应通过研究确认其合理性。未来，一旦项目资本金制度改革到位，当前PPP面临的一系列问题将迎刃而解：项目资本金融资难这一人为造成的问题将不攻自破；项目沉淀资金得到盘活；政府方的付费压力有所缓解；各方参与PPP风险管控的积极性得到有效调动。理性主体参与的监管适度的市场中，最终风险和收益的分配会在各方主体的博弈下达到有效率的均衡。未来，我们会看到，那些真正有活力、有潜力、有能力的地方政府推出的PPP项目，项目资本金比例设置到1%，也会有社会资本和金融机构趋之若鹜，而相反，某些地方政府信用陷入危机的地区，如果项目自身经营能力不足，那么项目资本金比例即使提到了50%，也没有银行愿意提供贷款。

我们相信，唯有如此，PPP方可行稳致远——既符合中国国情，推动中国社会进步，又能够形成中国式PPP的独特模式。

# 第一章 城市基础设施投融资概述

## 第一节　城市基础设施在城市发展中的作用

城市基础设施是为企业生产和居民生活提供基本条件、保障城市存在和发展的各种工程及其服务的总称。城市基础设施通常分为两类：经济性基础设施和社会性基础设施[①]。经济性基础设施一般是指能源系统、给水排水系统、交通系统、通信系统、环境系统、防灾系统、地下公共设施及附属设施等市政基础设施；社会性基础设施则指行政管理、文化教育、医疗卫生、商业服务、社会福利等设施。

基础设施对城市发展具有重要作用：一是基础设施建设能够通过“乘数效应”拉动消费，促进就业，提高GDP；二是基础设施能够提高城市的承载能力和经济运行能力，为社会和经济持续、协调、稳步发展提供基本的物质条件。相应地，城市基础设施投资规模不足会对区域经济增长产生制约作用。目前，我国基础设施投资不足主要体现在两个方面，一是基础设施投资供给效率不足，二是基础设施的资金来源有限。城市基础设施的不足必然会影响整个社会经济的发展速度[②]。

---

① 世界银行 . 1994 年世界发展报告：为发展提供基础设施 [M]. 北京：中国财政经济出版社，1994.

② 龚莉 . 中国基础设施产出效应的区域分析 [D]. 南京：南京财经大学，2012.

## 第二节 城市基础设施投融资的必要性分析

基础设施是处于上游的产业部门，基础设施所提供的产品和服务构成其他部门必需的投入品和服务，因此城市基础设施需要适度超前发展。然而，适度超前发展意味着通过政府当期的财力难以满足其发展的需要，如果按照当期财力来确定当期的城市基础设施建设规模，必然意味着基础设施的供给不足，作为共同生产条件的城市基础设施就会成为制约区域经济社会发展的瓶颈。

城市基础设施的建设需要大量资金投入，政府发挥了重要的资金供给作用[①]。1994年《世界发展报告：为发展提供基础设施》指出，发展中国家“大约有90%的基础设施建设资金来自于政府，政府几乎承担了所有项目的风险，政府的财政负担很重”。解决城市基础设施供给不足的矛盾和基础设施投资渠道狭窄的矛盾是城市政府面临的重要课题，有效出路是通过城市基础设施投融资的市场化改革来增加投入和提高运行效率[②]。因此，政府为满足城市基础设施资金的需要，必须通过一定的方式引入其他投资主体，或者扩大基础设施投融资渠道，采取市场化的方式进行资金筹措。

## 第三节 城市基础设施投融资的发展

伴随着市场经济的发展和经济体制改革的进程，中国基础设施投融资也经历了一个长期的演变过程，总的来说，大体可分为计划经济时期、过渡时期和市场化时期三大时期。

① 财政部课题组．地方政府投融资管理体制改革研究 [J]. 经济研究参考，2012(41)：4-12.

② 余池明，张海荣．城市基础设施投融资 [M]. 北京：中国计划出版社，2004.

## 一、计划经济时期的基础设施投融资

在20世纪50年代到1978年间的计划经济体制下，我国实行的是“统收统支”的财政体制，政府通过高度集中的指令性计划，直接从事投资活动并控制全社会的投资活动。这一时期我国基本建设项目处于传统投融资为主的时代，主要融资渠道是中央财政。在全能主义国家观的指导下，国家以政治力量统合一切领域，国家财政不仅要负责满足国防、行政管理、公安司法、文化教育、基础科研等社会公共需要，同时还要负担能源、资源、通信、道桥等一系列社会公共基础设施和基础产业项目的投资。

基础设施建设项目列入基本建设项目，其投资列入财政支出预算，其建设由建设部门完全按照计划进行。基础设施建设中又以水、电、燃气、供热等满足基本生存条件的公用事业设施为主。受限于经济发展水平，当时的基础设施投融资整体规模都较小。计划经济时期基础设施投融资体制归纳为“政府统一规划、投资建设、财政预算补贴和国有垄断经营”[①]。

可见，在财政资金为主的计划经济时期，城市基础设施投资呈现如下特征：

第一，投资决策、建设和经营高度集中。基础设施项目的决策权高度集中于中央，有计划按比例的投资模式带有很强的主观性，由此产生了基础设施投融资结构的严重失调。地方政府和企业缺少投资决策权，不利于调动其创新性和管理积极性，导致基础设施投资效益长期低下。此外，由于项目决策、建设和经营技术的精细化程度不够，不能完整、全面地衡量基础设施项目的经济效益和社会效益，不能合理有效地配置有限的资源，实现项目投资效益的最大化[②]。

第二，投资主体单一。政府几乎是唯一的投资主体，并且以中央政府为主，地方和企业都不是独立的投资主体。中央政府包揽了各行各业大大小小的建设，在当时经济基础十分薄弱、资源相对短缺的经济形势下，此种形式无疑有利于集中有限的资金进行重点项目的建设。但是，国家作为主导的投资主体，投资资金无偿使用，必要的风险和责任约束机制尚未建立，导致各地争投资、争项目，形

① 刘戒骄等．公用事业：竞争、民营与监管 [M]. 北京：经济管理出版社，2006.

② 汪同三．中国投资体制发展道路 [M]. 北京：经济管理出版社，2013.

成普遍的投资饥渴症。

第三，资金融入方式单一。资金融入渠道主要是财政预算拨款，银行成了国家财政的附属物和全社会资金出入的出纳机关，除储蓄、转账结算和工商企业超额流动资金的贷款外，银行没有主审贷款和投资的权力，其职能弱化导致利益机制缺失，影响基础设施投资效率的提升。

## 二、过渡时期的基础设施投融资

党的十一届三中全会以来，我国逐步由计划经济向社会主义市场经济转变，相应地，基础设施投资体制也发生了巨大变化。基础设施投融资体制在整个投融资体制改革的大背景下也处于不断的探索过程中。总的看来过渡时期大体可分为以下三个阶段。

第一阶段：探索阶段（1979—1983年）

刚开始改革开放不久，基础设施领域的投融资模式就展开了渐进式、市场化、多元化的尝试，但该阶段的基础设施投融资体制改革措施属于局部的、表层的变革，主要目的是实现对旧体制的突破。

这一阶段的改革主要体现在以下方面：首先，在基本建设中推行合同制，开始尝试用经济方法管理基本建设投融资；其次，开始进行“拨改贷”的试点，资金分配的主渠道由财政拨款转变为银行贷款，由直接投资向间接投资转变；再次，扩大国有施工企业的经营管理自主权，实行利润留成制；最后，试行建筑安装工程招标投标制，实行多种形式的投资承包责任制。

第二阶段：扩大改革阶段（1984—1988年）

这一时期，我国的基础设施投融资体制改革随着经济体制改革而全面展开，并开始触及投融资体制的深层次问题。主要包括以下几个方面：一是把基本建设投资按资金渠道划分为指令性计划和指导性计划，缩小指令性计划，扩大指导性计划；二是进一步简政放权，下放项目审批权限，简化审批手续；三是全面推行基本建设拨款改贷款体制，进行金融市场改革和开放资金市场，全面对外开放和招商引资；四是建立投资项目评估审议体制，促使投资决策科学化、民主化。

第三阶段：改革的深化阶段（1988—1992年）

这一时期基础设施领域的投融资改革从起步阶段的“简政放权”逐步向重视

市场作用的方向转变。改革的主要内容有：一是初步明确中央与地方政府的投资权限与范围，加大地方的重点建设责任；二是扩大企业的投资决策权，使企业成为一般性基础设施建设的投资主体；三是建立基本建设基金制，保证重点建设项目有稳定的资金来源；四是成立投资公司，用经济办法对投资进行管理；五是改善宏观调控体系，实行招投标制，充分发挥市场和竞争机制的作用①。

总之，过渡时期是城市基础设施快速发展的阶段，该阶段基础设施投融资的特征表现在：

第一，建设管理环节尝试引入市场机制。各地方开始成立城市建设投资公司。地方政府和企业有一定的投资自主权，强化投资主体的风险约束机制，项目的决策、建设管理开始引入市场机制。但由于现有城市基础设施的运营与维护尚未按照企业化和市场化的方式进行管理，项目的运营和维护方式仍然守旧。

第二，投资主体有所增加。随着项目投资审批权的下放，地方政府的投资项目审批权限不断扩大，由20世纪80年代初期的1000万元扩大到80年代后期的5000万，由中央政府包揽的投资模式逐步转变为中央与地方共同投资的模式。

第三，融资渠道有所拓展。拨改贷的实行打破了基本建设由政府无偿拨款的计划经济模式，逐步建立了以信贷融资工具为主的基本建设模式。但此时基础设施融资多为政策性融资，由于政策性银行受到资金来源的限制，贷款能力也十分有限。此外，基础设施其他资金来源渠道也逐步增加，如吸引外商投资、政府发行债券等方式。

## 三、市场化时期的基础设施投融资

改革开放以来，我国基础设施融资体制的变化主要体现在融资渠道大为拓宽，融资体制由财政主导向金融主导转变，投资资金由计划配置向市场配置转变。表现在：银行在社会资源配置中的作用大大增强。

第一阶段：市场化探索阶段（1992—2002年）

1992年10月，党的十四大确立了我国的社会主义市场经济体制的目标和方向，在基础设施投融资领域确立了市场化改革的方向。这一时期，投融资体制

---

① 王秀云．我国基础设施投融资体制变迁及改革路径 [J]. 中国城市经济，2008（10）：80-82.

改革的举措较多、动作较大，主要体现在以下几个方面：一是改革投融资方式。将各类建设项目根据经济效益和社会效益的不同划分为竞争性项目、基础性项目和公益性项目三类，并重新确定其主要投资主体和投融资方式；二是实行项目法人责任制、固定资产投资项目资本金制、招投标制和工程监理制，规范投资主体风险约束机制；三是开展“贷改投”试点工作；四是组建政策性银行，主要承担基础设施、基础产业和支柱产业的资金配置任务，实行商业贷款和政策性贷款相分离。这标志着我国基础设施投资体制逐步得到完善和确立，促进了基础设施投资主体、融资渠道的多样化，提高了基础设施的投融资效率。

第二阶段：市场化改革的深入阶段（2003—2012年）

进入21世纪以来，随着我国经济的持续快速增长，综合实力显著提升。各个城市都开始大规模地展开城市基础设施建设，城市化进程明显加快。以十六届三中全会为标志，我国的改革进入了全面完善社会主义市场经济体制的新阶段。投融资体制也进入了市场化改革的深入阶段。

这一时期的主要举措有：一是改革政府对企业投资的管理制度，按照“谁投资、谁决策；谁收益、谁承担风险”的原则，落实企业投资自主权；二是合理界定政府投资职能，建立投资决策责任追究制度；三是进一步放宽基础设施产业市场准入，鼓励非国有资本在更广泛的领域参与基础设施建设；四是借鉴吸收国外基础设施建设的新型融资模式和金融工具，开辟新的融资渠道，在供水、污水处理、垃圾处理处置和轨道交通等领域，新的项目融资模式（BOT、TOT等PPP模式）被广泛地采用和完善。

2004年7月以后，经国务院批准的投资体制改革方案以《国务院关于投资体制改革的决定》（以下简称《决定》）名义颁布。《决定》中明确提到“鼓励社会投资。放宽社会资本的投资领域，允许社会资本进入法律法规未禁入的基础设施、公用事业及其他行业和领域。逐步理顺公共产品价格，通过注入资本金、贷款贴息、税收优惠等措施，鼓励和引导社会资本以独资、合资、合作、联营、项目融资等方式，参与经营性的公益事业、基础设施项目建设。”

2005年2月25日，新华社发布国务院《关于鼓励支持和引导个体私营等非公有制经济发展的若干意见》（简称“非公36条”），这是新中国成立以来首部以促进非公有制经济发展为主题的中央政府文件。文中进一步明确“允许非公有资本进入公用事业和基础设施领域。加快完善政府特许经营制度，规范招投标行为，支持非公有资本积极参与城镇供水、供气、供热、公共交通、污水垃圾处理等市政公用事业和基础设施的投资、建设与运营。在规范转让行为的前提下，具备条件的公用事业和基础设施项目，可向非公有制企业转让产权或经营权。鼓励非公有制企业参与市政公用企业、事业单位的产权制度和经营方式改革。”

2010年5月13日，国务院出台《关于鼓励和引导民间投资健康发展的若干意见》(〔2010〕13号)，意见强调“鼓励和引导民间资本进入基础产业和基础设施领域”和“鼓励和引导民间资本进入市政公用事业和政策性住房建设领域”。该意见的发布，更是为基础设施市场化投融资改革的进一步深入明确了方向。

第三阶段:(2013年至今)

十八大提出了让市场在资源配置过程中发挥决定性作用为PPP的普及提供了理论基础。2013年财政工作会议结束后楼继伟部长作了关于PPP的专题报告，对PPP在国家治理现代化、让市场在资源配置中发挥决定性作用、转变政府职能、建设现代财政体制和促进城镇化健康发展等方面的作用给予了高度期待。进入2014年财政系统组织了多次官方PPP培训，地方财政厅局的PPP培训也接连不断。住建部和财政部结合财政体制改革开始准备有关指导意见，同时地方政府积极上报PPP试点项目。

此次推动PPP有着很强的社会经济背景。中国城市化经过十年高速发展，在取得成就的同时出现了大量问题。土地财政难以为继，地方债问题日益突出，治理环境需要大量资金。国有体制可以调动大量资源但浪费惊人，投资效率越来越低。城市基础设施需要转变发展方式，提高效率、减少浪费、少走弯路都是转变发展方式的基本内容。

此阶段大行其道的PPP模式可以带来体制和机制的创新，可以为解决当前的问题提供有益帮助。首先PPP模式可以厘清政府与市场边界，政府负责政策制订、发展规划、市场监管和指导服务，社会资本承担项目建设、运营和维护。其次，PPP模式可以合理分配风险，原则上项目设计、建设、运营等商业风险由社会资本承担，法律、政策调整和最低需求风险由政府承担，自然灾害等不可抗力风险由双方共同承担。再次，PPP模式可以实现质量和效率的提高。在项目选择时，要充分评估论证，与传统的政府直接建设运营方式进行比较分析，确保采用PPP

模式后，将政府的政策目标、社会目标和社会资本的运营效率、技术进步有机结合，能够明显提高服务质量和效率，降低项目成本或使用者成本，促进社会资本竞争和创新，实现公共利益最大化。

市场化时期是城市基础设施快速发展的阶段。总的来说，我国城市基础设施投融资领域取得了较大成果，主要有：

第一，在投资建设运营管理各环节引入市场竞争和激励约束机制。PPP模式通常由社会资本承担设计、建设、运营、维护基础设施的大部分工作，而基础设施建设的最终目的是为公众提供公共产品或公共服务，政府通过支付社会资本的建设成本、运营成本及合理回报来采购社会资本提供的这些公共产品或公共服务。通过财政激励约束机制有利于激发项目承接企业的创新性，可以增强公共产品和公共服务的供给能力，提高公共服务和公共服务的质量和效率。

第二，投资规模稳定增长，投资主体多元化。我国城市基础设施建设取得了长足的发展。其表现是从计划经济时代的单一投资主体变成多元投资主体，各级地方政府、国内外各类企业、个人均可成为建设项目的投资者，除政府投资和银行贷款外，还增加了外商投资、企事业单位和个人自有资金、企业发行股票和债券获得的资金等，尤其鼓励民间资本以PPP方式踊跃参与基础设施领域的投融资活动。

第三，投融资方式多样化。随着改革开放的推进，一些国外的投融资方式不断被引入我国并创新和完善，呈现出投资方式多样化的局面。除了由建设单位直接投资进行基本建设和技术改造之外，项目融资（如BOT、TOT等）、股权投资、项目并购和融资租赁等多种投资方式也被普遍应用。

# 第二章 城市基础设施投融资的改革目标和问题

## 第一节　基础设施投融资体制的改革

### 一、投融资体制的改革目标

2013年，国务院出台《关于加强城市基础设施建设的意见》（国发〔2013〕36号），对于当前形势下如何推进城市基础设施建设投融资体制和运营机制改革方向作出重要指引。该意见指出，城市人民政府是基础设施建设的责任主体，要切实履行职责，抓好项目落实，科学确定项目规模和投资需求，公布城市基础设施建设具体项目和进展情况，接受社会监督，做好城市基础设施建设各项具体工作。该意见还要求创新基础设施投资项目的运营管理方式，形成权责明确、制约有效、管理专业的市场化管理体制和运行机制。改革现行的城市基础设施建设事业单位管理模式，向独立核算、自主经营的企业化管理模式转变。意见还指出，应进一步完善城市公用事业服务价格形成、调整和补偿机制。积极创新金融产品和业务，建立完善多层次、多元化的城市基础设施投融资体系。

### 二、投融资体制改革尚存问题

现阶段，我国鼓励社会资本参与投资基础设施的政策方针已定，但缺乏专门针对政府投资的法律，而法律应当是国家鼓励、引导、规制、协调社会资本投资基础设施活动的基本形式。但目前来看，我国现有立法仍存在着对社会资本参与基础设施投资建设的阻滞因素[①]。具体表现为：与政府投资有关的规范性文件效力层级较低、政策性文件偏多，规范性文件内部、规范性文件与上位法律之间存在冲突，甚至文件规定本身存在一定瑕疵。《政府投资条例》《基础设施和公共服务领域政府和社会资本合作条例》仍未出台，社会资本投资的保障机制尚未完全建立。

## 第二节　基础设施投融资主体的改革

### 一、投融资主体的改革目标

政府与市场合理分工的城市基础设施投融资体制下，政府与市场主体均可以作为投融资主体，这种多元化的投资主体模式是未来城市基础设施领域投融资主体创新的基本取向。

从政策上看，2014年9月国务院印发了《关于加强地方政府性债务管理的意见》国发(〔2014〕43号)，修明渠、堵暗门，剥离融资平台公司政府融资职能，倒逼地方推广使用政府与社会资本合作PPP模式。实行投资主体多元化后，彻底摒弃长期以来政府包揽一切，独家经营的体制，有利于开放市场、打破垄断、加快城市基础设施建设；投资主体多元化，集社会各方资金于城市基础设施建设，有利于促进投资稳定增长、保持持续发展。

### 二、投融资主体改革尚存问题

从政府方看，需要加快转变政府职能。政府一方面要支持投资主体多元化制度的发展，另一方面要规范、完善自己作为投资主体之一的投资行为。在政府职能转变方面，通过PPP模式提供公共服务，政府要从“管理者”变为“监督者、合作者”，更加注重“按合同办事”，更加注重平等协商、公开透明，从而解决政府职能错位、越位、缺位问题，推动从“国家管理”向“国家治理”转变。

---

① 秦波.民间投资市政基础设施及其法律保障和促进机制研究[D].重庆：西南政法大学，2005.

然而，目前在基础设施投融资的社会化主体的构成上，国有主体占据了主导地位，民营企业参与度还很低。以PPP项目中的社会资本方为例，2014年1月至2017年8月期间，国资之间以及国资牵头的联合体占了近60%的比重，民营企业参与度则普遍较低，且参与项目投资额比重小。这其中的原因是多方面的，包括民营企业实力有限，难以通过充足的资本金撬动大量的银行贷款；银行对民营企业的信赖度较低，民营企业融资成本高；政府对与民营企业合作抱有顾虑等。

## 第三节　城市基础设施投融资方式的改革

### 一、投融资方式的改革目标

投融资渠道和方式的市场化、多元化是我国近年来基础设施领域投融资模式变迁的显著特征，也是市场化改革与经济发展进程中的必然选择。基础设施建设的融资渠道不断拓宽。改革开放后我国经济进入高速增长期，实体经济对基础设施的需求猛增，基础设施投入不足的问题日益成为经济发展的"瓶颈"，单一的财政投资和税收来源与庞大的基础设施投资需求相比，缺口巨大，客观上要求政府通过举债等其他方式为基础设施建设融入资金，以解决投入不足、基础设施落后的问题。变革基础设施投融资模式，需要拓宽融资渠道，打破过去依赖于政府信用的单一融资渠道，吸引更多的社会资金进入城市基础设施建设领域[①]。

以无形资产（如特许经营权）和基础设施存量资产为依托的新型融资手段进一步放大了政府的融资能力。此外，一些产业投资基金的发展和运用，进一步丰富了政府融资的理论和实践工具，使政府通过股权融资来筹集基础设施建设资金成为现实。

### 二、投融资方式改革尚存问题

当前，PPP模式是拓宽基础设施融资渠道的最重要方式。在中央政府的政策

① 王元京，张潇文．城镇基础设施和公共服务设施投融资模式研究 [J]. 财经问题研究，2013(4)：35-41.

支持下，地方政府推广PPP项目的热情空前高涨，但是项目落地情况却不容乐观。如果说在PPP推动的初期，PPP项目落地难主要来自于各方对PPP这一新概念反应迟钝；而随着PPP概念的日益普及，项目落地难主要来自于融资困难。

目前，政府、社会资本和金融机构三方之间形成相互制衡的状态。财政部门从控制政府债务扩张的角度，严格限制政府给PPP项目提供政府担保，这使得社会资本一度成为PPP项目公司的担保主体。然而，随着社会资本的资产负债率迅速提高，社会资本也难以向项目公司提供担保，这使得银行成为PPP项目风险的主要承担者，而这与银行低风险偏好的性质相冲突。政府、社会资本和金融机构三者之间的制衡机制，一方面导致PPP项目的落地愈加困难，但与此同时也有助于真正优质的PPP项目脱颖而出，获得各方认可。尽管如此，目前基础设施投融资方式仍需改革，需要前段的基金投资和后端的资产证券化、股权转让、上市融资等投融资渠道根据PPP的特点不断创新。

## 第四节　小结

经历了改革开放三十年以来的基础设施投融资体制、主体、方式的不断改革，最终我国基础设施投融资的主导方式定位于PPP。PPP在改善基础设施供给效率的同时，也扩大了基础设施资金的来源。为建立政府与市场合理分工的投融资体制，实现投资主体由单一到多元、融资渠道由封闭到开放的转变，政府部门需积极稳妥地推进基础设施投融资的改革，引导PPP模式合理化、科学化的发展，下面将详细介绍PPP模式推进过程的具体操作及相关问题。

# 第三章

# 中国式PPP的内涵与发展历程

## 第一节　PPP模式的内涵

### 一、PPP概述

PPP（Public-Private-Partnership）模式，即政府和社会资本合作模式，是指在基础设施和公共服务领域，政府和社会资本基于合同建立的一种长期合作关系，旨在利用市场机制合理分配风险，提高公共产品和服务供给的数量、质量和效率。从定义可以看出PPP模式具有以下三个重要特征：①伙伴关系，这是PPP模式的基础，是指政府和社会资本具有共同的合作目标，优势互补，社会资本获得与其承担风险和责任相匹配的利益，政府实现更高效地向公众提供公共产品和服务[①]；②利益共享，政府和社会资本整合各自的优势资源，共享PPP项目带来的经济利益，但需要明确的是，PPP模式中政府需要对社会资本可能获得的高额利润进行控制，即不允许社会在项目执行过程中获取暴利，这是由于PPP项目具有公益性或准公益性，不以利益最大化为目的，不得不合理地增加政府债务或是公众/使用者的负担[②]；③风险共担，政府和社会资本合理分担PPP项目实施过程中所涉及的风险，是PPP模式区别于传统政府投资模式的显著特征，根据政府和社会资本各自对风险的控制和应对能力，对风险进行有效分配，保证承担风险的一

① 林华 . PPP 与资产证券化 [M]. 北京：中信出版社，2016.

② 周兰萍 .PPP 项目运作实务 [M]. 北京：法律出版社，2016.

方处于最有利的位置，从而实现整个项目的风险最小化，降低项目的成本和不确定性。

PPP的概念有广义和狭义之分。在广义上，为提供公共产品或服务而展开的政府与社会资本合作形式均属于PPP范畴，它包含了政府和社会资本在设计、投融资、建设、运营、维护、移交等项目全生命周期不同环节的合作，具有BOT、BOO、BOOT、TOT、MC、O&M、DBFO、BT、PFI、特许经营等多种表现形式。狭义PPP是近年来英国等发达国家为弥补BOT、PFI等模式的不足，探索实施的一种新模式。狭义的概念更加侧重政府和社会资本合作项目的运作模式、风险分担机制、投融资职能分配和项目监控评估等方面①；它更强调政府通过商业而非行政的方法加强对项目的控制，如政府通过在项目公司中占股来实现对社会资本的监督，以及政府和社会资本在合作过程中的优势互补、风险共担和利益共享②。

我国财政部《关于推广运用政府和社会资本合作模式有关问题的通知》(财金〔2014〕76号)中对PPP的通用模式的阐述，主要针对狭义的PPP，即“通常模式是由社会资本承担设计、建设、运营、维护基础设施的大部分工作，并通过‘使用者付费’及必要的‘政府付费’获得合理的投资回报；政府部门负责基础设施及公共服务价格和质量监管，以保证公共利益最大化。”由此，在PPP模式下，政府由传统方式下公共产品和服务的提供者变为规制者、合作者、购买者和监督者。

## 二、PPP项目的运作方式

2003年以来，我国基础设施市场化投融资活动进入了改革的深入阶段，各地的市场化投融资实践层出不穷，市场化项目的数量也呈快速增长的趋势。而建设部于2004年出台的《市政公用事业特许经营管理办法》，则为市场化投融资项目提供了法律法规的依据，各地市场化实践逐渐步入了有法可依、有章可循的快

---

① 中债资信 .PPP 系列专题研究之一：PPP 模式定义及在国内外发展情况概述 [EB/OL]. [2015-01]. http：//www.cfacn.com/userfiles/Fl201501160952178882.pdf.

② 王守清，刘云 . 公私合作（PPP）和特许经营等相关概念 [J]. 环境界，2014，25(1)：18-25.

车道。对政府而言，采用特许经营的方式引入社会资本，可以加快推进市政公用事业市场化，规范特许经营，保障社会公共利益和公共安全，并促进市政公用事业健康发展。对投资人而言，特许经营权的授予为项目的投资回收提供了可靠的保证，同时也对政府的履约和监管行为进行了约束，只要社会投资人按照特许经营协议的约定履行合同，接受政府的监管，则合理的回报和相对较低的风险水平是可以预期的。

对于非纯公益性的基础设施项目来说，通过设置合理的项目条件并进行适当的风险分配，也是完全可以吸引到社会资本的。在实践中，从基础设施的特殊性和安全性考虑，政府往往采用市场竞争（如招标、竞争性谈判等）的方式选择投资人。在项目运作模式上也是多种多样的，项目融资（BOT、TOT、PPP等）方式都得到了广泛的运用，下文将对主要的市场化模式进行介绍。

市场化的进程中催生了多种PPP模式，我国有关PPP指导文件中提出的、也是实践中常见的PPP运作方式主要有委托运营（Operations & Maintenance，O&M）、管理合同（Management Contract，MC）、建设—运营—移交（Build-Operate-Transfer，BOT）、转让—运营—移交（Transfer-Operate-Transfer，TOT）、改建—运营—移交（Rehabilitate-Operate-Transfer，ROT）、建设—拥有—运营（Build-Own-Operate，BOO）以及建设—拥有—运营—移交（Build-Own-Operate-Transfer，BOOT）等。

根据项目的性质、合作内容、合作期限等具体情况，PPP模式表现为不同的运作方式。总的说来，对于存量项目，通常可采用TOT、ROT、O&M、MC等方式建设运营；对于新建项目，通常可采用BOT、BOOT、BOO等方式建设运营。关于这些PPP运作方式的简介如表3－1所示。

PPP项目没有最佳的固定模式，实务操作中，每个PPP项目都应该根据行业与市场情况、项目自身特点和参与者的管理、技术、资金实力等，选择合适的模式并进行优化调整。影响项目具体运作方式选择的因素主要有项目性质、改扩建需求、合作期限、期满处置、回报机制、项目投资收益水平、风险分配基本框架、融资需求等。PPP项目运作方式的决策流程如图3－1所示。

PPP 的运作方式　　表 3-1

| 运作方式 | 模式简介 |
| --- | --- |
| 委托运营（O&M） | 定义：政府保留存量公共资产的所有权，仅将公共资产的运营维护职责委托给社会资本或项目公司，并向其支付委托运营费用；社会资本或项目公司不负责用户服务的项目运作方式。<br>合同期限：一般不超过 8 年 |
| 管理合同（MC） | 定义：政府保留存量公共资产的所有权，将公共资产的运营、维护及用户服务职责授权给社会资本或项目公司，并向其支付管理费的项目运作方式；通常作为 TOT 的过渡方式。<br>合同期限：一般不超过 3 年 |
| 转让—运营—移交（TOT） | 定义：政府部门将存量资产所有权或经营权有偿转让给社会资本或项目公司，并由其负责运营、维护和用户服务，合同期满后资产及其所有权等移交给政府的项目运作方式。<br>合同期限：一般 20 ～ 30 年 |
| 改建—运营—移交（ROT） | 定义：政府在 TOT 的基础上，增加改扩建内容的项目运作方式。<br>合同期限：一般为 20 ～ 30 年 |
| 建设—运营—移交（BOT） | 定义：政府通过特许权协议，授权社会资本或项目公司承担新建项目的设计、融资、建造、运营、维护和用户服务职责，在特许期内向该项目的使用者收取适当（经政府批准的价格）费用，由此回收项目的投融资、建设、运营和维护等成本并获取合理回报，特许期满后项目资产及相关权利等有偿或无偿移交给政府的项目运作方式。<br>合同期限：一般 20 ～ 30 年 |
| 建设—拥有—运营（BOO） | 定义：由 BOT 方式演变而来，二者主要区别是 BOO 方式下社会资本或项目公司拥有项目所有权，但必须在合同中注明保证公益性的约束条款，一般不涉及项目期满移交。<br>合同期限：长期 |
| 建设—拥有—运营—移交（BOOT） | 定义：与基本 BOT 的主要区别在于，特许期内社会资本或项目公司既拥有经营权又拥有所有权，期满后将项目所有权移交给政府。政府允许其在一定范围和一定时期内等一定条件下将项目资产为了融资的目的抵押给银行，以获得更优惠的贷款条件，从而降低项目所提供的公共产品价格①。<br>合同期限：一般 20 ～ 30 年，特许期一般比 BOT 稍长 |

① 周兰萍 . PPP 项目运作实务 [M]. 北京：法律出版社，2016.

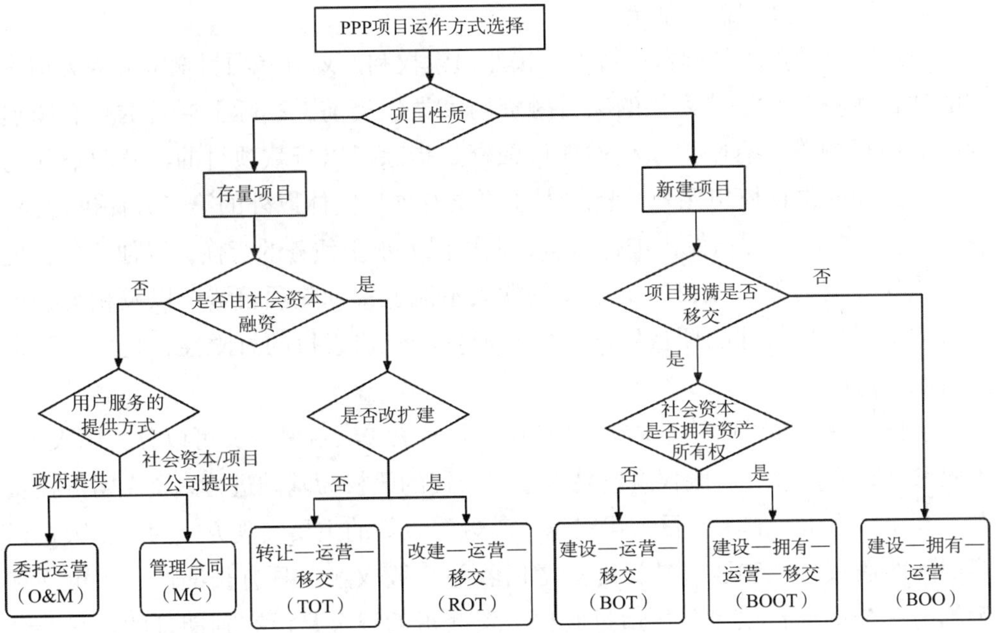


**图3-1　PPP项目运作方式决策树状图**

## 三、PPP项目的融资方式

采用项目融资模式时，项目的发起人（一般是项目投资者或项目主办人）通常会作为项目公司的股东，为项目的投融资、开发建设、经营管理而成立一家专门的项目公司，并以该项目公司为主体，以经营项目本身的现金流和全部收益作为偿债资金来源，以项目公司的全部资产为增信（担保）的主要措施[①]。项目公司的资产状况以及该项目完工运营后的盈利能力为贷款人或资金提供方提供融资的条件。

从国际上看，项目融资主要用于基础设施、能源、交通运输等项目，通常具有规模大、周期长、收益偏低等特点，需要多元化的、更具有成本优势和规模优势的资金参与。主要融资渠道有政策性银行、商业银行、政府基金或补贴、保

① PPP 大讲堂 . PPP 项目融资与公司融资存在的差别 [EB/OL]. [2016-05-31]. http://www.chinacem.com.cn/ppp-jcll/2016-05/210206.html.

险公司、养老基金和投资基金等。

根据项目融资的基础资产特点，按照追索权利的划分，项目融资分为无追索权的项目融资和有限追索权的项目融资两大类。当前，国际上通行的是有限追索权的项目融资。有限追索权的项目融资是指除了以贷款项目的经营收益作为还款来源和取得物权担保外，贷款人还要求有项目实体以外的第三方提供担保。贷款人有权向第三方担保人进行追索，但担保人承担债务的责任，以他们各自提供的担保金额为限。项目融资中，贷款人不能追索到除项目资产以及相关担保资产或增信安排以外的项目发起人的其他资产。追索权的有限性，是项目融资最基本的特点。

根据融资方在PPP项目中参与的角色不同，PPP项目融资又可以分为两大类：股权融资和债权融资。股权融资是以项目公司的股权为基础进行融资，财务投资人入股项目公司，成为项目公司股东，其融资收益的主要实现方式为项目公司运营期间的股权分红和股权转让时的增值收益。股权融资具有长期性、不可逆和无负担三个特点：项目公司通过股权融资获得的资金是没有到期日的，只要公司存在，就无需归还该笔款项，投资人只有通过出售公司股权获得本金，而且股权融资不要求每期进行分红，是否分红、分红的时间及金额可根据公司实际情况而定。债权融资是一种传统的融资方式，分为直接融资和间接融资。间接融资的主要对象是以银行为代表的金融机构，它们以项目公司的资产为基础，向项目公司提供贷款，项目公司在合同约定的时间还本付息；直接融资是指项目公司以自身的资产与预期的现金流为基础，向社会公众发行债券，按照券面约定的时间和利率还本付息的项目融资方式。相较于股权融资，债权融资是具有期限的，分短期、中期和长期，有时间限制，即使是最长期限的债权融资，也需要按照约定归还；而且债权融资在清算时比股权融资具有更高的优先级，因此项目公司通过债权融资获得的资金只能作为公司运营资本的补充，而不能完全依赖它完成新项目的投资；此外，债权融资带给公司杠杆收益的同时并不影响公司控制权，反映到资产负债表上是负债，但它会抑制公司投资冲动，增加公司破产的可能[①]。

① PPP大讲堂．PPP项目融资与公司融资存在的差别[EB/OL]. [2016-05-31]. http://www.chinacem.com.cn/ppp-jcll/2016-05/210206.html.

## 四、PPP项目融资和传统融资方式的区别

从理论上来说，PPP模式和传统政府融资模式的关键区别在于社会资本是否有机会参与传统由政府投资的项目，分享决策权和收益权。在形式上，PPP模式与传统政府融资模式的关键区别在于融资主体不同，随之相应的责任义务也不同，这也是国家目前大力推动PPP模式的根本原因之一。

传统政府融资模式下，融资主体多为地方政府融资平台，所形成的债务属于地方政府债务。在本轮PPP模式启动之前，我国的城市基础设施和公共服务领域项目大多采用的是传统政府融资模式，即一般由地方政府融资平台作为融资主体，向银行贷款或者发行债券，进行投资建设。在这种情况下，平台融资以政府担保为增信工具，融资平台的债务成为地方政府的或有债务。随着城镇化加速发展，公共产品和公共服务的需求越来越大，需要投入的资金也不断增多，地方财政不堪重负，一些城市甚至出现政府债务高于财政收入的情况，传统政府融资模式已难以为继。在这种情况下，国务院出台了《关于加强地方政府性债务管理的意见》（国发〔2014〕43号），要求加强地方政府性债务管理，对地方政府债务规模实行限额管理。融资平台公司的政府融资职能被剥离，地方政府难以再通过大量举债来进行城市建设。

PPP模式下，融资主体为项目公司。采用PPP模式的基础设施和公共服务项目通常由社会资本方负责融资，待项目公司成立后，由项目公司与金融机构签订融资协议，即融资主体为项目公司。如果项目公司无法顺利及时融资到位，可能会要求由社会资本方通过股东借款、补充提供担保等方式确保项目公司的融资足额及时到位。在整个项目融资过程中，政府不承担主要责任，仅在政府入股项目公司的情况下，承担作为项目公司股东的有限责任。在有些PPP项目中，甚至会约定政府方出资代表作为名义股东，监管固有资产，不承担任何融资的责任。项目建设完成后，项目公司成为公共产品或服务的提供者，政府向项目公司付费购买公共产品或服务。因此对政府而言，PPP项目中政府承担的责任是公共服务支出责任，而不再是政府资产负债表内的债务责任。

因融资主体不同，PPP模式和传统政府融资模式的区别主要有以下几个方面，

如表3-2所示。

PPP 项目融资与传统政府融资模式的区别[①] 表 3-2

| 不同点 | PPP 项目融资模式 | 传统政府融资模式 |
|---|---|---|
| 融资依据 | 项目的未来经济效益 | 融资主体的资质和信誉 |
| 追索程度 | 拥有有限追索权或无追索权 | 拥有完全追索权 |
| 债务表现 | 债务不出现在政府方的资产负债表上，不属于政府债务 | 债务出现在政府方的资产负债表上，属于政府债务 |
| 融资成本 | 成本相对较高，耗时相对较长，与项目联系密切，这是由融资依据和追索程度所决定的 | 成本相对较低，前期工作量与 PPP 项目融资模式相比相对较少 |

## 第二节　PPP在中国的发展历程

PPP在中国兴起于20世纪80年代中期，到目前大致经历了五个发展阶段。以下是对PPP发展历程和制度环境的回顾和总结。

### 一、探索阶段（20世纪80年代中期—1993年）

20世纪80年代中期到1993年是我国PPP发展的第一个阶段——探索阶段。

探索阶段的出现有两个背景：一是1978年以来中国实行改革开放，吸引了很多境外资金，其中有一部分资金尝试性地进入了基础设施领域；二是20世纪80年代中期中等发达国家出现了债务危机，为了推动经济继续发展，土耳其首先提出了BOT运作方式（后来归为PPP的诸种运作方式之一），随后被其他发展中国家效仿，这一概念由港商带入中国。

探索阶段的代表项目有深圳沙角B电厂BOT项目、广州白天鹅饭店和北京国际饭店等。沙角B项目的BOT运作方式受到了国内外的广泛认可，并在15年特许经营期满后于2000年成功移交给当地政府。该项目由于时间较早，文件较简单，

① PPP 知行汇 .PPP 项目融资模式与传统融资模式的对比 [EB/OL]. [2016-09]. http ://mt.sohu.com/20160902/n467365579.shtml.

只有几页纸。项目引入的外商是广东华侨，其在商业因素外还有回报家乡的意思，这也是项目能顺利执行的原因。当然，项目也留下了一些教训，例如由于特许经营期限较短，很多设施在移交给政府后需要重新建设。这一经验在1994年北京做BOT研究时被写进了报告，后期规范的BOT项目对项目移交时设施的状态都做出了明确且严格的规定。

探索阶段的项目都是投资人发起、通过谈判和政府达成一致的，没有引入竞争。这些项目主要由地方政府自发进行，没有得到中央政府的关注、总结和大规模推广。

## 二、试点阶段（1994—2002年）

与探索阶段不同，试点阶段的工作是由国家计委（国家发展改革委的前身）有组织地推动的。1992年年初邓小平视察南方谈话以及当年年底召开的中共十四大确立了社会主义市场经济体制，为基础设施市场化投融资改革提供了理论依据。1993年中国新一届政府就职后，国家计委开始研究投融资体制改革，包括BOT的可行性问题。1994年国家计委选择了五个BOT试点项目——广西来宾B电厂项目、成都第六水厂项目、广东电白高速公路项目、武汉军山长江大桥项目和长沙望城电厂项目。1994年是BOT试点项目的起点，可以称为中国PPP元年。

在国家试点项目之外，各地政府也推出了一些特许经营项目，比较典型的有上海黄浦江大桥BOT项目、北京第十水厂A厂BOT项目、北京西红门经济适用房PPP项目、北京肖家河污水厂项目等，试点项目涉及的行业很多，包括电力、自来水、污水、燃气、大桥、区域开发等。无论是对广西来宾B电厂项目国家花费巨资请外国咨询顾问，还是对北京第十水厂A厂项目只允许外商参与投资，主要就是为了学习国外的先进经验，为今后的制度建设奠定基础。

试点项目在执行和运作过程中有成功也有失败，但都为后来的BOT项目运作积累了重要的知识，基本脉络是：来宾B电厂—成都第六水厂—北京第十水厂—肖家河污水处理厂—西红门经济适用房。其中，前两个项目侧重国际经验的引进，后三个项目的重点是国际经验的消化和本土化，其中北京第十水厂项目相当于从引进向消化的过渡，这些本土化项目的合同文本直到现在仍被广泛参考，起到了准标准文本的作用。

整体而言，在这一阶段PPP模式尚处于试点阶段，未成为地方常规投融资方式，也没有出台专门的PPP法律法规作为指引。试点项目的运作方式局限在BOT，在引入投资人的机制方面尚没有建立起规范的竞争机制。

## 三、推广阶段（2003—2008年）

2003—2008年是PPP发展的第三个阶段——推广阶段。

2002年中共十六大提出中国社会主义市场经济体制已经初步建立，市场在资源配置中发挥基础性作用，为PPP的推广提供了理论基础。试点阶段的北京第十水厂BOT项目由时任北京市副市长汪光焘主持，前期非常规范顺利，招标效果非常好，水价只有预测水价的三分之一，这个项目使汪光焘意识到公用事业改革势在必行。不久他调任建设部部长并很快启动了市政公用行业市场化改革工作，建设部城建司2002年出台《关于加快市政公用行业市场化进程的意见》，该文件的发布使BOT从2003年进入了一个新的阶段。中共十六大精神是出台《关于加快市政公用行业市场化进程的意见》的大背景，汪部长个人因素是这个文件由建设部而不是其他部委出台的原因之一。

借272号文的东风，2003年全国各主要城市掀起了PPP的高潮。2003年春天发生了“非典”疫情，为了完成当年的经济指标各地又临时推出了一批PPP项目。其中最多的是污水处理项目，当时正赶上全国各地建设污水处理厂的高峰，自来水、地铁、新城、开发区、燃气、垃圾、路桥项目也都有。比较著名的PPP项目有合肥王小郢污水处理厂TOT项目、兰州供水（集团）有限公司股权转让项目、北京地铁四号线项目、北京亦庄燃气BOT项目、北京房山长阳新城项目等。

这一阶段的实践拓展了PPP的运作方式，在BOT之外，TOT也被引入。这一阶段市场经济的特征非常明显：一是破除了所有权的藩篱，外企、民企、国企同台竞争；二是项目竞标过程公开透明，竞争达到白热化；三是溢价频出、效率提高的改革效果开始显现；四是传统企业受到了前所未有的压力，主动改革的积极性提高。

尽管多数项目是成功的，但由于PPP项目总量增加很快，有些地区思想不够开放、项目运作方法不够科学，也出现了一些失败案例。自2007年开始，国内出现了一股对改革进行反思的思潮，在意识形态领域出现了很大的争论。由于某些失败项目，市政公用行业市场化改革开始降温，甚至“市场化”这个词汇变得非常敏感，西安自来水市场化改革终止是一个标志性事件。受兰州供水集团改制成功的影响，2007年西安自来水公司管理层开始积极谋划市场化改革，业内个别同志以国有体制受到冲击、供水安全等理由阻止西安自来水公司的市场化改革，最后西安自来水项目终止。自此以后，市场化在市政供水行业被认为是行不通的。

应该说，在PPP推广阶段市场经济取得了胜利，大规模的改革出现几个失败项目是正常的，业内人士反思改革也是可以理解的。中国改革开放30多年来市政公用行业的改革是经得起历史检验的，比任何其他行业的改革都规范。尽管人们一度对高溢价现象出现过担忧，实际上市场启动初期出现的过调是市场经济重新定位不可缺少的阶段。从结果上来看，王小郢污水处理TOT等项目的溢价并没有影响投资人的回报水平，兰州供水集团股权转让的溢价虽然没有达到投资人的预期回报，但主要原因在于价格改革滞后。只要兰州自来水价调至省会城市中等偏下的水平，投资回报就能满足要求，溢价完全是效率提高的体现。

## 四、反复阶段（2009—2012年）

2009—2012年是我国PPP发展的第四个阶段——反复阶段。

2008年美国爆发金融危机，年底中国推出了四万亿经济刺激计划。2009年成为PPP受冲击最严重的一年，充裕的流动性促使银行以宽松的条件为基础设施提供了充裕的基金，社会投资主体彻底失去了讲条件的资本，PPP生态遭到了破坏，大量运作中的PPP项目停止，一些执行中的PPP项目也被政府提前终止。

这个阶段PPP项目是很多的，前提是把包括央企在内的国企也视同为社会投资人（Private一方），粗略估计到2013年全国PPP项目有7000～8000个，其中很多项目没有公开招标，不被外界了解。

这个时期，国企尤其是央企拿到了银行大量授信，央企成为如火如荼的城市化运动的重要角色，很多项目都是以PPP方式进行的。央企成为主角改变了PPP的规则，央企和地方政府领导定的调子成为PPP的准则，竞争、透明等市场规则退居二线。以前做项目要进行可行性研究，而这个阶段程序大大简化，开发一个新城或一个新区写几页纸的说明就行了。

当然，这个阶段有些地区还是比较规范的，继续推出了一些竞争性PPP项目，让私人资本、外资和国资同台竞争。如大连垃圾处理PPP项目经过充分竞争，垃圾处理费每吨只有50多元。

然而，央企的新做法仍然对私人资本和外资的行为方式产生了很大影响，他们一方面向央企学习寻求规避竞争，另一方面也寻求与国有资本的合作以利用其优势。这个时期的PPP市场没有出现充分竞争、溢价频发的火爆场面。

反复阶段的后期PPP市场出现了新的变化，出现了不少并购整合的案例，这完全符合市场规律，并购整合在下一阶段应该还会有较大的发展。

## 五、普及阶段（2013年至今）

2013年开始我国PPP发展进入了第五个阶段，这个阶段的故事正在发生。很多人对这个阶段都有很高的期待，暂且把这个阶段叫作普及阶段，PPP有可能成为我国经济发展中的一种常态模式。

中共十八大提出了让市场在资源配置过程中发挥决定性作用，这为PPP的普及提供了理论基础。与此同时，这次推动PPP有着很强的社会经济背景。中国城市化经过十年高速发展，在取得成就的同时出现了大量问题。房价见顶，土地财政难以为继；地方债超过20万亿元，并仍在快速增长；环境问题日益突出，治理需要大量资金。国有体制可以调动大量资源但浪费惊人，投资效率越来越低。参与城市建设的央企负债率快速攀升，融资和抗风险能力快速减弱。中国需要转变发展方式，提高效率，减少浪费，少走弯路。

十八届三中全会明确“允许社会资本通过特许经营等方式参与城市基础设施投资和运营”，在这一阶段PPP所肩负的责任不仅仅是为基础设施和公共服务提供市场化、社会化的融资支持，更重要的是担当中国发展方式和政府治理模式转型的抓手。改革者对PPP在以下方面寄予厚望：一是盘活政府存量资产，替代政府及地方融资平台的直接投资，降低公共债务风险；二是引入私人部门的市场性、灵活性和专业性，提效率降成本，提高运营管理水平；三是引导政府由“企业家”转变为“监管者”，推动政府职能转变和治理能力现代化；四是从供需两端加大结构性改革力度，缓解宏观经济下行压力，助力调结构稳增长；五是完善公共基础设施，改善公共服务供给，推动城镇化建设；六是为民营企业和社会资本提供广阔运营空间，激励创业创新，促进创业与创新。

这个阶段从中央到地方大量推出PPP项目。财政部和国家发展改革委分别建立了PPP项目的推介平台。财政部全国PPP综合信息平台自2015年3月建立，截至2018年底累计在库项目数12625个，总投资额约17.8万亿元，其中管理库8654个，总投资额约13.2万亿元，储备清单3971个，总投资额约4.6万亿元，涉及18个行业领域，包括交通运输、市政工程、城镇综合开发、生态建设和环境保护、政府基础设施、旅游、水利建设、保障性安居工程、教育、医疗卫生、农业、体育、科技、文化、林业、社会保障、养老、能源。财政部从2014年起已经公布了四批PPP示范项目989个，总投资额逾2.1万亿元，其中九成示范项目已落地进入执行阶段。国家发展改革委从2015年5月起陆续向社会推介了第一批、第二批PPP项目、第一批传统基础设施领域PPP项目以及与全国工商联推介的PPP项目，至今国家发展改革委PPP项目库中共有项目逾3600个，总投资额逾6.5万亿元；

截至2018年年底，全国4691个PPP项目落地进入执行阶段，总投资额7.2万亿元。其中，在地域分布上，落地项目数量排名前三位的是山东466个、安徽305个、广东297个，落地项目总投资额排名前三位的是云南5845亿元、贵州5424亿元、江苏5388亿元。

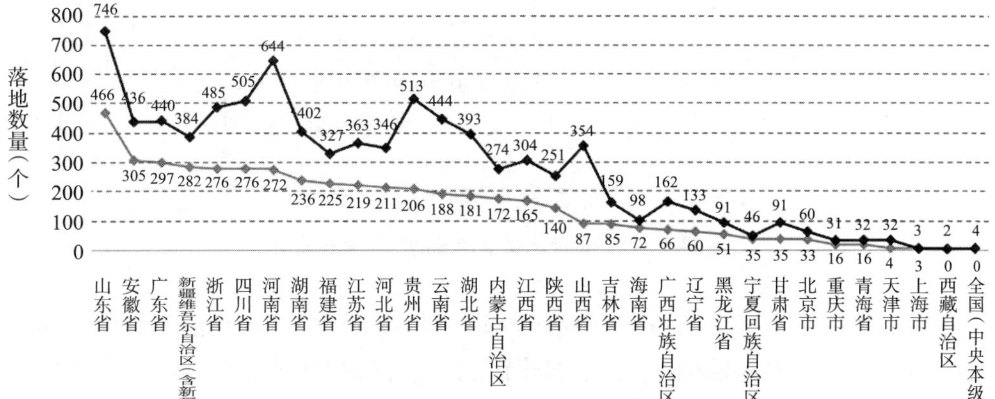


图3-2　PPP管理库中落地项目数量的地域分布

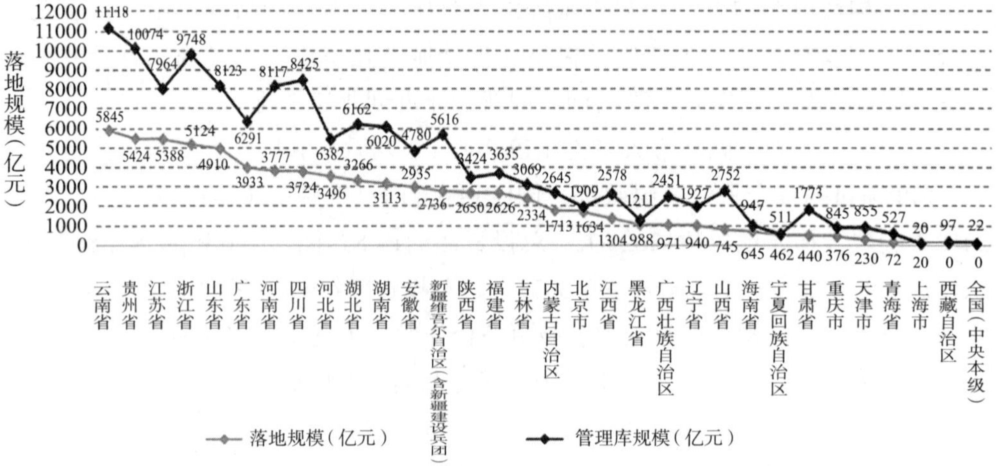


图3-3　PPP管理库中落地规模的地域分布

从地域分布来看，截至2018年年底，管理库落地率（执行阶段和移交阶段项目数量之和/管理库项目数量）较高的是海南、新疆、安徽、福建、广东等地。

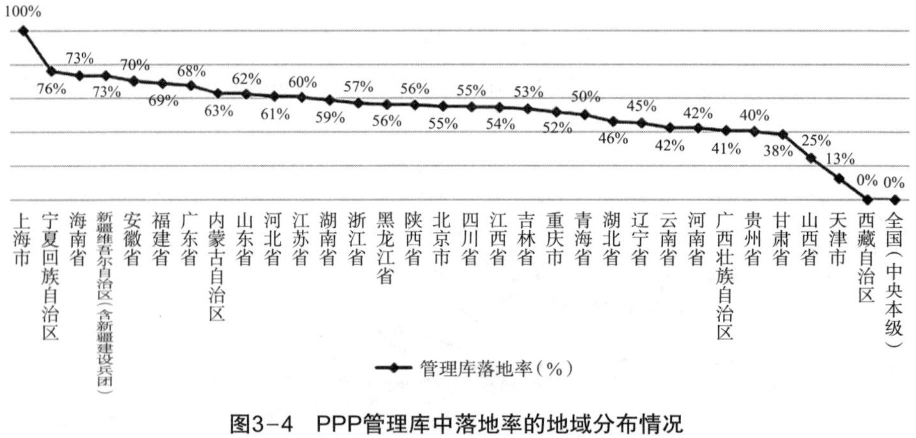


图3-4　PPP管理库中落地率的地域分布情况

截至2018年年底，在行业领域分布上，落地项目数量排名前三位的是市政工程1902个、交通运输649个、生态建设和环境保护460个，落地项目总投资额排名前三位的是市政工程2.4万亿元、交通运输1.9万亿元、城镇综合开发1.0万亿元。

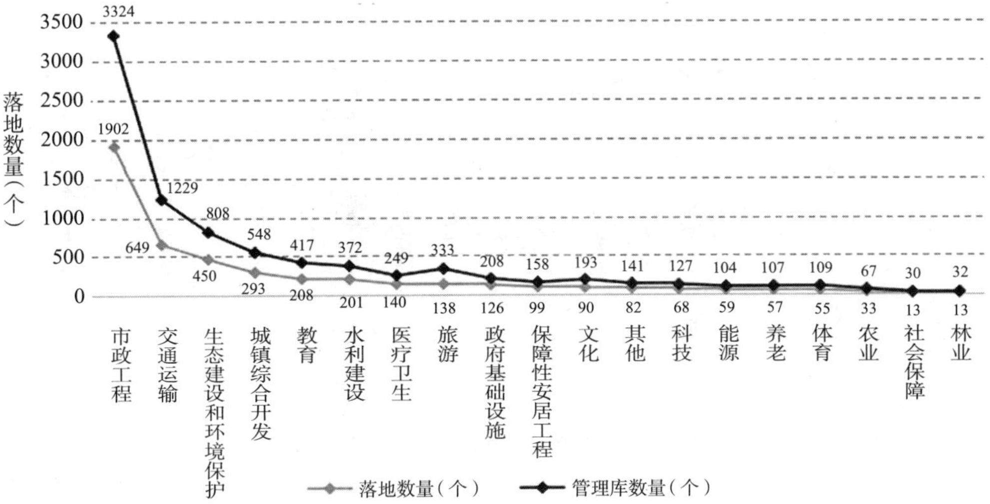


图3-5　PPP管理库中落地数量的行业分布

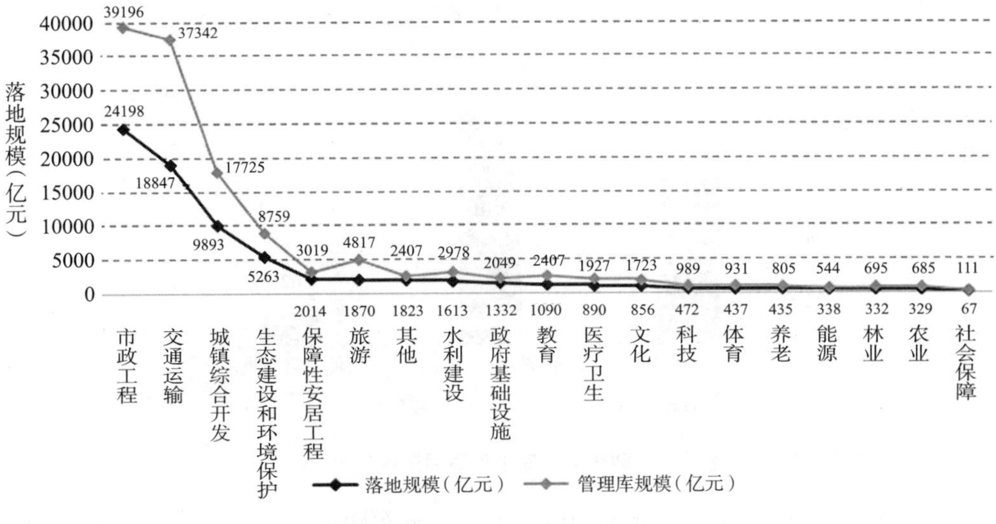


图3-6　PPP管理库中落地规模的行业分布

从行业分布来看，截至2018年年底，保障性安居工程、政府基础设施、市政工程、能源、生态建设和环境保护等行业领域的管理库落地率较高。

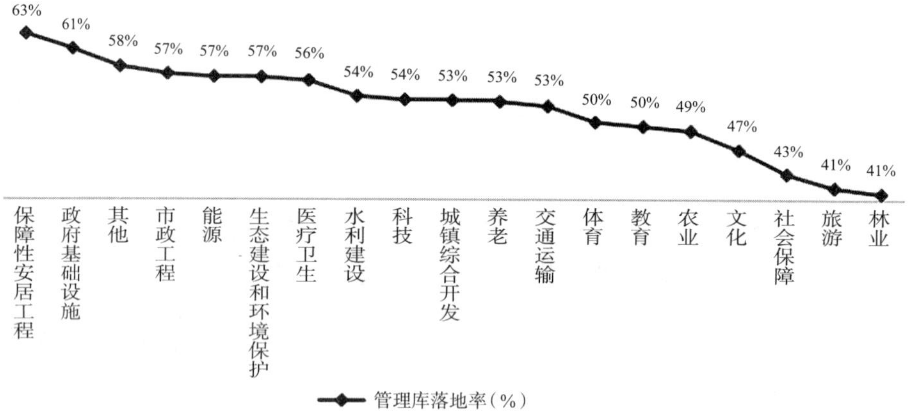


**图3-7　PPP管理库中落地率的行业分布**

根据财政部全国PPP综合信息平台的公开信息，截至2018年末，管理库中累计政府付费类项目3307个、总投资额约3.4万亿元；可行性缺口补助类项目4721个、总投资额约8.7万亿元；使用者付费类项目626个、总投资额约1.1万亿元。

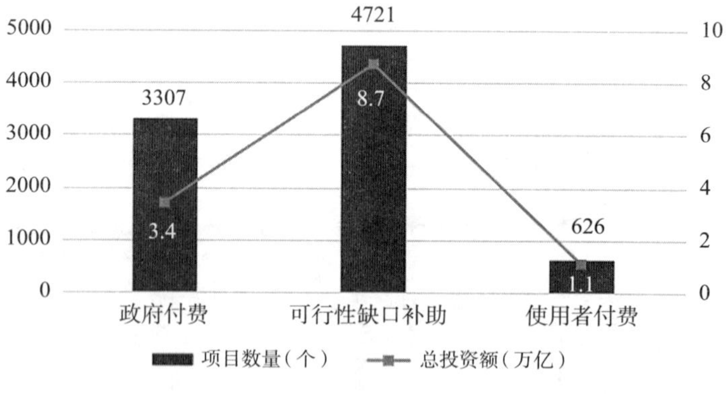


**图3-8　PPP管理库中项目回报机制的分布**

这一阶段，从国务院各部委到地方政府，都相继颁布了一系列与PPP相关的法规政策性文件，涉及内容既包括PPP顶层设计，也包括操作流程指引和行业规范，为PPP的全面、有序发展提供了强有力的政策支持和制度保障。具体如表3-3所示。

PPP 模式中各方动态　　表 3-3

| 机构名称 | 动态 | |
|---|---|---|
| 财政部 | 金融司 | PPP 的主管部门 |
| | 国库司 | PPP 的政府采购监管 |
| | PPP 中心 | 编制规范性文件、建立 PPP 项目库、对 PPP 进行动态监管 |
| 国家发展改革委 | 法规司 | 推动基础设施领域的规章制定 |
| | 投资司 | 推动行业特许经营和 PPP 发展，推动 PPP 的资产证券化 |
| 司法部 | 主导 PPP 立法工作 | |
| 住房城乡建设部等行业主管部门 | 地下综合管廊、海绵城市、特色小镇等 PPP 具体领域的推动 | |

在中央和地方政府的积极推动下，社会资本反应热烈，以央企、地方大型国企、民营上市公司为代表的社会资本积极寻求与政府合作的机会。当然，现阶段的PPP项目仍存在融资等短板，未来还需要在法律层面、金融机制、垄断行业价格管控等方面推进改革。

## 第三节　本轮PPP兴起的背景

### 一、传统城市化的两大引擎动力不足

在PPP时代之前，推动中国城市化高速发展的动力源主要有两个：第一是土地财政，第二是政府信用。

我国自1994年实行分税制改革后，地方经济增长方式逐步形成了以地方政府为主导、以土地资本化以及房地产业为中心的经济增长格局，促生了土地经济的形成，产生了所谓的“土地财政”[①]。特别是2000年以后，随着城市住房商品化改革和城镇化的快速发展，土地出让金迅速增加，导致地方政府过度依赖于土地收入。据统计，到2011年，土地出让金占地方财政决算收入的比重已经达到66.73%，成为地方政府财政收入的主要来源。然而，2011年以后，随着中央政

① 辛昱辰．“后土地财政”时期地方政府负债风险与对策研究 [J]. 桂海论丛，2014(3)：48-53.

策的改革和宏观经济的调整，可出售或可抵押融资的土地资源逐渐走向枯竭，地方政府尤其是三、四线城市靠土地出让收益进行大规模的基础设施建设、推动城镇化建设已经难以为继。

2009年以基础设施投资为主的“四万亿刺激计划”实施之后，各地纷纷举债上马雄心勃勃的建设计划，地方政府融资平台公司债台高筑，政府财政不堪重负[①]。《关于加强地方政府性债务管理的意见》（国发〔2014〕43号）开始严格规范政府举债融资机制，地方政府难以再通过大量举债来进行城市建设。

在土地财政难以为继、平台公司融资职能被剥离的趋势下，城市建设融资模式需要变化，来解决发展中存在的政府债务瓶颈问题，填补新型城镇化建设需求所形成的巨大资金缺口，以PPP模式来提供城市基础设施和公共服务的供给，撬动社会资本、缓解政府债务，是解决该问题的方式之一。

## 二、新型城镇化仍有大量短板需要补足

在新型城镇化背景下，中国的基础设施仍有大量短板需要补足，在城市交通、给水排水、供气供暖、防洪、园林绿化、地下综合管廊、生态基础设施等领域仍需要大量投入，以解决城市基础设施的短板和长期生态建设滞后带来的空气污染、水污染、土壤污染等问题。另外，“以人为本”的新型城镇化要求全面推进基本公共服务均等化共享，特别是随着城镇人口的不断增多以及老龄化的加剧，人们对教育、医疗、文化、养老保障等方面公共服务的需求总量迅速增加、需求结构和需求层次也不断变化，对政府公共产品和服务的供给能力提出新的更高的要求，也使得政府公共投入短缺、供给滞后、分配不均等问题日益凸显。

这就迫切要求传统作为基础设施和公共服务唯一提供者的政府转变公共服务供给方式，激发市场主体的活力和服务能力，实现基础设施和公共服务领域供给主体和供给方式的多元化。

---

① 据审计署公布的数据，截至 2013 年 6 月底，全国各级政府债务约 30.28 万亿元，其中地方政府性债务 17.9 万亿元 . [EB/OL]. [2013-12-30]. http ：//wallstreetcn.com/node/70181.

### 三、中国政府选择PPP作为新型城镇化的主动力

PPP模式作为一种新型的融资渠道助推我国新型城镇化的发展，是不可逆转的政策选择。政府力推PPP，创新新型城镇化建设的投融资模式，转变以前地方政府“土地财政+融资平台”的模式为“地方债+PPP”的模式，鼓励和吸引社会资本参与基建投资和公共服务供给，能够有效地平滑财政支出，调动和整合社会资源，实现资源的有效配置。

PPP模式的推广运用是适应“市场在资源配置过程中发挥决定性作用”“加快政府职能转变”“国家治理现代化”要求的一次体制机制变革。第一，PPP模式下，政府与市场有机结合，形成了有效的竞争机制，打破了公共产品供给的政府垄断，推进公共产品的市场化配置，提高了基础设施和公共服务领域的供给水平和效率；第二，PPP使承债主体由政府转变为项目公司，只有具有真实需求的项目才能获得金融机构的支持，通过引入市场价值投资理念、市场风险意识等，有助于遏制地方政府盲目投资，遏制公共产品盲目过量、低效供给的现象，推进政府科学决策；第三，PPP促进政府机构改革和职能转变，政府由过去的全能型政府转变为有限政府、法治政府、高效政府，通过合同监管和行政监管提供公共产品，强化契约精神、市场观念，注重公平参与、平等协商、绩效评估和结果导向，有助于构建现代化的国家治理体系；第四，PPP模式作为中国经济增长新引擎，直接助力新型城镇化建设，推动供给侧改革，并牵引行政体制、财税体制、投融资体制等改革，倒逼国企、金融机构、价费等的改革，推动全面深化改革。

## 第四节　本轮PPP的边界与范围

尽管PPP模式受到高度重视甚至追捧，但在“PPP热”中，有关方还是有必要保持一份冷静，警惕PPP模式发展中的若干隐忧。譬如，实践中存在着的“伪PPP”现象，即PPP项目存在的诸多不合规问题。

在PPP项目推动之初，由于没有较为明确的标准，不少地方政府因为财政压力等原因，盲目上马了很多不适合运用PPP模式的项目。财政部、国家发展改革

委等PPP主管部门也已意识到此一问题的重要性。2015年6月，财政部就专门下发《关于进一步做好政府和社会资本合作项目示范工作的通知》(财金〔2015〕57号)，强调要提高PPP项目的质量，将项目合作期限在10年以下、BT、通过保底承诺、回购安排等方式进行变相融资等操作不合规的项目明确排除在PPP项目范围之外。2016年6月12日，财政部、住房和城乡建设部、国土资源部等20部委联合发布了《关于组织开展第三批政府和社会资本合作示范项目申报筛选工作的通知》(财金函〔2016〕47号)，在该通知的评审标准中进一步地明确了PPP项目的标准，进而排除更多的伪PPP项目。2017年11月10日，财政部发布《关于规范政府和社会资本合作(PPP)综合信息平台项目库管理的通知》(财办金〔2017〕92号)，严格规范PPP新项目的入库标准、集中清理七类不合规定的已入库项目。2018年4月24日，财政部出台《关于进一步加强政府和社会资本合作(PPP)示范项目规范管理的通知》(财金〔2018〕54号)，对核查存在问题的173个示范项目分类进行处置，并且提出要引以为戒，加强项目规范管理，建立健全长效管理机制。

关于PPP项目的合规性要求，主要有以下要点。

## 一、地方政府隐性债务管理与投融资的合规性

### (一)地方政府隐性债务管理的规定

《关于加强地方政府性债务管理的意见》(国发〔2014〕43号)要求加快建立规范的地方政府举债融资机制、对地方政府债务实行规模控制和预算管理、控制和化解地方政府性债务风险。此后，一系列规制地方政府隐性债务管理的政策相继出台，纷纷列举地方违法违规举债行为的负面清单，具体包括以下情况。

根据《关于进一步规范地方政府举债融资行为的通知》(财预〔2017〕50号)规定：“除国务院另有规定外，地方政府及其所属部门参与PPP项目、设立政府出资的各类投资基金时，不得以任何方式承诺回购社会资本方的投资本金，不得以任何方式承担社会资本方的投资本金损失，不得以任何方式向社会资本方承诺最低收益，不得对有限合伙制基金等任何股权投资方式额外附加条款变相举债。”可见，政府在设立投资基金、参与PPP项目时，承诺回购社会资本方的投资本金、承担社会资本方的投资本金损失、承诺社会资本方的最低收益等行为属于违法新增隐性债务。

《关于坚决制止地方以政府购买服务名义违法违规融资的通知》（财预〔2017〕87号）规定了多种违法新增隐性债务的情形，具体包括：政府在没有预算的情况下购买服务；将建设工程作为政府购买服务项目；政府购买服务期限超过年度预算和中期财政规划期限；向金融机构购买融资服务；棚户区改造和异地扶贫搬迁购买服务过程中，原本有财力，却举借债务，或超标建设而举借债务，或没有按规定筹集偿债资金等。

《关于规范金融企业对地方政府和国有企业投融资行为有关问题的通知》（财金〔2018〕23号）则重点聚焦地方项目投融资的“资金供给端”监管，该文件规定：“国有金融企业……不得要求地方政府违法违规提供担保或承担偿债责任。不得提供债务性资金作为地方建设项目、政府投资基金或政府和社会资本合作（PPP）项目资本金。”“国有金融企业参与地方建设融资，……不得要求或接受地方政府及其部门以任何方式提供担保、承诺回购投资本金、保本保收益等兜底安排，或以其他方式违规承担偿债责任。”“国有金融企业与地方政府及其部门合作设立各类投资基金，……不得要求或接受地方政府及其部门作出承诺回购投资本金、保本保收益等兜底安排。”

此外，各地纷纷传达学习《中共中央国务院关于防范化解地方政府隐性债务风险的意见》（中发〔2018〕27号）和《中共中央办公厅国务院办公厅关于印发〈地方政府隐性债务问责办法〉的通知》（中办发〔2018〕46号），持续收紧政府举债融资的政策。多地也相继公布当地化解隐性债务的文件，通过严守“违规融资担保、变相举债、政企政事分开、量力而行、金融部门融资风险”五大底线，坚决遏制隐性债务增量。具体包括：严禁以BT方式举债、以委托代建等名义变相举债以及带资承包方式建设政府投资项目；严禁地方政府新设立融资平台公司，坚决制止公立学校、公立医院等公益性事业单位为地方政府建设项目融资或提供担保；严禁地方政府将非经营性、公益性资产注入国企，将储备土地作为资产注入国企，将预期土地收入作为国企偿债资金来源；政府在没有预算及合法协议的情况下向企业拨付资金；地方国企利用没有收益的公益性资产、不具有合法合规产权的经营性资产抵质押贷款，发行信托、债券和资产证券化产品等各类金融产品，以售后回租、售后回购等方式变相抵押、质押；国企重复利用各类资产担保融资；以各类债务资金作为项目资本金；国有企业举债用于项目资本金，过度放大杠杆等。

可见，地方政府隐性债务是地方政府在法定政府债务限额之外直接或者承诺以财政资金偿还以及违法提供担保等方式举借的债务。通过梳理上述文件，违法新增隐性债务的范畴主要包括两类：一是地方国有企事业单位等替政府举借，由政府提供担保或者财政资金支持偿还的债务；二是地方政府在设立政府投资基金、开展PPP、政府购买服务等过程中，通过约定回购投资本金、承诺保底收益等形成的服务中长期支出事项债务。

**（二）地方政府投融资的合规性**

为实现对地方政府性债务管理的规范管理，政策文件在严堵违法违规举债融资的“后门”的同时，要求开好依法规范举债融资的“前门”。目前，地方政府投融资的基本可行路径包括：发行地方政府债券、PPP模式等方式。

第一，发行地方政府债券。《关于加强地方政府性债务管理的意见》（国发〔2014〕43号）规定，地方政府只能通过发行地方政府债券的方式来举借债务，且必须在国务院批准的限额内发行。其中，无收益的公益性事业发行一般债券，有收益的公益性事业发行专项债券。同时要求地方政府债券的发行主体为省、自治区或直辖市级政府，地（州、市）级政府仅能通过省级转贷，发行要求为仅用于公益性资本支出，不得用于经常性支出。

第二，运用PPP模式。《关于加强地方政府性债务管理的意见》（国发〔2014〕43号）等系列文件肯定了PPP模式在改善国家治理、转变政府职能、防控政府债务等方面的重要作用。合法合规的PPP形成的政府支出责任不属于政府债务。根据财政部的相关要求，合法合规的PPP应具备以下条件：项目期限、参与主体和申报程序符合PPP审批的相关规定；项目内容属于公共服务供给范围，适宜由社会资本承担，具有运营内容；项目实施程序符合立项、土地、国资、采购、环保管理和信息披露等相关规定；项目建立了合理的风险分担机制，项目回报与绩效挂钩，政府付费连续平滑等。

## 二、主体的合规性

### （一）作为政府方的主体合规性

1. 授权主体的合规性

PPP项目应由一级人民政府作为授权机构，履行审批、组织协调、检查督导等职责。《基础设施和公用事业特许经营管理办法》（2015年第25号令）第十四条规定：“县级以上人民政府应当授权有关部门或单位作为实施机构负责特许经营项目有关实施工作，并明确具体授权范围。”财政部《政府和社会资本合作模式操作指南（试行）的通知》（财金〔2014〕113号）第十条规定：“县级（含）以上地方人民政府可建立专门协调机制，主要负责项目评审、组织协调和检查督导等工作，实现简化审批流程、提高工作效率的目的。政府或其指定的有关职能部门或事业单位可作为项目实施机构。”可见，两部委文件中对PPP项目授权主体的规定一致，由县级（含）以上地方人民政府作为PPP项目的授权机构。

2. 实施机构的合规性

实施机构在PPP项目运作过程中有举足轻重的作用，负责项目的准备、采购、监管和移交。根据财政部《政府和社会资本合作模式操作指南（试行）的通知》（财金〔2014〕113号）第十条规定：“政府或其指定的有关职能部门或事业单位可作为项目实施机构。”《关于组织开展第三批政府和社会资本合作示范项目申报筛选工作的通知》（财金函〔2016〕47号）中明确要求：“国有企业或融资平台公司不得作为政府方签署PPP项目合同。”而根据国家发展改革委《关于开展政府和社会资本合作的指导意见》（发改投资〔2014〕2724号）规定：“按照地方政府的相关要求，明确相应的行业管理部门、事业单位、行业运营公司或其他相关机构，作为政府授权的项目实施机构，在授权范围内负责PPP项目的前期评估论证、实施方案编制、合作伙伴选择、项目合同签订、项目组织实施以及合作期满移交等工作。”《传统基础设施领域实施政府和社会资本合作项目工作导则》（发改投资〔2016〕2231号）仍强调实施机构不限于政府部门和事业单位，政府委托的相关单位（往往是平台公司）也可以做实施机构。

可见，两部委文件中对PPP项目实施机构范围的规定仍存在冲突，这在实践中很容易引发争议。对于财政部主导的PPP项目，作为政府方的参与主体须为政府或其指定的有关职能部门或事业单位；国家发展改革委主导的PPP项目，平台公司可作为实施机构，但需要注意的是，由于平台公司并非《政府采购法》上的采购人主体，其选择社会资本的过程将难以适用《政府采购法》的相关规定。

3. 政府方出资代表的合规性

《关于印发政府和社会资本合作模式操作指南（试行）的通知》（财金〔2014〕

113号）规定："第二十三条社会资本可依法设立项目公司。政府可指定相关机构依法参股项目公司。"《传统基础设施领域实施政府和社会资本合作项目工作导则》（发改投资〔2016〕2231号）规定："鼓励地方政府采用资本金注入方式投资传统基础设施PPP项目，并明确政府出资人代表，参与项目准备及实施工作。"

可见，两部委文件均明确规定了可由政府方指定或授权的出资代表参与PPP项目投资，但对于政府方出资代表的法律地位以及资金来源一直缺少较为清晰的界定。实务中，地方政府通常指定本级政府平台公司作为政府方出资代表。

**（二）作为社会资本方的合规性**

财政部《政府和社会资本合作模式操作指南（试行）的通知》（财金〔2014〕113号）第二条规定："社会资本是指已建立现代企业制度的境内外企业法人，但不包括本级政府所属融资平台公司及其他控股国有企业。"2015年5月19日，国务院办公厅转发财政部、国家发展改革委、人民银行《关于在公共服务领域推广政府和社会资本合作模式指导意见的通知》（国办发〔2015〕42号）规定："鼓励国有控股企业、民营企业、混合所有制企业等各类型企业积极参与提供公共服务"，"已经建立现代企业制度、实现市场化运营并明确今后不再承担地方政府举债融资职能的地方融资平台公司，可作为社会资本参与当地PPP项目。"财政部《关于进一步加强政府和社会资本合作（PPP）示范项目规范管理的通知（财金〔2018〕54号）》重申："地方政府融资平台公司不得作为社会资本方。"根据42号文，转型后的地方平台公司可以作为社会资本参与PPP项目、国有控股企业也被鼓励积极参与提供公共服务。

《基础设施和公用事业特许经营管理办法》（2015年第25号令）第17条规定："特许经营者的选择应当符合内外资准入等有关法律、行政法规规定。"目前外商投资PPP项目要受《外商投资产业指导目录（2017年修订）》限制，该目录定期公布鼓励、限制、禁止外商在华投资的产业领域，鼓励外商投资我国交通运输、仓储和邮政业、水利、环境和公共设施管理业等基础设施。但在鼓励外商投资经营的同时，也作了必要的限制，如城市人口50 万以上的城市燃气、热力和供排水管网以及铁路干线路网的建设、经营等须由中方控股；民用机场的建设、经营须由中方相对控股。2018年6月，《外商投资准入特别管理措施（负面清单）（2018年版）》对2017年目录中的外商投资准入负面清单进行了修订，大幅度放宽市场准入，清单长度由63条减至48条，共在22个领域推出开放措施，取消了铁路干线路网的建设、经营须由中方控股等限制。此外，根据国务院办公厅关于建立外国投资者并购境内企业安全审查制度的通知（国办发〔2011〕6号）规定，外资并购重要基础设施企业可能还需要接受安全审查。

2017年11月21日，国务院国有资产监督管理委员会印发《关于加强中央企业PPP业务风险管控的通知》（国资发财管〔2017〕192号）对央企参与PPP业务进行了严格的管控，具体措施包括：禁止PPP投资规模超限和因PPP业务推高资产负债率；禁止高经营风险子企业独立参与PPP，即资产负债率高于85%或近2年连续亏损的子企业不得单独投资PPP项目；集团应加强对非投资金融类子企业的管控，严格执行国家有关监管政策，不得参与仅为项目提供融资、不参与建设或运营的项目。

可见，PPP项目中的社会资本方须为已建立现代企业制度的民事主体，但本地政府融资平台公司若想作为社会资本方参与到PPP项目中，须满足三个条件：其承担的地方政府债务已纳入政府财政预算并得到妥善处置、签署合同明确责权利而剥离政府性债务、承诺不再承担政府融资平台职能。外商投资PPP项目要注意准入受限和安全审查方面的政策规定；中央企业开展PPP业务需要注意符合《关于加强中央企业PPP业务风险管控的通知》（国资发财管〔2017〕192号）的相关规定。

## 三、客体的合规性

项目客体合规体现在三个方面，即项目的适用领域、运作方式及合作期限。

### （一）适用领域的合规性

根据国家发展改革委《关于开展政府和社会资本合作的指导意见》（发改投资〔2014〕2724号）第三条的规定："合理确定政府和社会资本合作的项目范围及模式。PPP模式主要适用于政府负有提供责任又适宜市场化运作的公共服务、基础设施类项目。燃气、供电、供水、供热、污水及垃圾处理等市政设施，公路、铁路、机场、城市轨道交通等交通设施，医疗、旅游、教育培训、健康养老等公共服务项目，以及水利、资源环境和生态保护等项目均可推行PPP模式。各地的新建市政工程以及新型城镇化试点项目，应优先考虑采用PPP模式建设。"财政部

《政府和社会资本合作模式操作指南（试行）》（财金〔2014〕76号）第六条也明确提出："投资规模较大、需求长期稳定、价格调整机制灵活、市场化程度较高的基础设施及公共服务类项目，适宜采用政府和社会资本合作模式。"

可见，并不是所有的项目都适用PPP，两大部委也都认为PPP模式仅适用于市场化的基础设施和公共服务类项目。2016年6月12日，财政部第三批示范项目申报筛选通知，即《关于组织开展第三批政府和社会资本合作示范项目申报筛选工作的通知》（财金函〔2016〕47号文）（以下简称"财金函〔2016〕47号通知"）发布，将PPP项目的适用范围、领域进一步限缩到了公共产品、公共服务领域，规定若不属于公共产品或公共服务领域的，则属伪PPP项目。2017年7月14日，财政部第四批示范项目申报筛选通知，即《关于组织开展第四批政府和社会资本合作示范项目申报筛选工作的通知》（财金〔2017〕76号）规定，申报示范项目的PPP项目应属能源、交通运输、市政工程、农业、林业、水利、环境保护、保障性安居工程、商贸基础设施、养老、教育、科技、文化、体育、旅游等公共服务领域。

2017年11月，财政部通过《关于规范政府和社会资本合作（PPP）综合信息平台项目库管理的通知》（财办金〔2017〕92号）进一步强调PPP项目应属于政府负有提供义务的公共服务领域，并对公共服务领域的负面清单做了明确的界定，包括：纯商业项目（如购物商场、影院等）不宜列入PPP合作范围；商业地产开发，应按照土地招拍挂的方式进行运作，而不得将该类项目包装为PPP项目，由政府承担投资风险；纯粹的招商引资项目，不宜采用PPP模式，但是招商引资与产业园区的基础设施建设打包之后，是可以采用PPP模式的。

此外，92号文规定，仅涉及工程建设，无运营内容的项目不适宜采用PPP模式实施。实践中，对于"运营"的内涵，尚有不同的理解，主要在于单纯的"维护"类项目是否属于"运营"。实践中，部分省市发布了负面清单，将市政道路建设、公路建设、广场等纯政府付费项目归为"仅涉及工程建设而无实际运营内容"的项目，不得以PPP模式实施。我们认为，这种理解有失偏颇。一方面，财政部PPP管理库中绝大多数项目仍是此类项目，财政部示范项目整改也没有对这类项目进行清理；另一方面，这类项目在规范的绩效考核约束之下，仍然能够发挥PPP模式的优越性，没有必要"一刀切"进行限制。

### （二）运作方式的合规性

采用建设—移交（BT）模式作为运作方式的，属于违规的PPP。BT模式虽然在国外也是政府和社会资本合作的一种模式，但社会资本主要是垫资的承建商，只负责建设，不负责运营，项目建成即移交，一般项目周期较短，平均为3～5年，起不到缓解政府财政压力的作用。此外，BT模式下社会资本的投资回报与运营维护的绩效无关，也没有体现公私长期合作、风险共担、利益共享的合作关系。因此，我国本轮的PPP不认可BT模式。根据《关于制止地方政府违法违规融资行为的通知》（财预〔2012〕463号）：除法律和国务院另有规定外，地方各级政府及所属机关事业单位、社会团体等不得以委托单位建设并承担逐年回购（BT）责任等方式举借政府性债务。对符合法律或国务院规定可以举借政府性债务的公共租赁住房、公路等项目，确需采取代建制建设并由财政性资金逐年回购（BT）的，必须根据项目建设规划、偿债能力等，合理确定建设规模，落实分年资金偿还计划。而财政部《关于规范政府和社会资本合作（PPP）综合信息平台项目库管理的通知》（财办金〔2017〕92号）直接将采用建设—移交（BT）方式实施的项目直接判定为不合规的PPP项目，即伪PPP项目。

PPP项目公司应承担起项目运营的责任，项目运营事务可以分包，但运营责任仍需由项目公司承担，否则即构成违规。根据《关于进一步加强政府和社会资本合作（PPP）示范项目规范管理的通知》（财金〔2018〕54号）的规定，PPP合同不得弱化或免除社会资本的投资建设运营责任，不得约定将项目运营责任返包给政府方出资代表承担或另行指定社会资本方以外的第三方承担。《关于规范政府和社会资本合作合同管理工作的通知》（财金〔2014〕156号）附件PPP项目合同指南规定："根据PPP项目运营内容和项目公司管理能力的不同，项目公司有时会考虑将项目全部或部分的运营和维护事务外包给有经验的专业运营商，并与其签订运营服务合同。但是，PPP项目合同中约定的项目公司的运营和维护义务并不因项目公司将全部或部分运营维护事务分包给其他运营商实施而豁免或解除。"因此，PPP项目公司可以将运营维护事务外包给专业运营商，但政府对项目的运营进行绩效考核的主体仍然是项目公司，也即项目公司是项目运营维护责任的主体。

### （三）合作期限的合规性

关于PPP项目的合作期限，财政部《政府和社会资本合作模式操作指南（试行）的通知》（财金〔2014〕113号）规定委托运营（O&M合同期限一般不超过8年）和作为过渡方式的管理合同（MC合同期限一般不超过3年）的合作期限可以低于10年。对于其他类型的PPP项目，如果要申请财政部示范项目，则合作期限原则上不应低于10年。鉴于财政部PPP示范项目的示范作用，对于合作期限低于10年的PPP项目，可能会被判定为不合规的PPP项目。

## 四、项目前期工作的合规性

### （一）新建项目规划立项程序的合规性

根据《关于组织开展第三批政府和社会资本合作示范项目申报筛选工作的通知》（财金函〔2016〕47号）提出的第三批示范项目评审标准中的规定，"对于项目不符合城市总体规划和各类专项规划的；新建项目未按规定程序完成可行性研究、立项等项目前期工作的"，属于不合规的PPP项目。《关于组织开展第四批政府和社会资本合作示范项目申报筛选工作的通知》（财金〔2017〕76号）进一步明确第四批示范项目的前期工作应达到如下标准：新建、改建项目已纳入土地利用总体规划、城市总体规划和各类专项规划，并按规定完成立项、项目可行性研究、项目核准或备案、供地方案等前期工作。

从财政部第三批示范项目的评审来看，立项审批不全或缺少是参评项目较为普遍存在的问题。一些地方政府为了推动PPP项目的落地，解决项目资金难题，有部分项目无前期规划、可研及立项文件，或部分项目可研批复超过法定期限（2年），或批复主要内容变化较大而没有重新批复，这些都是不合规的做法，不利于PPP项目的落地。

### （二）存量项目履行国有资产审批评估程序的合规性

《关于组织开展第四批政府和社会资本合作示范项目申报筛选工作的通知》（财金〔2017〕76号）规定了存量项目涉及国有资产、股权转让的，应按规定办理资产评估手续。《关于规范政府和社会资本合作（PPP）综合信息平台项目库管理的通知》（财办金〔2017〕92号）进一步规定了涉及国有资产权益转移的存量项目的入库标准，未按规定履行相关国有资产审批、评估手续的项目不得入库。可见，根据我国国有资产相关法律法规规定，国有资产转让需履行评估、进场交易、审批等程序。

（三）物有所值评价或财政承受能力论证程序的合规性

根据《关于规范政府和社会资本合作（PPP）综合信息平台项目库管理的通知》（财办金〔2017〕92号）规定："存在下列情形之一的项目，应予以清退：未按规定开展'两个论证'。包括已进入采购阶段但未开展物有所值评价或财政承受能力论证的（2015年4月7日前进入采购阶段但未开展财政承受能力论证以及2015年12月18日前进入采购阶段但未开展物有所值评价的项目除外）；虽已开展物有所值评价和财政承受能力论证，但评价方法和程序不符合规定的。"

在财政部PPP中心发布的《筑牢PPP项目财政承受能力10%限额的"红线"——PPP项目财政承受能力汇总分析报告》中指出，部分财承报告质量不高、信息不完整，一定程度上影响了财承的合理性、准确性，具体包括：①一些项目从一般公共预算以外渠道列支个别项目支出责任甚至全部从政府性基金预算列支，有以此规避10%限额约束之嫌；② 一些财承报告质量不高，有的报告数据来源不明、计算方法错误，同质化严重，测算准确性存疑，一些报告未对本地区全部项目的支出责任进行汇总统计，所用一般公共预算支出预测增长率口径不一致；③部分项目支出责任信息不完整、更新不及时，入库项目中有的项目无财承报告或报告不完整，一些项目存在财政支出数据少报、漏报等情况，部分地区未根据合同签订和履行情况对项目实际支出数据进行更新。

科学、规范的物有所值评价及财政承受能力论证对PPP项目而言至关重要。物有所值评价的是为了确保从项目的全生命周期来看，采用PPP后能够提高服务质量和运营效率，或者降低项目成本；财政承受能力论证是为了科学评估项目实施对当前及今后年度财政支出的影响，从而为PPP项目的财政管理提供依据。未按财政部相关规定开展物有所值评价或财政承受能力论证的PPP项目，均为不合规PPP项目。

## 五、国有土地使用权获取方式的合规性

财政部等部门《关于联合公布第三批政府和社会资本合作示范项目加快推动示范项目建设的通知》（财金〔2016〕91号）对PPP项目土地问题有如下规定："PPP

项目用地应当符合土地利用总体规划和年度计划，依法办理建设用地审批手续。在实施建设用地供应时，不得直接以PPP项目为单位打包或成片供应土地，应当依据区域控制性详细规划确定的各宗地范围、用途和规划建设条件，分别确定各宗地的供应方式。”

实践中，PPP项目获得国有土地使用权的方式，主要有四种：划拨、作价出资或入股、租赁和出让。

**（一）符合《划拨用地目录》的，可以以划拨方式供应**

根据《划拨用地目录》（国土资源部令第9号），“对国家重点扶持的能源、交通、水利等基础设施用地项目，可以以划拨方式提供土地使用权。对以营利为目的，非国家重点扶持的能源、交通、水利等基础设施用地项目，应当以有偿方式提供土地使用权。”因此，建议在能源、交通、水利等PPP项目的用地方式上，征得当地土地管理部门的意见，以决定是否以划拨的方式取得土地使用权。

**（二）符合《划拨用地目录》的特定行业，可以用土地使用权作价出资或入股**

土地管理部门以土地使用权作价出资（入股）的，有相应行业的限制，根据《产业用地政策实施工作指引》（国土资厅发〔2016〕38号）和《关于联合公布第三批政府和社会资本合作示范项目加快推动示范项目建设的通知》（财金〔2016〕91号）的规定，仅政府投资建设不以营利为目的、具有公益性质的农产品批发市场和公共租赁住房两类项目用地可以作价出资（入股）方式使用新供建设用地。之后，国土资源部门发布《关于扩大国有土地有偿使用范围的意见》（国土资规〔2016〕20号），至少在明确列举的可以使用划拨土地的能源、环境保护、保障性安居工程、养老、教育、文化、体育及供水、燃气供应、供热设施项目中，支持市、县政府以国有建设用地使用权作价出资或者入股的方式提供土地。该规定放松了财金〔2016〕91号的规定，将政府以土地以作价入股的范围从公共租赁住房和公益性农产品批发市场用地扩展到其他行业。

另外，作价出资或者入股土地使用权实行与出让土地使用权同权同价管理制度，依据不动产登记确认权属，可以转让、出租、抵押。如果政府直接以作价出资（入股）供应土地的，应当以市、县人民政府作为出资人，制定作价出资或者入股方案，经市、县人民政府批准后实施。

**（三）依法需要以招标、拍卖、挂牌方式供应土地使用权的宗地或地块，在市、县国土资源主管部门编制供地方案、签订宗地出让（出租）合同、开展用地供后监管的前提下，可将通过竞争方式确定项目投资方和用地者的环节合并实施**

财金〔2016〕91号文中强调："PPP项目主体或其他社会资本，除通过规范的土地市场取得合法土地权益外，不得违规取得未供应的土地使用权或变相取得土地收益，不得作为项目主体参与土地收储和前期开发等工作，不得借未供应的土地进行融资；PPP项目的资金来源与未来收益及清偿责任，不得与土地出让收入挂钩。"这一规定基本明确了社会资本单纯参与土地前期一级开发不再算是PPP项目，意在遏制PPP项目与变相土地收储、土地出让收入挂钩这一普遍性问题。这其实也是财政部为了杜绝社会资本借PPP名义作变相的土地收储、土地开发收益分成的行为，更提倡通过项目自身的运营现金流来实现良性循环的模式。

## 六、项目交易结构与回报机制的合规性

关于本轮PPP模式基本特征的负面表述，财政部在有关规范性文件中具体提到了以下几方面：①严禁通过固定回报承诺、回购安排、明股实债以及借助抽屉协议将项目运营返包政府等方式进行变相融资；②严禁采取延期支付方式变异为购买融资服务，严禁通过政府购买服务方式进行变相融资，规避财政承受能力论证和物有所值评价；③严禁地方政府融资平台公司通过建设—租赁—移交等运作方式，将原有融资平台建设项目包装成PPP项目，直接与政府签订PPP合同，规避政府债务管理规定。由此可见，财政部严格规范以PPP之名行政府回购、明股实债、固定回报等变相融资之实的问题。对于以上方面列为禁止事由的原因，具体分析如下：

**（一）禁止固定回报**

《关于规范政府和社会资本合作（PPP）综合信息平台项目库管理的通知》（财办金〔2017〕92号）对固定回报的问题作出如下规定："存在下列情形之一的项目，应予以清退：包括由政府或政府指定机构回购社会资本投资本金或兜底本金损失的；政府向社会资本承诺固定收益回报的。"《关于进一步加强政府和社会资本合作（PPP）示范项目规范管理的通知》（财金〔2018〕54号）规定："政府不得向社会资本承诺最低投资回报或提供收益差额补足，不得为社会资本或项目公司融资

提供任何形式的担保。”

禁止固定回报要求社会资本方的回报，应取决于社会资本方的绩效水平和履约程度，政府不得根据社会资本的投资和运营成本给予社会资本固定回报率的报酬。一旦回报不与社会资本的绩效水平挂钩，社会资本方是没有激励做好项目的建设和运营的，也没有动力对项目的投资和成本进行控制，这与PPP模式物有所值的理念是相违背的。实践中，判断PPP项目的回报机制是否属于固定回报，关键需要看社会资本的回报，特别是其中由政府支付的部分，在多大程度上与社会资本的运营绩效挂钩。这里需要区分几个相关的概念：

一是设定预期投资回报率。我们认为，不能单纯从设定预期投资回报率来判断是否构成固定回报的承诺。如果项目通过竞争性程序确定预期投资回报率，且按照PPP风险分担、绩效考核的原则，在PPP实施方案中、采购文件中以及PPP协议中都有清晰、合理的绩效考核惩罚机制，并根据绩效考核结果调整政府付费，这是典型的合理的PPP回报机制，不能因为形式上存在一个“回报率”就认为是固定回报。

二是设定保底需求量。符合PPP风险分担原则的保底水量、保底客流量等保底需求量，不是固定回报。许多基础设施项目与一般的市场投资项目不同，项目的市场需求在很大程度上是由社会资本以外的因素决定的。例如，污水处理厂的进水水量取决于周边的规划，地铁的客流量取决于地铁沿线的城市规划，高速公路的车流量也与竞争性道路的情况有直接的关系。对于这类项目，设置保底量意味着项目的市场需求风险主要由政府来承担，而投资人的最终收益水平，仍然取决于项目自身的运营绩效，这恰恰符合PPP的风险分担原则。

三是设置可用性付费和运营付费相结合的付费模式。在非经营性PPP项目中，一个较常用的模式是可用性付费和绩效付费的组合。可用性付费的前提是投资人向政府提供了符合可用性标准的产品，在这种情况下，投资人获得的收益即便是固定的，也不应视为固定回报，因为投资人承担了与可用性对应的设计、建设风险。但是在实践中，存在很多可用性付费被曲解适用的情形，如一些政府付费类项目，可用性付费只与竣工验收时的可用性挂钩，而运营绩效考核只和运营维护成本挂钩。我们认为，“可用性”应当对应社会资本方提供的服务在整个合作期限内的可用性，而非仅是建成之时的可用性。至于究竟要把可用性付费的多大比例与运营绩效相对应，应结合业主意愿和市场接受度作出安排。根据财办金〔2017〕92号的规定，项目涉及政府付费或可行性缺口补助的，项目建设成本与绩效考核结果挂钩部分占比不得低于30%。

**（二）禁止回购安排**

在本轮PPP之前，政府大量的工程是通过BT模式实施的，即施工企业带资建设，项目建完就移交给政府，政府利用财政资金分期回购。在国际上，BT也是PPP大家族中的一员。但是，我国推行本轮PPP的目的是强调通过PPP引入社会资本的运营经验、提高项目的运营水平，而不是单纯地进行融资，因此，出现BT与回购一道被列入禁止的情形。

从现有PPP法律文件来看，PPP模式并不反对政府回购的行为，PPP模式禁止的应当是利用回购安排构成变相融资的行为。这就与回购的时间、回购的价格、回购的情形等密切相关。例如，在没有任何特殊情况下，项目建设期刚刚完成，社会资本就退出并由政府回购其所有股权或回购项目公司的资产，这是明显的变相融资行为。然而，项目期内因为政府方原因、投资人方原因或者因为不可抗力等原因导致合同提前终止，由此而产生的回购属于合规范围内的行为。另外，在项目期内，政府根据自身的财政情况也可以收购社会资本方部分股权，但是，政府收购股权后的持股比例不得超过50%，否则易构成政府变相融资。

综上，我们认为，判断是否构成“回购安排”的标准为是否突破了PPP模式对运营的实质性要求。

**（三）禁止明股实债**

《关于规范政府和社会资本合作（PPP）综合信息平台项目库管理的通知》（财办金〔2017〕92号）规定了以债务性资金充当资本金的操作不符合项目规范运作的要求。《关于进一步加强政府和社会资本合作（PPP）示范项目规范管理的通知》（财金〔2018〕54号）重申了债务性资金不得充当项目资本金的要求。《关于规范金融企业对地方政府和国有企业投融资行为有关问题的通知》（财金〔2018〕23号）规定：“国有金融企业向参与地方建设的国有企业（含地方政府融资平台公司）或PPP项目提供融资，应按照‘穿透原则’加强资本金审查，确保融资主体的资本金来源合法合规，融资项目满足规定的资本金比例要求。”

债务性资金不得充当项目资本金的要求直接影响到PPP项目资本金的融资，

否定了“明股实债”等市场上通行的资本金融资模式。其中，明股实债是指名义上体现为股权的投资，其实质是债权，融资方要按照投资人的实际投资金额，按照一定的利率，根据资金使用的实际期限支付利息，偿还本金。

在PPP领域谈明股实债，其着眼点应该在于投资人对于PPP项目的投资是否符合PPP的本质特征，投资人的投资在本质上不能是借款的还本付息式回报。在真实的股权投资的情况下，PPP项目公司通过履行PPP协议、提供符合PPP协议约定品质的公共产品和公共服务，获得相应的回报，而投资人则通过股东分红、公司清算后的资产分配加以退出。而在明股实债的情况下，投资人的投资与项目公司的具体经营情况是脱钩的，投资人会关注还本付息是否安全，但不关心项目公司的实际经营情况。明股实债常常体现为以下情形：一是项目公司承诺给股东固定回报；二是政府出资方承诺按照还本付息式回报回购投资人在项目公司中的股权。实践中，明股实债大量出现于基金参与PPP项目的情况，这也是基金参与PPP项目目前遇到的最大障碍。综上，判断是否构成“明股实债”的标准在于投资人的收益来源是项目公司的分红还是收取固定利息。

简而言之，以上禁止事由可以归纳为四点：①项目公司应承担运营责任；②项目公司获得的回报应与管理及风险挂钩；③不能规避PPP模式的管理流程；④不得用其他的法律关系（明股实债、延期支付、政府购买服务）包装融资债务。

## 七、项目招标采购程序的合规性

### （一）政府采购程序的合规性

《关于规范政府和社会资本合作（PPP）综合信息平台项目库管理的通知》（财办金〔2017〕92号）规定了“采购文件中设置歧视性条款、影响社会资本平等参与”的操作不符合规范运作要求。《关于进一步加强政府和社会资本合作（PPP）示范项目规范管理的通知》（财金〔2018〕54号）规定：“切实履行采购程序。加强对项目实施方案和采购文件的审查，对于采用单一来源采购方式的项目，必须符合政府采购法及其实施条例相关规定。不得设置明显不合理的准入门槛或所有制歧视条款。”

可见，为确保民营资本和国有资本在PPP项目市场准入方面的公平竞争，在项目采购环节不应设置明显不合理的准入门槛或歧视性的资格条件。具体条款设置时，应符合《政府采购法》第二十二条、《政府采购法实施条例》第二十条、《政府采购货物和服务招标投标管理办法》(财政部令第87号)第十七条的相关规定。

**(二)第三方代持的合规性**

《关于规范政府和社会资本方合作(PPP)综合信息平台项目管理的通知》(财办金〔2017〕92号)明确规定不得由第三方代持社会资本方股份。财政部金融司在《〈关于规范政府和社会资本合作(PPP)综合信息平台项目库管理的通知〉解读》做了细化说明："社会资本的股份不得由第三方代持，遏制当前部分社会资本中选后自行指定其关联企业、子公司、基金等第三方代为履行出资义务，以及部分联合体参与方只承揽项目施工或设计任务、不实际出资入股等不规范操作现象，确保社会资本选择程序的严肃性、公正性，夯实社会资本的投资建设运营责任。"《关于进一步加强政府和社会资本合作(PPP)示范项目规范管理的通知》(财金〔2018〕54号)再次强调"不得未经采购程序直接指定第三方代持社会资本方股份"。

可见，为保证社会资本选择程序的严肃性和公正性，PPP项目应当严格执行《政府采购法》的规定，要求中标社会资本和项目公司成立时的社会资本方股东一致，禁止第三方代持的情形。不过，实践中有几种情形的合规性还存在不确定性。一是在基金管理公司中标的情况下，该基金管理公司发起的有限合伙基金能否直接作为股东对项目公司进行出资；二是经政府同意的情况下，社会资本是否有权指定其关联企业、子公司、基金等第三方代为履行出资义务。对于第一种情形，如果禁止基金代持，那么有限合伙型基金参与PPP投资之路就被堵死了，此等代持具有合理性；对于第二种情形，一旦经政府同意就不存在"自行"指定代持的情形，应属合规。

# 第四章

# PPP的法律环境

## 第一节　PPP立法的国际经验

PPP模式已广泛适用于世界各地的基础设施和公共管理领域，PPP立法在部分国家也几近成熟。受各国不同法律体系和制度的影响，各国PPP立法的实践不一，PPP法律框架的表达方式也有多种。但总体而言，PPP法律框架中包含专门的"PPP法"（PPP Laws）、特许经营法（Concessions Laws）、私有化法案（Privatization Laws）、采购法（Procurement Laws）以及与规制（Regulation）相关的法律法规等。

在国际组织层面，联合国、国际货币基金组织等跨国机构对各国PPP立法形成了巨大的推动作用。联合国贸易法委员会（UNCITRAL）于2000年发布了"私人参与基础设施立法指引"，为私人资本参与公共设施建设提供了一个有利的法律框架。欧洲复兴开发银行（EBRD）于2006年发布了"现代特许经营法律核心原则"，OECD也于2012年公布"公私伙伴关系中的公共治理原则"，这些指导原则都在宏观层面引导了各国PPP立法。在区域层面上，欧盟是世界上最大的推动PPP政策的综合组织，早在2000年前后就开始以法律文件的形式推动PPP的发展，出台了《公私合作绿皮书》《欧盟委员会对PPP公共采购和特许经营制度化的规定》等。2009年，欧盟整合了欧洲投资银行、欧盟委员会以及欧盟成员国和候选国的力量，成立欧洲PPP专家中心（European PPP Expertise Centre，EPEC）。在EPEC发布的《PPP指南》（The EPEC PPP Guide）中，明确了PPP法律和监管框架的主要内容和目的。PPP法律框架通常由法律法规确定，涵盖了PPP核心法律和其他有关法律（如合同、担保交易和融资相关法律的内容、运用和执行）、政策声明、指引和合同等。它应当包括：

（1）推动PPP项目产生并促进其运转的各项规定（例如，成立PPP公司的法定权利、公共资产转移至非公有制机构的各项条款和条件、PPP公司按照本身意愿选择分包商的权力）；

（2）推动政府为相关项目提供融资的规定（例如，提供补贴或承诺在PPP合同期内提供长期公共财政支持）。

国家层面的PPP法律和执行是PPP 项目能否成功运行的关键。比较各国推行PPP的法律体系框架，可以发现，随国家历史、立法体例、实践和环境的不同，各国在PPP上的法律和政策的顶层设计不尽相同。

英国、澳大利亚和新加坡并没有针对PPP 模式出台专门的法律，而是通过标准化合同、政策、指南或手册等形式规范和推动PPP模式的实施，为PPP 模式的运行提供了详尽的制度框架。英国财政部颁布了一系列PPP指导文件，如“PPP政策和指导”“PF2标准化合同”“采购和合同管理”“使用私人资本的物有所值分析”“PPP基础设施指导”等。澳大利亚基础设施中心于2008年颁布了国家层面的政策框架和一系列指南，推动并规范PPP项目在全国、各省和领地的实施，各省也都有各自的PPP政策。

法国通过立法对PPP和特许经营两条线并行推动。法国于2004年颁布了《PPP合同行政法规》，2008年颁布了《PPP合同法》来规范政府付费的PPP模式，并通过颁布《经济活动和公共程序中预防腐败和透明法》《特许经营合同行政法规》来对使用者付费的特许经营模式予以规定；PPP合同法和特许经营法共同构成了法国PPP的主要法律体系。

日本则基本沿用了英国的顶层设计结构，同时进行了立法，并结合政策、指南和标准化合同等多种方式规范和推动PPP项目的实施。日本于1999年颁布了《PFI促进法》，并于2001年、2005年、2011年和2013年对该法进行了五次修改；此外，日本还出台了“物有所值指南”“进程指南”“风险共享指南”“合同指南”和“监督指南”等具体引导规则。

从各国推行PPP模式的经验来看，PPP模式的有效运作需要建立明晰、可行的PPP模式法律框架，包含完整、统一、细致的法律、法规、政策和其他工具、程序和技术手册或指南等，对政府运用和监管PPP模式给予指引和规范，对私人资本参与PPP模式给予引导、鼓励和保障，从而促进PPP项目周期内各部门的密切协作，发挥PPP的优势，保障公共利益的实现。

## 第二节　我国PPP法律体系的演进历程

自20世纪80年代后期开始采用BOT方式吸引外资投资公路、铁路等项目以来，与PPP在中国的发展历程相对应，PPP立法工作也经历了不同的阶段，并各自具有鲜明的时代特征。

第一阶段：20世纪80年代中期—2002年，以引导外商投资为主线的早期文件

1978年以来中国实行改革开放，吸引了很多境外资金，其中有一部分资金尝试性地进入了基础设施领域；港商将“BOT”（后来归为PPP的诸种运作方式之一）的概念带入内地，并在广州、深圳、北京的实际项目中成功运用。然而，由于当时并未出台与BOT运作方式直接相关的法规，实践中项目往往以由地方官员向中央主要领导汇报并获得首肯后执行的方式落实。

1992年年底召开的中共十四大确立了社会主义市场经济体制，为基础设施市场化投融资改革提供了理论依据，1993年国家计委开始研究投融资体制改革，包括BOT的可行性问题，1994年国家计委选择了五个BOT试点项目（广西来宾B电厂项目、成都第六水厂项目、广东电白高速公路项目、武汉军山长江大桥项目和长沙望城电厂项目），各地政府也推出一些BOT项目，涉及电力、自来水、污水、燃气、桥梁、区域开发等行业。这一阶段项目引入的特许经营方以外资为主；国务院及相关部委也就外商投资特许权项目或与之有关的若干事宜发布规章或规范性文件，其中较有代表性的有对外贸易经济合作部《关于以BOT方式吸收外商投资有关问题的通知》（外经贸法函〔1994〕89号）、国家计委、电力部、交通部联合发布的《关于试办外商投资特许权项目审批管理有关问题的通知》（计外资〔1995〕1208号）、国家发展计划委员会《关于加强国有基础设施资产权益转让管理的通知》（计外资〔1999〕1684号）、《城市市政公用事业利用外资暂行规定》（建综〔2000〕118号）、国务院办公厅《关于妥善处理现有保证外方投资固定回报项

目有关问题的通知》(国办发〔2002〕43号)等。

这些早期的文件主旨均与引进和引导外商投资相关，关注点局限在BOT运作方式上，内容多为政策宣示，文件的效力等级、权威性及相互之间的协调均有明显不足。国家没有出台专门的法律法规为PPP(或BOT)模式作指引，更没有对PPP作出任何顶层设计或路径安排。

第二阶段：2003—2012年，126号令及其衍生文件(以公用事业市场化推行为主的文件)

2002年中共十六大提出中国社会主义市场经济体制已经初步建立，市场在资源配置中发挥基础性作用，为PPP模式的推广提供了理论基础。这一阶段PPP的运作方式得到了拓展，引入了TOT模式，而且呈现出明显的市场经济特征：一是破除了所有权的藩篱，外企、民企、国企同台竞争；二是项目竞标过程公开透明，竞争达到白热化；三是溢价频出，效率提高的改革效果开始显现；四是传统企业受到了前所未有的压力，主动改革的积极性提高。

建设部于2002年年底出台《关于加快市政公用行业市场化进程的意见》(建城〔2002〕272号)；2004年，基于当时国内已有的特许经营项目实际操作经验，出台了《市政公用事业特许经营管理办法》(建设部〔2004〕126号)(下称“126号令”)，该办法及各地出台的特许经营条例是这一时期开展特许经营项目的基本法律依据，从项目筹备、市场准入、合同结构、政府监管与运营评估等角度对特许经营活动予以规范。此外，建设部后续又相继推出部分市政公用行业的特许经营合同范本，如《城市供水特许经营协议示范文本》GF-2004-2501、《管道燃气特许经营协议示范文本》GF-2004-2502、《城市生活垃圾处理特许经营协议示范文本》GF-2004-2505等，对诸多国际惯例做了大量本土化的梳理和改造工作，提升了特许经营项目的规范性。126号令所倡导的游戏规则，被广泛应用于中国市政公用事业的特许经营项目，也被其他行业主管部门及地方政府参考和借鉴。一大批与126号令的内容及框架一脉相承的部门规章、地方性法规、规章及规范性文件应运而生，各地也不断在各行业推广PPP项目，推动了PPP模式在中国的第一轮发展。

然而，虽然PPP项目不再偏爱境外资本，其单一的筹资导向并无实质性转变——以筹集社会资金为导向，把政府缺钱的、做不好的公共产品或服务推向一个并不成熟的市场。公私双方之间，前者甩包袱，后者占市场的心态在很多项目里都表现得十分明显。公共产品或服务的交付效率、风险管控、社会及经济效益这些PPP模式的重要内核，常常不是政府主管部门甚至是投资人所关注的焦点。也正因如此，在这一阶段的中后期，PPP在中国的发展遭遇反复，大量低价或非理性竞标，乃至于国（资）进民（资）退的现象层出不穷。虽然2010年后政府出台了鼓励和引导民间投资的政策文件，如国务院《关于鼓励和引导民间投资健康发展的若干意见》（国发〔2010〕13号）、国务院办公厅《关于鼓励和引导民间投资健康发展重点工作分工的通知》（国办函〔2010〕120号），但效果并不明显，PPP市场也没有发生实质性改变。

总的说来，2002年以后随着市场经济体制的改革，PPP模式得到了政府和行业主管部门的强力主导与推动，相关的政策法规也纷纷出台和落实。但在PPP立法方面，仍存在不足，主要问题是126号令及其衍生法规的立法层级有限。这些法律文件虽然来源于实践，但不能有效覆盖PPP模式在实践当中出现的诸多矛盾及问题，也无法提出再进一步的解决方案，更不可能作出实质性的重大突破。由于高位阶、综合性立法的缺失，PPP顶层设计方面存在瓶颈，导致政府和市场的边界不清，PPP在中国的发展面临阻碍。

第三阶段：2013年至今，PPP立法

中共十八大提出了让市场在资源配置过程中发挥决定性作用，为PPP的普及提供了理论基础。同时，政府力推PPP也与当前的社会经济形势紧密相连——土地财政这一支撑城市发展的动力源快速衰减，地方政府面临沉重的债务压力，同时又承担巨大的城市建设投资压力，国有体制投资效率低下、浪费惊人，参与城市建设的平台公司和国有企业负债率不断攀升，融资和抗风险能力骤减。十八届三中全会明确关于“允许社会资本通过特许经营等方式参与城市基础设施投资和运营”的精神，在这一阶段，国家希望通过PPP的方式，实现基础设施和公共服务供给的市场化、提高公共产品和服务的供给效率和品质、为新型城镇化建设提供融资支持、帮助中国转变发展方式、帮助政府转变治理模式。

随着PPP模式的持续升温，PPP相关的各项法律、法规、部门规章、规范性文件等也出现井喷式增长。在中央层面，国务院颁布了一系列顶层设计文件，为PPP的全面推广提供制度支持；在部委层面，国家发展改革委和财政部在PPP的操作层面提供了全流程的指导；在行业层面，一系列针对行业发展的指导性文件先后发布，奠定了具体行业引入社会资本的基础；此外，地方各省市也纷纷颁布推广运用PPP的指导意见，推动本地PPP项目的实施。

然而，至今我国并未形成系统的PPP法律体系，也并未出台国家层面的PPP法律。我国PPP立法的表现形式仍以中央部委发布的规范性文件为主。

目前，国家发展改革委和财政部分别就PPP 制定了监管制度、操作流程和合同指南，两套体系在框架和具体内容上多有重复甚至意见相左。虽然有国务院法制办统筹，推进单一法案的立法工作，但仍面临着部委之争难消、法律冲突待解的重重困难。

## 第三节　我国现行PPP法律体系存在的总体问题

我国现行PPP法律体系存在的问题主要有以下几方面。

**（一）从法律法规层级和质量层面，存在立法层级低、部分法律法规质量不高的问题**

目前尚未专门就PPP模式出台国家层级的立法文件，与PPP模式相关的法律文件，多为财政部、国家发展改革委和住房城乡建设部等以部门规章或部门规范性文件的形式出台的指导文件，法律位阶较低，权威性不够。实践中，虽然各部门规章或规范性文件对于PPP的规定更具有适用性和针对性，但由于层级过低，在与现行的其他法律法规（比如土地管理法、招标投标法等）的规定相冲突时，不得不让步于后者。

此外，部分法律法规本身的质量不高。由于国家和地方层面一些立法者本身对于PPP的基本定性、PPP项目构成要件等问题尚未形成统一的、完整的认识，导致所出台的有关PPP的规定也存在理解偏差和混乱，进而产生PPP法律文件内部冲突的问题。

**（二）从法律制定层面，存在多头管理、各自为政的现象**

财政部和国家发展改革委自2014年以来各自出台有关PPP和特许经营的部门规章和规范性文件，但两个部委在PPP的定义和范围、主管部门、操作流程、合同性质和社会资本的选择等方面的规定存在冲突。虽然2016年7月国务院常务会议明确了PPP工作相关部门的职责分工，即由国家发展改革委和财政部分别负责基础设施和公共服务领域的PPP工作，然而目前，PPP主管部委协调和统筹的问题尚未解决，多头管理的现象仍然存在，给PPP项目实操带来了诸多不确定性。同时，这也影响着PPP项目交易结构的设计，地方实践操作中经常无所适从。

## 第四节　我国PPP项目实际运作面临的法律冲突问题①

### 一、选择社会资本环节与《政府采购法》和《招投标法》的冲突

#### （一）PPP项目政府选择社会资本适用法律的争议

在我国政府采购领域，长期存在《中华人民共和国招标投标法》（主席令第二十一号）（以下简称“《招标投标法》”）法律体系和《中华人民共和国政府采购法》（2014年修正）法律体系交叉并存的局面。在本轮PPP兴起以前，两部法律在政府采购领域的交叉问题通过《招标投标法实施条例》和《中华人民共和国政府采购法实施条例》基本得到了解决。政府采购货物和服务的，应适用《中华人民共和国政府采购法》体系；政府采购工程的，如果采用招标方式，应适用《招标投标法》体系，如果采用其他方式，则适用《中华人民共和国政府采购法》体系。

PPP出现之后，政府选择社会资本究竟适用《中华人民共和国政府采购法》体系还是《招标投标法》体系，又成为争议的问题。

财政部门认为，PPP项目虽然通常都会涉及建筑物和构筑物的设计和施工，但PPP并不是以往政府购买工程的逻辑。政府在PPP项目的建设期并不向社会资本或项目公司支付工程费用，而是在项目开始正常运营、交付公共服务之后才开始支付运营服务费。因此，财政部门认为PPP选择社会资本在本质上是政府购买服务，应适用《中华人民共和国政府采购法》的规定。从财政部《政府和社会资

---

① 刘世坚．君合法评丨PPP 漫谈系列之二十八——PPP 立法及配套制度体系刍议 [EB/OL]. [2016-09-21]. http：//www.junhe.com/law-reviews/108.

本合作模式操作指南（试行）》（财金〔2014〕113号）、《政府采购竞争性磋商采购方式管理暂行办法》（财库〔2014〕214号）（以下简称“财库214号文”）、《政府和社会资本合作项目政府采购管理办法》（财库〔2014〕215号）（以下简称“财库215号文”）的规定也可以看出，财政部倾向于将PPP项目认定为政府采购服务，应适用《中华人民共和国政府采购法》及相关规定。但“财库214号文”和“财库215号文”仅作为部门规范性文件，效力层级较低，目前尚缺乏法律层面的明确依据。

发改部门则认为，如果社会资本只承担融资、建设管理和运营的职责，本身不承担项目的工程建设，则可以依据《中华人民共和国政府采购法》体系选择社会资本；如果社会资本要自行承担工程项目的勘察、设计、施工、监理以及与工程建设有关的重要设备和材料的采购，那么社会资本的选择就应当兼顾《招标投标法》对于工程招标的管理要求，必须按照《招标投标法》的规定，通过招标的方式选择社会资本。

由此可见，财政部门将政府选择社会资本的性质认定为政府采购服务，无论是用公开招标、邀请招标还是竞争性谈判、竞争性磋商或单一来源采购，都应该按照《中华人民共和国政府采购法》的体系来实施，例如，在《中华人民共和国政府采购法》体系里面，有专门针对货物和服务招标的《政府采购货物和服务招标投标管理办法》（财政部87号令），在价格分值比重的设置、综合评分法的评分方法上均与《招标投标法》不同。而发改部门则认为在社会资本自行进行建设的情况下，政府选择社会资本兼具服务和工程的采购，必须用招标的方式选择社会资本，且招标应依据《招标投标法》体系来开展。针对PPP模式采购适用法律不明确和现行法律规定和制度安排存在与PPP项目适用的冲突问题，需要国家层面着手拟定统一的法律，用以指导PPP实践，规范PPP模式采购活动。

**（二）项目公司进行工程采购时二次招标豁免的适用问题**

目前，在实践中，影响PPP项目法律确定性的重要问题就是项目公司“二次招标”的问题，也就是在选定社会资本之后，社会资本单独或与政府组成的项目公司再进行工程采购是否需要进行“二次招标”。

“二次招标”之所以成为一个问题，是因为《招标投标法实施条例》第九条第（二）款明确规定：已通过招标方式选定的特许经营项目投资人依法能够自行建设、生产或者提供，可以不进行招标。从该条规定可以进一步推出两个结论：

一是以招标方式选定的特许经营项目投资人如果不具有自行建设、生产或提供的能力，项目公司仍然应以招标的方式进行工程采购；二是没有以招标方式选定的特许经营项目投资人，无论是否具有自行建设、生产或者提供的能力，项目公司都必须以招标的方式进行工程采购。

实践中，对于以上两点，都存在争议和法律适用的风险。

首先，对于经过招标方式选定社会资本的PPP项目，因目前法律对于具体招标应适用《招标投标法》还是《中华人民共和国政府采购法》并未予以明确，因此对于具备PPP项目建设工程所需相关资质的社会资本，是否能适用上述第三款规定，不经过招标方式而直接从项目公司处承揽建设工程，仍存在争议，实践中一般倾向于认为可以适用上述规定。

其次，对于采用非招标方式选择的社会资本能否免于二次招标的问题，主要涉及竞争性磋商这一财政部主推的采购方式。如果严格执行《招标投标法实施条例》第九条第（二）款的规定，对于具有自行建设能力的社会资本，如果以非招标的方式获得特许经营权，在未来的工程采购中还必须通过招标的方式选定工程建设方；而且依据第三十四条的规定“与招标人存在利害关系可能影响招标公正性的法人、其他组织或者个人，不得参加投标”，这就几乎堵死了以竞争性磋商方式选出的社会资本方获取工程利润的可能性。考虑到现有的PPP项目大量以政府付费或政府提供可行性缺口补助为主，形成明确经营模式的项目尚占少数，许多社会资本仍以获取工程施工利润为参与PPP项目的主要目的，这一规定显然不利于吸引社会资本参与PPP项目，同时这也意味着竞争性磋商这种PPP采购的主力方式就只能用于财务投资者，而无法用于施工类社会资本或联合体的选择，从而大大限制了竞争性磋商的适用范围。然而，竞争性磋商在遴选社会资本过程中是有优势的——由于招标本身与谈判相排斥，对于核心边界条件和技术经济参数不明确、不完整的复杂项目，竞争性磋商确有用武之地；因此，这也给社会资本方的选择带来实际障碍。

然而，从另一个角度来说，基础设施和公共服务领域引入社会资本，短期来看，是为了缓解政府当期财务压力，用社会资本的投资提供社会发展所必需的基础设施和公共服务；从长期来看，是为了引入市场主体和社会主体的专业化运营，让基础设施和公共服务更为高效、高质量、具有高回应性。因此，从PPP长远健康发展的角度，PPP应着力引进具有良好的运营能力的社会资本。毕竟，中国建设行业已经高度市场化、充分竞争化，建设能力并不是市场中的稀缺能力，反而是设计、运营能力真正能够体现社会资本参与PPP项目的价值。然而，如果我们允许具有建设能力的社会资本中选之后，不再进行二次招标，就会让建设商在社会资本的选择过程中占据主导地位（而这也是实际情况），PPP在执行过程中就会出现重建设、轻运营这一本末倒置的局面。相反，如果我们要求无论社会资本是否有建设能力，项目公司都必须进行二次招标，那么在社会资本选择过程中，就会把对投资和运营并不感兴趣的建筑商挤出去，让运营方占据主导地位。事实上，如果未来的制度依照这个思路进行设计，那么很多以PPP之名、行商业开发之实或行BT之实的项目，也就自动地露出原形了。

目前，财政部门主张放松“二次招标”的要求。在财政部《关于在公共服务领域深入推进政府和社会资本合作工作的通知》（财金〔2016〕90号）中规定：“对于涉及工程建设、设备采购或服务外包的PPP项目，已经依据《中华人民共和国政府采购法》选定社会资本合作方的，合作方依法能够自行建设、生产或者提供服务的，按照《招标投标法实施条例》第九条规定，合作方可以不再进行招标。”这就意味着使用竞争性谈判和竞争性磋商等非招标方式选定社会资本方的，社会资本方不必就工程进行二次招标。

然而，国家发展改革委在《传统基础设施领域实施政府和社会资本合作项目工作导则》（发改投资〔2016〕2231号）中明确否定了财政部对于“二次招标”的解读，规定：“拟由社会资本方自行承担工程项目勘察、设计、施工、监理以及与工程建设有关的重要设备、材料等采购的，必须按照《招标投标法》的规定，通过招标方式选择社会资本方。”

在实践中，通常由PPP项目的实施机构在项目的协调机构层面就二次招标问题进行决策，确定以非招标方式选择社会资本之后究竟是否还需要进行二次招标。至于法律层面的不确定性，只能留待更高层面的法律文件就PPP项目作出专门规定。

### （三）特许经营项目中一揽子授权的法律依据问题

PPP项目的边界和特许经营的范围问题也是受到招标采购法律制约的一个问题。无论是《招标投标法》还是《中华人民共和国政府采购法》，立法阶段均没有特别围绕PPP项目的特点来展开。《招标投标法》的制定主要是为了规范“必须招投标项目”的招标投标活动，保证工程项目建设质量是立法的核心，因此很多条文都是针对工程招标的情况而设计。《中华人民共和国政府采购法》的制定是为了规范政府采购行为，强调使用财政性资金的规范性，强调政府采购的公开、公平和公正。

实践中，PPP项目，尤其是特许经营类项目，存在特许经营期内对特定范围内的特许经营内容进行垄断经营的需求。例如，对于污水处理项目而言，将特定区域内的污水处理管网和污水处理厂的扩建、提标改造一揽子授予一个社会资本方，这具有经济上的合理性。只要在初次签订PPP合同时，政府与社会资本方确定回报机制用以约束后续的增量项目即可。然而，这种区域特许经营的PPP项目目前在选择社会资本环节无法得到法律层面的支持。从《招标投标法》角度，招标项目按照国家有关规定需要履行项目审批手续的，应当先履行审批手续，取得批准（《招标投标法》第九条）；后续项目由于尚没有完成立项、可研审批的手续而无法合并招标。从《中华人民共和国政府采购法》角度，在同一预算项下的添购（《中华人民共和国政府采购法》第三十一条）或不同预算项下的合同追加（《中华人民共和国政府采购法》第四十九条）均不得超过原采购合同金额的10%。这一比例无法支持区域特许经营类PPP项目对合同稳定性的需要。

**（四）《中华人民共和国政府采购法》关于政策功能的规定对PPP项目的适用性问题**

《中华人民共和国政府采购法》在立法之时不仅将政府采购视为满足政府运行之需的采购工具，还将政府采购视为影响国家产业政策、社会政策和贸易政策的工具，因此政府采购对支持中小企业、支持本国产品、支持残疾人企业和监狱企业有相关的规定。这些规定中，与PPP项目存在冲突的主要是支持中小企业发展的政策，这一政策具体落实在中小企业采购份额预留、小微企业价格分优惠、中小企业参与联合体价格分优惠以及不得以注册资本金、资产总额、营业收入、从业人员、利润、纳税额等供应商的规模条件对中小企业实行差别待遇或歧视待遇的规定[①]。

① 详见《政府采购促进中小企业发展暂行办法》（财库〔2011〕181号）。

对于PPP项目而言，项目需要社会资本完成投融资以及长期的运营管理，相应地对社会资本的投融资能力、建设运营能力要求都很高，中小企业并不是参与PPP的主力军。是否有必要在政府采购领域刚性适用支持中小企业的政策值得探讨。

## 二、合同性质与争议解决途径的不同说法

目前，对于PPP和特许经营协议的性质以及相应的争议解决途径有不同的规定。

对于特许经营协议，2014年11月新修订的《行政诉讼法》及最高人民法院的行政诉讼法司法解释（法释〔2015〕9号）明确将特许经营协议定性为行政协议，特许经营者认为政府方在履行特许经营协议过程中侵犯其合法权益的可依法提起行政诉讼或行政复议[①]。在司法实践中，早在行政诉讼法司法解释出台之前，最高人民法院已在《和田市人民政府与和田市天瑞燃气有限责任公司、新疆兴源建设集团有限公司其他合同纠纷二审民事裁定书》〔2014〕民二终字第12号）中明确，该案所涉及的《和田市天然气利用项目合同》是由和田市政府作为一方当事人根据其行政机关公权力所签订，体现了其依据有关市政公用事业管理法规，对天然气的利用实施特许经营，行使行政职权的行为。其中，关于特许经营权的授予、经营内容、政府对工程的监管等内容，均体现了政府在合同签订中的特殊地位。和田市政府解除合同以及向和田市建设局出具批复同意其接管天然气运营业务的行为，在性质上应属于行政行为，因此本案诉讼属于公民、法人和其他组织认为行政机关侵犯法律规定的经营自主权的行政诉讼受案范围。《基础设施和公用事业特许经营管理办法》（2015年第25号令）与《行政诉讼法》保持一致，25

---

①《行政诉讼法》第12条规定："人民法院受理公民、法人或者其他组织提起的下列诉讼：（十一）认为行政机关不依法履行、未按照约定履行或者违法变更、解除政府特许经营协议、土地房屋征收补偿协议等协议的。"行政诉讼法司法解释第11条规定，政府特许经营协议为行政机关为实现公共利益或者行政管理目标，在法定职责范围内，与公民、法人或者其他组织协商订立的具有行政法上权利义务内容的协议，即行政协议。《行政诉讼法司法解释》第14条规定："人民法院审查行政机关是否依法履行、按照约定履行协议或者单方变更、解除协议是否合法，在适用行政法律规范的同时，可以适用不违反行政法和行政诉讼法强制性规定的民事法律规范。"

号令第51条规定，特许经营者认为行政机关做出的具体行政行为侵犯其合法权益的，有陈述、申辩的权利，并可以依法提起行政复议或者行政诉讼。

对于与特许经营协议安排基本相同的PPP合同，我国立法中并未对其性质认定作出明确的规定。财政部有关文件，如《关于印发政府和社会资本合作模式操作指南（试行）的通知》（财金〔2014〕113号）、《政府和社会资本合作项目政府采购管理办法》（财库〔2014〕215号）以及《PPP项目合同指南（试行）》，认为PPP合同具备民事属性，其合同项下的争议属于平等民事主体之间的争议。根据《政府和社会资本合作模式操作指南（试行）》（财金〔2014〕113号）第二十八条规定："（三）争议解决：在项目实施过程中，按照项目合同约定，项目实施机构、社会资本或项目公司可就发生争议且无法协商达成一致的事项，依法申请仲裁或提起民事诉讼。"国家发展改革委《PPP项目通用合同指南》中也强调了合同双方的平等主体地位，提出合同争议可通过仲裁或诉讼方式解决。

目前学界和业界对PPP合同法律性质的认识存在一定的分歧，较为主流的观点是PPP合同兼具行政和民事性质的混合属性。然而实践中，对PPP合同及争议性质的认定具有不确定性。这给PPP合同确立时应适用的法律体系及发生纠纷时应适用的法律依据和诉讼程序带来了一系列的困惑，如：PPP项目经营权（特许经营权）的授予程序违反法定程序是何种后果？应依据何种法律体系撤销？PPP项目合同的权利、义务确定及风险分配应仅考虑平等主体间的自愿公平、等价有偿、风险共担还是也要考虑政府的行政管理属性？PPP项目合同履行的相关法律纠纷应适用何种法律？通过何种诉讼程序解决？等等。PPP争议性质的认定，影响着PPP合同中有关条款约定的有效性，也将直接影响到社会资本的地位及权利救济，进而影响到社会资本的投资安全。

在实践层面，将特许经营协议或PPP合同履行中的争议定性为行政诉讼和民事诉讼各有利弊。行政诉讼中的举证责任倒置对社会资本方有保护的作用，与此同时行政诉讼对于公共利益的关注更好地回应了特许经营和PPP项目的公共属性。但也有观点认为，行政诉讼中不适用调解制度，并不适于解决纠纷；而且当前行政诉讼中行政相对方胜诉比例过低也是行政诉讼难以得到社会资本认可的主要问题。而如果将特许经营协议或PPP合同相关的争议界定为民事纠纷，以行政主体方"违约"为由提起"民事诉讼"或通过仲裁这一民事纠纷解决的重要途径，则可以为社会资本选择仲裁机构提供更多的谈判空间，避免按照行政诉讼的管辖在当地法院与地方政府对簿公堂。此外，仲裁在专业性方面也似乎更有保障。

从PPP合同争议解决的实践案例来看，PPP项目社会资本方与政府的纠纷，属于行政诉讼还是民事诉讼，最终还要由法院进行认定。考虑到PPP项目本身涉及因素众多、周期长、政府角色多重等特点，以及PPP项目合同的特殊性质和合同项下争议的复杂性，关于PPP争议解决方式的不同规定将直接影响社会资本参与PPP项目的信心。这一问题有待于在对PPP模式进行立法规范的过程中予以解决，明确PPP合同的性质、消除有关PPP模式争议解决规定的争议，以消除社会资本参与PPP项目的顾虑。

## 三、PPP项目在土地管理方面的困境

PPP项目执行与土地管理法主要在两个方面存在紧张关系，一是土地的有偿使用原则与PPP项目的公共服务属性之间的关系，二是项目用地的“招拍挂”流程与社会资本的遴选程序之间的有效衔接。

### （一）土地的有偿使用原则与PPP项目的公共服务属性之间的关系有待协调

中国现有的以《土地管理法》为核心的土地管理法律制度对于用地者取得国有建设用地的土地使用权规定了有偿使用（出让为主，租赁为辅）以及无偿划拨两种模式。对于以出让为主的有偿使用模式而言，其主要适用于经营性用地和工业用地为主的商业类、营利性项目；而对于无偿划拨模式，其主要适用于《划拨用地目录》所列举的具有公益性的党政机关和人民团体用地、军事用地、城市基础设施用地、公益事业用地及国家重点扶持的能源、交通、水利等基础设施用地和特殊项目（如监狱等）用地。

目前，政府划拨土地的主要依据是《划拨用地目录》（国土资源部令〔2001〕第9号）。该文件中规定，对国家重点扶持的能源、交通、水利等基础设施用地项目，可以以划拨方式提供土地使用权。对以营利为目的，非国家重点扶持的能源、交通、水利等基础设施用地项目，应当以有偿方式提供土地使用权。此外，《国务院关于促进节约集约用地的通知》（国发〔2008〕3号）进一步收紧了划拨用地的范围，规定：“今后除军事、社会保障性住房和特殊用地等可以继续以划拨

方式取得土地外，对国家机关办公和交通、能源、水利等基础设施（产业）、城市基础设施以及各类社会事业用地要积极探索实行有偿使用，对其中的经营性用地先行实行有偿使用。其他建设用地应严格实行市场配置，有偿使用。”

对PPP项目而言，一方面项目提供的产出是公共产品和公共服务，具有公益性；另一方面项目的主体是具有市场主体性质的项目公司，项目公司本身是以营利为目的的。因此，对于兼具有公益性和商业性的PPP项目，土地使用权应以何种方式获得，存在争议。具体来说，我国现行的土地管理法律制度与PPP项目的不适应之处有以下几个方面：

一是PPP项目究竟是否属于《划拨用地目录》所界定的以营利为目的的项目，没有明确的结论。目前，很多地方政府的国土部门判断营利性的标准是看土地使用权主体的性质，以PPP模式运行的项目成立的项目公司都是按照《公司法》成立的公司法人，无法界定为非营利主体。所以，按照现行的土地政策，项目公司很难拿到划拨用地，只能通过出让的方式获得土地。这给地方政府如何出让PPP项目土地造成了两难境地：若以无偿出让的方式出让项目用地，会担心因此而违反土地管理政策；而如果地方政府要求项目投资者支付土地出让金、租金等款项，不仅会提高社会投资者的总投资成本，也会相应造成社会公众和政府支出的增加，增加财政负担。实践中，地方政府和社会资本方往往在合同中淡化土地使用权获得方式，约定由政府为社会资本无偿提供土地，这就意味着土地使用权还是在政府的实施机构或出资机构名下，以无偿租赁的方式给项目公司使用。但这种做法仍面临着零租金租赁的土地违规问题。在《关于联合公布第三批政府和社会资本合作示范项目加快推动示范项目建设的通知》（财金〔2016〕91号）中就与PPP相关的土地问题再次作出了重申：符合《划拨用地目录》的，可以划拨方式供应；不符合《划拨用地目录》的，除公共租赁住房和政府投资建设不以营利为目的、具有公益性质的农产品批发市场用地可以作价出资方式供应外，其余土地均应以出让或租赁方式供应，及时足额收取土地有偿使用收入。这一规定对于PPP项目究竟是否属于营利性仍然没有明示，同时对于零租金、无偿用地模式的违法性再次予以重申。

二是很多PPP项目的投资方以出让土地使用权的方式取得国有建设用地使用权，但常常会要求与政府签订协议，由政府收到土地出让金后以补贴、返还的形式返还给投资方。然而，我国现行土地管理法规和政策严格要求土地出让收入采取“收支两条线”的安排，地方政府无权直接支配土地出让收益并再返还给投资方，这对很多希望将土地相关收益作为政府付费或补贴资金来源的PPP项目，直接构成合规障碍。实践中政府方和投资人常常采取一些灰色操作手段来实现将土地出让金返还或补贴给投资人的目的，给PPP项目的合法合规性以及后期政府付费的稳定性均带来不利影响。

三是我国土地管理政策中的三条红线为PPP项目的资源配置构成了障碍。土地管理政策中的三条红线是指：①必须以招拍挂方式出让经营性用地的土地使用权；②禁止宗地捆绑出让；③土地出让收入必须实行收支两条线。对于铁路、轨道交通类以及河道整治、园区开发、旅游开发等投资额巨大、运营成本高昂、回收期限较长的PPP项目而言，这类项目对于沿线、站点周边的土地价值具有巨大的提升作用。尽管周边土地的升值能够提高政府财政收入水平，进而为PPP项目提供回报。但是在实践中，政府和社会资本双方仍然有将土地收入定向回补PPP项目运营收入的诉求。对政府而言，将土地收入和PPP项目的回报机制关联起来，能够更好地激发社会资本在PPP项目中的创造性，从而优化项目的商业设计，更好地带动周边的经济社会发展。对社会资本而言，土地收入和PPP项目捆绑，能够降低未来政府支付能力不足的风险，从而有效控制项目的商业风险。目前，《关于联合公布第三批政府和社会资本合作示范项目加快推动示范项目建设的通知》(财金〔2016〕91号)明确规定，PPP项目主体或其他社会资本，除通过规范的土地市场取得合法土地权益外，不得违规取得未供应的土地使用权或变相取得土地收益，不得作为项目主体参与土地收储和前期开发等工作，不得借未供应的土地进行融资；PPP项目的资金来源与未来收益及清偿责任，不得与土地出让收入挂钩。实践中，在轨道交通领域，为解决项目本身运营阶段所创造的现金流不足以弥补项目建设和运营成本的问题，不少地方政府有意以TOD模式(Traffic Oriented Development，即“公交导向发展模式”)，将大型交通等基础设施项目本身的投资、建设和运营与沿线以及站点周边土地和物业的规划开发结合起来，以项目带动周边土地、物业的增值，以周边土地、物业的开发经营收益反哺项目，弥补其亏损。然而，依据《招标拍卖挂牌出让国有土地使用权规定》等的规定，商业等各类经营性用地必须以招标、拍卖或者挂牌方式出让，这就使得社会投资人很容易面临虽中标PPP项目却无法获得所需的土地使用权的风险；而且，将土地开发权益作为PPP项目收益来源，也存在合法性问题。目前，仅在铁路站场周边土地开发方面有明确的政策支持。国务院办公厅《关于支持铁路建设实施土地综合开发的意见》（国办发〔2014〕37号）明确铁路站场新建和改建项目可以进行周边地区土地综合开发，促进地上地下统一规划、统筹开发建设，实现对外交通与城市道路、公共交通一体化。在城市轨道交通站点周边、车辆段上盖方面，《国务院关于创新重点领域投融资机制鼓励社会投资的指导意见》（国发〔2014〕60号）有相关规定："鼓励按照'多式衔接、立体开发、功能融合、节约集约'的原则，对城市轨道交通站点周边、车辆段上盖进行土地综合开发，吸引社会资本参与城市轨道交通建设"，但这一政策的落地还需要国土部门出台相关的指导意见。

**（二）项目用地的"招拍挂"流程与社会资本遴选程序的衔接方式有待明确**

根据现行法律，经营性土地使用权必须通过招标、拍卖、挂牌等方式获取，必须严格执行《招标拍卖挂牌出让国有土地使用权规定》和《招标拍卖挂牌出让国有土地使用权规范》规定的程序和方法。而PPP项目采购社会资本方需要按照《政府和社会资本合作项目政府采购管理办法》的要求依法采取公开招标、邀请招标、竞争性谈判、竞争性磋商和单一来源等采购方式。在该种情况下，PPP项目的社会资本遴选程序或政府授予特许权的招标程序常常难以与项目用地的"招拍挂"流程有效衔接起来，使得依法采购的社会资本方或特许权人面临摘不到特定土地的风险，这也成为前期社会资本方最为担心的一个问题。

目前，随着PPP制度和政策的不断完善，这一问题已经得到了有效的解决。在财政部联合国土资源部等部委发布的《关于联合公布第三批政府和社会资本合作示范项目加快推动示范项目建设的通知》（财金〔2016〕91号）中，正式认可了"项目+土地"一次性公开招标的模式，即依法需要以招标、拍卖、挂牌方式供应土地使用权的宗地或地块，在市、县国土资源主管部门编制供地方案、签订宗地出让（出租）合同、开展用地供后监管的前提下，可将通过竞争方式确定项目投资方和用地者的环节合并实施。国土资源部办公厅2016年11月印发的《产业用地政策实施工作指引》（国土资厅发〔2016〕38号）中也明确对PPP项目中以竞争方式确定用地者的环节与社会资本采购环节合并实施作了规定。同时，财金

〔2016〕91号文和国土资厅发〔2016〕38号文中也对合并实施提出了前提条件，即“市、县国土资源主管部门编制供地方案、签订宗地出让（出租）合同、开展用地供后监管”。然而，目前政策文件中并未对合并实施的用地范围及具体的合并程序给出结论。

## 四、PPP前期决策流程与项目政府投资管理体制的冲突

### （一）立项的类别不明确

目前，对于PPP项目在政府投资管理体系中究竟属于政府投资项目，还是企业投资项目，并没有明确的界定。这个问题关系到特定PPP项目走审批还是走核准程序，也关系到立项和报建主体，应该有一个明确的说法。

根据《国务院关于投资体制改革的决定》（国发〔2004〕20号）（下称《决定》），项目立项分为审批、核准和备案三种，分别对应实行审批制的政府投资项目、实行核准制的企业投资项目、实行备案制的企业投资项目。根据《决定》及各地制定的政府投资项目管理办法，“政府投资项目”一般指政府使用“各类政府投资资金，包括预算内投资、各类专项建设基金、统借国外贷款等”进行全部或部分投资的项目，投资方式可分为直接投资、资本金注入、投资补助、基金注资、担保补贴、转贷和贷款贴息等。需要注意的是，“基金注资”是近几年才提出的，具体可见《国务院关于创新重点领域投融资机制鼓励社会投资的指导意见》（国发〔2014〕60号）及各地相关规定。对于《政府核准的投资项目目录》内的“企业投资项目”，政府仅对重大项目和限制类项目从维护社会公共利益角度进行核准，除此以外的则仅需备案。企业投资建设项目，除实行核准制的项目外，其他无论规模大小，均采用备案制。

国家发展改革委《传统基础设施领域实施政府和社会资本合作项目工作导则》（发改投资〔2016〕2231号）中规定，将纳入PPP项目库的投资项目，分为政府投资项目和企业投资项目，分别采用审批制、核准制或备案制：“政府投资项目的可行性研究报告应由具有相应项目审批职能的投资主管部门等审批”“实行核准制或备案制的企业投资项目，应根据《政府核准的投资项目目录》及相关规定，由相应的核准或备案机关履行核准、备案手续”。并明确指出“纳入PPP项目目库的投资项目，应在批复可行性研究报告或核准项目申请报告时，明确规定可

以根据社会资本方选择结果依法变更项目法人”。在地方政府实际操作中，如果项目需要政府直接投资或资本金注入，就必须走审批制，由行业主管部门（行政事业单位）来牵头办理项目的审批手续；如果项目不需要政府直接投资，或者只需要后续运营补助，就可以按核准或者备案办理（若在核准目录内，就需要走核准手续，一般由地方融资平台公司，比如城投公司、旅游发展公司一类的国有企业，牵头立项；若不在核准目录内，就由这些公司牵头办理备案的手续）。最后，在选定社会资本成立项目公司后，依法按程序变更项目法人。

根据国家发展改革委上述规定的逻辑，在现实中就会出现一个问题。如果项目按照核准或备案程序办理前期手续，那么项目法人就是政府平台公司而不是作为政府主体的实施机构。相应地，未来在选择社会资本时，选择社会资本的主体就成为平台公司而不是实施机构，那么整个采购程序就难以适用《中华人民共和国政府采购法》。因此，在财政部看来，在完成PPP物有所值评价和财政承受能力论证之前，项目均应该按照传统政府投资的审批流程来进行。

**（二）立项与PPP实施方案之间的关系不明确**

目前，无论是财政部还是国家发展改革委都强调PPP项目中的新建和改扩建项目的实施方案应该依据项目建议书和可行性研究报告等前期论证文件编制。不同的是，财政部将立项流程作为编制PPP实施方案以及进行物有所值论证和财政承受能力评价的前置流程，而国家发展改革委则主张对于一般性政府投资项目，各地可在可行性研究报告中包括PPP项目实施专章，内容可以适当简化，不再单独编写PPP项目实施方案，意在将PPP项目的实施方案和两评都吸收到可研的审批范畴内。

两部委在PPP项目前期操作细则上的冲突，使得理论界和实务界在对PPP项目可研报告与实施方案关系的认识上存在争议，也给项目实操造成了混乱。

**（三）立项流程和PPP决策流程缺乏有效融合**

实务中PPP项目前期程序既需要按投资审批程序完成立项、可研批复，又需要通过物有所值和财政承受能力两个论证；项目的可行性研究侧重工程本身的可行性，走发改系统，而物有所值评价和财政承受能力论证侧重评价项目是否应该采购PPP模式以及政府是否有能力采取PPP模式，走财政系统，两者归口是不一样的，目前在法律层面和审批层面均没有统合。而且由于缺乏统筹的管理机构和部门间的协调机制，往往各自推进，很容易出现重复审批或因政府部门间扯皮打架导致审批环节衔接不畅、决策周期延长。这在一定程度上增加了项目的时间成本和风险，甚至导致项目的失败或提前终止。此外，由于PPP项目投资方式、财务模型、法律框架、技术方案、采购需求等的确定，不同于传统基本建设项目，现行投资项目的审批制度与PPP项目存在不适应之处，也给PPP项目的落地实施造成了阻碍。

我们建议，在立项阶段发改部门不应再核准招标方式，因为在PPP模式下涉及选择社会资本和工程招标两个层次的问题。发改部门负责的工程招标方式的选择与社会资本的选择方式有关系，而社会资本的选择方式通常在政府审议PPP实施方案时根据PPP模式和具体市场情况确定社会资本的选择方式。相应地，应该在PPP实施方案中由财政部门依据《中华人民共和国政府采购法》决定选择社会资本的采购方式，由发改部门依据《招标投标法》决定项目公司进行工程采购是否需要招标，在联评联审阶段一并审议。

此外，在可行性研究报告审批环节，可以探索对PPP项目进行分类管理：

一是按照项目的确定性。对于项目的技术方案和投资边界条件比较清晰，确定性较强，或考虑到行业和运营特点对社会资本进行优化空间不大的项目，建议仍然参照传统政府投资的程序，由实施机构履行可研审批手续，以可研确定的总投资估算为后续进行物有所值评价和财政承受能力论证提供较为精确的参照，同时为后续选择社会资本提供明确的项目边界、控制社会资本的出价范围。对于项目的技术方案和投资边界条件不够清晰、确定性较弱，或考虑到行业和运营特点对社会资本进行优化空间较大的项目，建议在立项阶段，仅给出初步总投资匡算。在此基础上，由财政部门进行物有所值评价和财政承受能力论证（最大风险法），由后续选中的社会资本成立的项目公司履行立项审批手续。

二是在初步设计概算审批环节，建议根据项目需求、技术成熟度和行业特点，视政府和项目公司在初步设计和概算环节的分工而确定初步设计概算的申请人。如果由政府实施机构（通常为行业主管部门，如住建局、水利局）进行初步设计，则发改部门可以先审初步设计概算，再进行物有所值评价和财政承受能力评价；如果由项目公司进行初步设计，则可以在选定社会资本之后，由项目公司履行初步设计和概算审批手续。

三是针对不确定性极大的项目，建议设立特别审批程序。对于技术成熟度很低、项目投资边界条件变动性较大的复杂项目，以海绵城市项目为典型，往往涉及大量子项目，前期很难一次性完成立项，而且不同社会资本提出的技术方案差别很大。建议针对这类项目，创新项目审批模式，建立“量入为出、动态跟进”的审批模式。在立项阶段，以批复总体需求和绩效目标为主，不需要过早确定总投资额；而由财政部门结合本级财政收入，以资金能力反推项目范围和技术边界条件，匡算总投资额。在选择社会资本的过程中，通过两阶段招标、磋商、谈判等方式逐步细化技术方案、明确项目边界，接近合理而可行的投资额。最终，在选择社会资本的确认谈判中，由发改部门作为采购结果确认中选社会资本的总投资额。

## 五、现行项目资本金制度适用于PPP的问题

### （一）项目资本金制度的本质

项目资本金制度形成于20世纪90年代，本质上是政府控制投资规模和投资风险的一种行政手段。国发〔1996〕35号文规定：投资项目资本金，是指在投资项目总投资中，由投资者认缴的出资额，对投资项目来说是非债务性资金，项目法人不承担这部分资金的任何利息和债务；投资者可按其出资的比例依法享有所有者权益，也可转让其出资，但不得以任何方式抽回。可见项目资本金是权益性资金。

各行业项目资本金比重随宏观调控形式的变化而有所调整，经历了1996年、2009年、2015年三次调整，目前PPP所涉及的基础设施和公共服务领域固定资产投资项目的最低资本金比例以20%为主，港口、沿海及内河航运、机场项目为25%，城市地下综合管廊、城市停车场项目以及经国务院批准的核电站等重大建设项目，可以在规定最低资本金比例基础上适当降低。

### （二）现行项目资本金制度适用于PPP领域造成的问题

1. 项目资本金与项目公司注册资本之间的关系

在PPP业务中，由于项目公司是融资主体，便出现了项目资本金与项目公司注册资本的重合。本质上，项目资本金和项目公司注册资本的法律依据和概念

内涵均不相同，尤其是我国《公司法》已经取消了最低注册资本的限制，二者本不是一回事。但在项目融资领域，项目资本金和项目公司的注册资本均来源于股东出资，均为项目公司的非债务性资金，可以理解为股东的同一笔出资满足了项目和公司两个层面的要求。

在最为理想的状态下，项目资本金等于项目公司的注册资本，剩余建设资金通过银行贷款解决。这是地方政府和金融机构最为青睐的模式，但这会造成社会资本方的现金流极度紧张和不可持续。社会资本投入到项目公司的资本金在项目建设期转化为项目公司的固定资产、无形资产或金融资产，在项目运营期则通过固定资产折旧或无形资产、金融资产摊销留存在项目公司账面上，这部分现金流不属于《公司法》项目下的可分配利润，无法向社会资本方进行分红。

2. 项目资本金的合规退出路径

在现行制度下，项目资本金退出的路径只有三条：一是社会资本方进行股权转让；二是项目公司在与债权人协商后，逐年减资；三是项目到期由政府回购。

股权转让是社会资本方盘活项目资本金现金流的最佳路径，如果运作得当，可以让投资人在项目早期就实现现金回流，从而让有能力挖掘新项目、建设新项目的社会资本继续进行滚动开发，让有意愿长期持有项目的社会资本方以较低的风险成本获得项目。该路径是否畅通取决于PPP项目能否形成活跃的二级市场，取决于进入市场的项目质量，取决于二级市场和一级市场之间的价格机制能否理顺，也取决于市场中是否已经形成了专业的资产运营机构群体。目前来看，形势并不明朗。

逐年减资是社会资本方盘活项目资本金现金流的次优路径。项目公司在还完银行贷款之后，可以根据现金流的情况开始逐年减资，也可以在还完银行贷款之前在取得银行同意的前提下启动减资程序。这条路径从可行性的角度来讲没有问题，但是从PPP项目的回报机制来看，大多数项目在还完银行贷款之前减资的空间不大，因此减资对于社会资本而言，远水不解近渴。

项目到期政府回购对于社会资本而言是最差的选择，更确切地说是没有选择的选择。PPP项目的规模大，许多项目的投资额动辄数十亿甚至过百亿，项目资本金动辄就是几亿甚至几十亿。对于大多数民营企业来说，投资几个大型PPP项目，可能就要面临现金流断裂的风险，至于大型央企和民营上市公司，实力再强大，也不可能支撑起万亿PPP项目对项目资本金的需求。

3. 应对项目资本金困境的变通手段

项目资本金制度的刚性与PPP的不兼容，导致市场上很快出现了变通手段。

一种手段是借道股东借款，实现项目资本金的退出。该模式以股东借款的方式提供项目资本金，对于项目公司来说是债务性资金，项目公司需要承担这部分资金的本息。从合规性的角度来看，这种“小股大债”模式直接违反了国发〔1996〕35号关于项目资本金应为权益性资金的规定。但从合理性的角度来看，我们观察到，市场上确实有小股大债的项目完成融资、顺利落地，这就意味着小股大债模式只要获得贷款银行认可，是能够在项目各方当事人之间实现利益平衡的。为了获得银行等融资方的认可，股东需要承诺在项目公司偿还银行贷款前放弃对该股东借款的受偿权，这就意味着股东借款的退出时点已经接近项目的中后期，其对项目的影响接近于项目公司减资的效果，对项目的建设和主体运营的影响很小。

考虑到股东借款是直接违规的，大量项目将项目资本金的出资设计成“注册资本+资本公积”的形式，将项目资本金与注册资本的差额纳入资本公积。从合规性的角度来看，资本公积的退出只能通过转增注册资本之后减资完成，因此项目资本金计入资本公积本身并不违规，且注册资本的降低有助于减少法定公积金的提取，从而提高项目期间内的可分配利润。但是考虑到资本公积可能会比注册资本受到更少的监管关注，在各方都无利益冲突的情况下，项目公司仍有可能通过会计差错更正的形式将资本公积改为股东借款，进而实现项目资本金的退出。

另一种手段是社会资本积极引入财务投资人，为项目提供资本金。考虑到我国目前市场上能够接受PPP项目回报率的财务投资人，普遍具有风险厌恶偏好，产业投资人和施工企业通常需要以股权回购、差额补足、流动性支持、远期认缴等方式为财务投资人的股权投资提供增信。这些做法构成股东之间的“名股实债”，但并不构成项目公司和股东之间的“名股实债”，因而关注政府债务风险的财政部门并无意见，对此敏感的是关注央企债务风险的国资委，这也是国资发财管〔2017〕192号文对央企与财务投资人之间的“名股实债”说不的原因。

4. 行政监管“多管齐下”的市场后果

财办金〔2017〕92号文完全封死了小股大债的做法，社会资本只能通过引入财务投资人解决项目资本金问题；国资发财管〔2017〕192号文禁止央企引入“名股实债”类的股权资金，意味着央企必须压低施工利润、提高项目自身的回报率，以吸引真正的股权资金。然而随着“一行两会”《关于规范金融机构资产管理业务的指导意见》（银发〔2018〕106号）的发布，市场上能够投资非上市股权的只能是面向合格投资者的私募产品，这些产品对回报率的要求与PPP项目的回报率无法匹配；新规对资金池、期限错配、多层嵌套和通道业务的严格监管，意味着目前能够为PPP项目资本金提供股权投资的资金来源被全面收紧。

**（三）完善PPP项目资本金制度的建议**

项目资本金制度在20年前财政监管不足、金融监管不足、国资监管不足的情况下有其存在的历史价值，而在今天，当其他监管体系日益完备的时候，这种纯行政性的监管手段如同当年的公司法定注册资本限额一样，到了必须重新审视的时候。

项目资本金制度不能照搬用于PPP，这是由PPP的特殊性决定的。PPP不同于传统的公建项目——在公建项目中，政府预算资金投入到项目资本金并转化为固定资产，就完成了自己的历史使命，因为政府预算资金不求收益、不求回报。PPP也不同于永续经营公司——在永续经营公司中，折旧、摊销形成的现金流可以用于再投资，而PPP项目公司仅为特定项目而存续，无法将沉淀资金用于新项目的再投资，沉淀资金造成了资金浪费，并对社会资本的可持续发展乃至生存构成严重威胁。

考虑到PPP自身的特殊性，考虑到外部监管环境的剧烈变化，我们认为放松PPP项目资本金已经刻不容缓。这是因为，如果现有的监管政策全面执行到位，那么未来在基础设施和公共服务领域推行PPP的空间将基本消失，地方政府要么彻底偃旗息鼓不再搞基础设施建设，要么重回各种违法违规模式的老路子，让债务风险在暗处积累。

## 六、PPP项目适用国有资产管理法规的难点

### （一）政府方出资、国有资产转让和社会资本公开遴选程序的协调统一

根据2008年10月28日出台的《企业国有资产法》（主席令第五号）和2016年6月24日新出台的《企业国有资产交易监督管理办法》（国务院国资委、财政部令第

32号）等法律法规的规定，企业国有产权、国有企业增资、国有资产转让均应当遵循强制进场原则，应当在依法设立的产权交易机构公开披露信息，并通过竞价等方式择优确定受让方。例如，《企业国有资产法》第五十四条规定“国有资产转让应当遵循等价有偿和公开、公平、公正的原则。除按照国家规定可以直接协议转让的以外，国有资产转让应当在依法设立的产权交易场所公开进行。转让方应当如实披露有关信息，征集受让方；征集产生的受让方为两个以上的，转让应当采用公开竞价的交易方式。”《企业国有资产交易监督管理办法》第四十八条规定“企业一定金额以上的生产设备、房产、在建工程以及土地使用权、债权、知识产权等资产对外转让，应当按照企业内部管理制度履行相应决策程序后，在产权交易机构公开进行。”

PPP项目实践中（如TOT、ROT模式）常涉及对国有资产、国有企业股权或国有资产经营权的转让，根据上述关于国有资产管理的法定要求，需要经过国有资产转让“进场”交易的竞争性程序，同时PPP项目的社会资本也需要通过竞争性方式产生，但目前社会资本选择与国资进场交易竞价机制之间缺乏有效的衔接。由此可能会导致实践中PPP项目选定的社会资本并不是国有资产强制进场交易确定的受让方，这无疑增加了社会资本投资人参与PPP项目的不确定性。

在实操层面，国有资产交易和政府选择社会资本的交易场所、流程和规则需要在项目协调机制层面由地方政府进行决策，对两套流程择一从之或加以融合。我们希望能够尽快出台类似于“项目+土地”的模式，将通过竞争方式确定项目投资方和国有资产受让方的环节合并实施。

**（二）依据PPP项目合同/特许经营协议进行的股权回购、国有资产转让、项目公司移交股权或者项目设施等安排，应被视为符合国有资产管理的系列要求**

PPP项目中，当国有社会资本将其在项目公司的股权转让给政府方出资代表实现退出时，涉及国有产权的转让，这就面临是否可以采用协议转让方式，还是需要严格遵循国有资产管理规定，进场交易，采用竞价方式进行的问题。

根据《企业国有资产交易监督管理办法》的规定，两种情形下允许国有产权采取非公开协议转让方式：国资监管机构批准的协议转让和同一国家出资企业内部的转让；对于国家出资企业内部或特定行业的资产转让，如确需在国有及国有控股、国有实际控制企业之间非公开转让，需要由转让方逐级报国家出资企业审核批准。PPP实践中，PPP项目的国有社会资本以股权/资产转让方式退出时，根据PPP采购文件、PPP合同等交易文件的安排，通常由政府出资代表或指定方收购国有社会资本在PPP项目公司中的股权，而非按照国有资产转让必须得进场交易、采用竞价方式进行转让的规定。目前我国相应的法律法规、规章及其他规范性文件中并未明确这种安排是否合法合规，不过有观点认为，PPP项目中，国有社会资本以协议方式转让股权或项目设施等资产实现退出，与上述关于允许国有资产交易采用非公开协议方式进行应符合条件的原则相符。

## 七、PPP项目的定价机制与价格制度的冲突

赢利但不暴利是PPP项目成功的前提，也是PPP项目的特点和性质所决定的，是一个PPP项目成功运行的内在要求。无论是使用者付费、政府购买服务或者政府可行性缺口补助，适时调整PPP项目中的价格，防止社会资本暴利或过度亏损，是PPP项目中的一个重要问题。有关PPP项目定价的法律法规规定如表4-1所示。

有关 PPP 项目定价的法律法规规定　　表 4-1

| 法律法规 | 相关规定 |
| --- | --- |
| 《基础设施和公共事业特许经营管理办法》 | 第十八条　实施机构应当与依法选定的特许经营者签订特许经营协议。特许经营协议应当主要包括以下内容：（八）收益取得方式，价格和收费标准的确定方法以及调整程序 |
| 《中华人民共和国价格法》 | 第十八条　下列商品和服务价格，政府在必要时可以实行政府指导价或者政府定价：（一）与国民经济发展和人民生活关系重大的极少数商品价格；（二）资源稀缺的少数商品价格；（三）自然垄断经营的商品价格；（四）重要的公用事业价格；（五）重要的公益性服务价格<br>第二十三条　制定关系群众切身利益的公用事业价格、公益性服务价格、自然垄断经营的商品价格等政府指导价、政府定价，应当建立听证会制度，由政府价格主管部门主持，征求消费者、经营者和有关方面的意见，论证其必要性、可行性 |

作为双方都极其关心的核心条款，PPP项目合同/特许经营协议中自然会约定价格的确定、调整机制问题，以增加协议的可预期性，确保项目后续执行；但同时，听证是调价的必经程序，PPP项目涉及的商品或服务的价格调整落实，多需

要经过听证程序才能明确。但听证具有很大的不确定性，这就带来了一个问题：如果PPP项目合同/特许经营协议中约定的调价机制与调价听证会的结果不一致该怎么处理？以项目运营期的收益为社会投资人核心收入来源的BOT 项目为例，项目运营价格的制定和调整方式直接影响社会投资人的投资回报。但对于直接关系到社会公共利益的BOT项目，比如轨道交通、高速公路等道路基础设施和污水处理等项目，其定价和调整必须经地方政府和物价部门批准确定，社会投资人在决定收费标准时自主权非常小，处于弱势地位，难以根据运营成本或市场供求变化及时自行调整，而且由于收费标准调整的期限较长，一旦确定便在一个固定时期内无法进行调整，这将在一定程度上影响社会投资人的运营收入[①]。实践中，通常采用“影子收费”模式，对社会资本可能面临的调价风险进行隔离，即政府根据运营成本和合理利润确定“影子价格”，对影子价格和实际征收的使用者付费之间的差额予以补贴，以实现社会资本的合理收益。

① 王霁虹，苗娟 .PPP 项目与现有法律制度的冲突 [EB/OL]. [2015-12-01]. http://blog.sina.com.cn/s/blog_590e8ae00102wflv.html.

# 第五章 政府在PPP中的角色

## 第一节　组织

### 一、传统审批流程与PPP模式的矛盾

近5年来，PPP模式的开展领域不断扩大，各地推进和落地的PPP项目持续增加。截至2016年12月底，财政部PPP项目库的统计数据显示，全国推出的PPP项目总投资额逾17.8万亿元，项目落地速度加快，可以说，我国PPP模式进入了“黄金发展期”。然而，PPP模式与我国现行项目审批制度之间的矛盾仍然突出，前期审批程序混乱且繁复、决策周期长、时间成本高一直是各地PPP项目实践中面临的问题之一。

如第三章所述，目前PPP项目决策流程与我国现行的投资项目审批程序缺乏有效融合。PPP项目的投资方式、财务模型、法律框架、技术方案等的确定，均不同于传统基本建设项目，前期程序涉及发改、财政、规划、国土、住建、交通、环保、价格、审计等众多政府部门，审批手续繁杂，且面临部门协调统筹的问题。论证PPP方案和决策的基本体系包括PPP项目实施方案评审、物有所值评价和财政承受能力论证[①]，而实操中这套程序如何与传统审批制度下的立项、可研批复等程序衔接实施？各相关部门的权责如何划分，又如何进行协调和统筹？目前政策层面并未对此作出明确的安排，这直接影响着PPP项目推广落地的进程。

---

① 赵超霖．PPP 操作流程应与现行项目建设程序相衔接 [N]. 中国经济导报，2016-05-04.

我国PPP项目通常是在项目发起阶段由发起部门依托当地政府建立的协调机制事先取得相关部门的审查意见。但是在PPP项目落地后，按照现行的基本建设程序，新成立的项目公司还需要面临规划、土地、环保等行政主管部门对于项目的规划、设计、建设、验收、运营资质等方面的实质审批，即便有“书面审查意见已经明确的事项不再作重复审查”的规定，但项目公司“走审批流程”才是真正的法定审批程序，这一方面加大了项目的不确定性（例如项目公司未能取得相关批准时应当如何处理，实践中这一环节的风险由项目公司承担），另一方面也增加了项目实施成本，造成多头管理、效率低下的局面。

基于传统的项目审批制度，PPP项目的审核周期过长，造成项目拖延、变数增多，严重制约了项目实施的效率，还可能使得政府和企业的成本增加，这背离了PPP模式提高效率的本质。考虑到PPP项目运作涉及多个政府部门、社会投资人、金融机构、承包商等多方主体，投资结构呈现多元化，运作流程较为复杂，投资周期长，项目的审批流程应当简化，需要建立PPP项目实施方案联评联审机制，明确各部门审批权责，精简审批流程，提高工作效率，避免出现项目因拖延而无法落地的情况。

## 二、联评联审机制的原理和实现机制

《关于在公共服务领域推广政府和社会资本合作模式指导意见》（国办发〔2015〕42号）第十九条要求：“简化项目审核流程。进一步减少审批环节，建立项目实施方案联评联审机制，提高审查工作效率。”国家发展改革委日前印发的《传统基础设施领域实施政府和社会资本合作项目工作导则》（发改投资〔2016〕2231号）中，第十一条也明确提出，“鼓励地方政府建立PPP项目实施方案联审机制。按照‘多评合一，统一评审’的要求，由发展改革部门和有关行业主管部门牵头，会同项目涉及的财政、规划、国土、价格、公共资源交易管理、审计、法制等政府相关部门，对PPP项目实施方案进行联合评审。必要时可先组织相关专家进行评议或委托第三方专业机构出具评估意见，然后再进行联合评审。”由此可见，建立联评联审机制是中央推动PPP项目加速落地和实施的政策发力点之一。

地方实践中，多地政府已经对所辖区域的PPP项目实行了联评联审，如北京市建立了由市财政局、市发改委双主责的PPP项目联评联审机制，山西省、浙江省、青海省等出台的PPP指导意见或政策措施均提出要建立PPP项目实施方案联评联审机制，新疆维吾尔自治区出台了《自治区本级PPP项目联评联审工作规程（试行）》。可见，地方政府正积极探索改革传统审批制度中与PPP项目不相适应的地方，建立各相关部门权责清晰、规范有序、高效协调的工作机制，提高PPP项目审批效率。

建立PPP项目联评联审机制，是指在PPP项目实施的过程中，通过地方政府和相关主管部门参加的联评联审会议，共同对涉及多个部门、需要统一协调的重大事项进行评议，沟通各方情况、统筹对价资源、协调保障政策，简化审批内容和环节，避免实质性重复审查，以加快项目推进速度。

**（一）联评联审的主要工作阶段、工作内容和工作范围**

联评联审工作主要在PPP项目的识别论证和执行阶段开展，各阶段评审的主要内容如下：

（1）在项目发起阶段，主要针对项目投资立项、环评审批、规划和用地等审批环节的重大事项，协调、统一各部门意见，简化审批手续、推进前期工作。

（2）在项目论证阶段，主要对项目用地、规划调整、特许经营、价格调整、资产调配、财政补贴等对价资源，进行统筹安排，综合评审实施方案，对实施方案和两评文件（物有所值评价和财政承受能力论证）进行循环论证。

（3）在项目执行阶段，主要针对PPP项目合同约定的价格调整等对价资源，在项目产出及绩效等发生重大变化时，进行科学调整。

**（二）联评联审工作的发起与工作程序**

要解决众多政府部门之间分工协调和统筹的问题，首先，应设立中央和省级的专门PPP管理机构并明确牵头负责部门，如由国家发展改革委或财政部牵头成立跨部委的国家级和省级PPP 中心。在市级地方政府之下设立专门的PPP管理机构，以综合多个部门的职责[①]，建立透明的并联审批机制，以提高效率、规范运作。权责分配方面，对于本地区内在一定规模以上或跨区域的项目，由中央级的PPP管理机构审批；其他交由省级或市级的PPP管理机构，协调、组织各相关部门进行同步审批。

① 王守清，刘婷．对加强我国 PPP 项目监管的建议 [J]. 经济研究参考，2014（60）：14-15.

联评联审会议由各级PPP管理机构组织，协调评审项目行业主管部门和涉及的发改、财政、规划、国土、环保、交通、审计、价格等相关行政主管部门，对PPP项目的实施方案和两评文件进行联合评审。必要时可组织规划、环保、土地、工程建设、项目管理、财政、金融、法律等领域的专家，会同相关职能部门，进行联合评审，出具书面的联评联审意见。

联评联审的工作程序具体如下：

（1）申请。本级PPP项目主管部门、审批部门、项目所在地政府或社会资本方，根据待审PPP项目的类型，均可向市级、省级或中央级PPP专门管理机构书面提出开展联评联审工作的申请。申请程序的受理主体，即由谁负责审查调价申请，通常约定由项目实施机构，负责审查调价申请。

（2）响应。各级PPP管理机构接到申请后，在一定期限内（如5个工作日）作出是否开展联评联审的决定。对于决定开展联评联审的事项，启动联评联审工作机制。

（3）评议。各级PPP管理机构在一定期限内（如10个工作日）组织召开联评联审会议，联合本级行业主管部门、项目所在地人民政府及相关行政主管部门、PPP专家顾问等参加，共同评议项目有关事项。

（4）落实。形成一致意见的，由各级PPP管理机构拟写项目联评联审意见，经参会各部门会签后，报同级人民政府PPP工作领导小组审核；未形成一致意见的，由各级PPP管理机构进行专项协调。各级PPP管理机构负责督导各相关部门和地方政府，按照同级人民政府PPP工作领导小组的决定落实各项工作。

**（三）参加联评联审的部门及工作职责**

（1）各级PPP管理机构。负责组织PPP项目联评联审工作，并向同级人民政府报告PPP项目联评联审意见。

（2）各级财政部门。负责项目物有所值评价、财政承受能力论证，提出财政补贴安排意见，组织项目绩效评价工作。

（3）各级发展与改革部门。具体负责项目审批、核准、备案及价格调整等工作。

（4）各级项目审批部门。规划、国土、环保、住建等部门按照职能，配合做好相关审批和支持保障工作。

（5）各级项目主管部门。住建、交通、水利、民政、教育、农业、文化、科技、人力资源和社会保障部门等行业主管部门，具体负责PPP项目联评联审工作的发起、运营监管、特许经营权的授予等工作。

（6）联评联审的其他参与方，根据项目情况确定。

这样，通过建立有效的PPP项目联评联审机制，由统一的PPP管理机构负责组织、协调、统筹PPP项目的联评联审工作，政府各部门各司其职，加强沟通协调和信息交流，并联办理各项审批手续，简化审批流程，提高审查效率，并且能够避免政府部门间扯皮打架，降低审批环节的风险和争议，从而推进PPP项目前期各项工作的有序开展，促进项目的尽快落地。

## 第二节　合同管理

PPP模式是在基础设施和公共服务领域政府和社会资本基于合同建立的一种合作关系。在PPP语境下，政府不再因掌握政策、规则的制定权而处于强势地位，政企双方平等地订立合同来约定责、权、利，共同分配风险、分担责任、协调利益分配，尊重并共同信守合同，这是顺利实施PPP项目的关键。因此，一定要强化合同契约约束。从PPP模式的国际经验来看，英国、澳大利亚、新加坡等发达国家很重视PPP合同范本的制定，对双方应承担的责任与义务、享有的权利、风险应对及违约处理事项等均作出了明确、详尽的规定，为监管的有效性提供了保障①。因此，基于完备合同下的契约精神，是政府和社会资本长期友好合作的重要基础，是PPP模式运作的最佳环境。

### 一、PPP项目合同体系

PPP项目本身具有投资规模大、合作期限长、交易结构复杂、参与主体多样且非对称等特点，项目各参与方通过签署一系列书面合同确定权利、义务关系，由此构成一个复杂的PPP项目合同体系。PPP项目的合同体系应包含整个项目的

① 余丰慧．政府契约精神是PPP成功关键[N]．南方都市报，2015-01-30.

权利、义务结构设计，用以承载投融资结构中的资金流、资产流设计以及监管结构中的监管机制等问题，通常而言，在PPP项目全生命周期内，PPP项目合同体系包括但不限于《PPP项目合同》《股东/合资协议》《原材料供应合同》《项目工程施工合同》《项目运营管理合同》《保险合同》《项目融资合同》等。其中，《PPP项目合同》是PPP项目合同体系的基础和核心①。

财政部《政府和社会资本合作模式操作指南（试行）》（财金〔2014〕113号）中明确指出，项目边界条件是项目合同的核心内容，主要包括权利、义务边界、交易条件边界、履约保障边界和调整衔接边界四类：

（1）权利、义务边界应包括：对PPP项目资产权属的认定，对项目资产及权益处置的限制性规定；对项目公共责任及项目风险转移的规定；对财政承诺及由此产生的政府债务风险边界的限定。

（2）交易条件边界应包括：项目合作经营期的规定；对公共服务计量和担保性质的财政承诺的约定；对公共服务价格的定价和调价机制，尤其是采用政府付费模式的项目调价机制及其形成的财政承诺；产出说明与规范；环境污染物排放限制；税收政策。

（3）履约保障边界应包括：由投资竞争保函、建设期履约保函、运营维护保函、移交保函、维修保函组成的履约保函体系；由强制投保险种及最低投保金额组成的强制保险方案。

（4）调整衔接边界应包括：应急预案、临时接管、提前终止情形及处理；PPP项目协议变更或补充机制；PPP项目协议展期谈判机制；项目改造或扩建需求的应对机制。

## 二、PPP项目合同的审批、公示及签署

财政部《政府和社会资本合作模式操作指南（试行）》（财金〔2014〕113号）第二十一条规定，在PPP项目采购结果确认谈判工作完成后，实施机构需要完成PPP项目合同的审批、公示以及合同的签署工作。

实操中，根据财政部《政府和社会资本合作项目财政管理暂行办法》的通知

① 中伦律师事务所.113号文解读——第三章项目准备阶段[R].北京：2016.

（财金〔2016〕92号）第十八、十九条的规定，实施机构应将PPP项目合同提交行业主管部门、财政部门、法制部门等相关职能部门审核后，报本级人民政府批准。审核时，应当对照项目实施方案、物有所值评价报告、财政承受能力论证报告及采购文件，对确认谈判后的PPP项目合同进行审核，检查合同内容是否发生实质性变更，并重点审核合同是否满足以下要求[①]：

（1）合同应当根据实施方案中的风险分配方案，在政府与社会资本双方之间合理分配项目风险，并确保应由社会资本方承担的风险实现了有效转移。

（2）合同应当约定项目具体产出标准和绩效考核指标，明确项目付费与绩效评价结果挂钩。

（3）合同应当综合考虑项目全生命周期内的成本核算范围和成本变动因素，设定项目基准成本。

（4）合同应当根据项目基准成本和项目资本金财务内部收益率，参照工程竣工决算合理测算确定项目的补贴或收费定价基准。项目收入基准以外的运营风险由项目公司承担。

（5）合同应当合理约定项目补贴或收费定价的调整周期、条件和程序，作为项目合作期限内行业主管部门和财政部门执行补贴或收费定价调整的依据。

确认谈判完成后，项目实施机构应与中选社会资本签署确认谈判备忘录，并将采购结果和根据采购文件、响应文件、补遗文件和确认谈判备忘录拟定的合同文本进行公示（不得少于5个工作日）。

公示期满无异议的项目合同，应在本级人民政府审核同意后，由项目实施机构在中标、成交通知书发出后30日内与中选社会资本签署。需要为PPP项目设立专门项目公司的，待项目公司成立后，由项目公司与项目实施机构正式签署PPP项目合同，或者签署关于承继PPP项目合同的补充合同。这样，中选社会资本或PPP项目公司与政府方通过PPP项目合同的协议约定形式，明确项目全生命周期范围内的权、责、利关系，合理分配利润、分担风险，实现合作共赢。

项目实施机构应在项目合同签订之日起2个工作日内，将项目合同在省级以上人民政府财政部门指定的媒体上公告，但合同中涉及国家秘密、商业秘密的内

① 中伦律师事务所．113号文解读——第三章项目准备阶段 [R]. 北京：2016.

容除外。通过及时向社会公开项目合同信息，加强项目的信息共享，确保项目实施公开透明、有序推进，保证项目实施质量。

## 三、PPP项目合同管理的要点

PPP项目从设计、融资、建造、运营、维护到移交的全生命周期中潜伏诸多风险因素。而PPP项目合同是项目风险分配的载体和手段，通过在合同中约定好各方权利、义务的设定或分配，将风险分配在最能有效承担或控制的一方，从而最大可能地稳定项目的实施、最大化地实现项目全生命周期的价值。同时，PPP项目潜在的风险也很可能在项目识别论证、采购、执行和移交的各阶段触发一系列的PPP合同问题。因此，PPP项目的核心是合同管理。具体说来，PPP项目的合同管理需要重点应对以下几方面的问题。[①]

### （一）主体稳定性问题

PPP项目的合作主体是政府主体与社会资本主体（社会资本方或项目公司），由于项目周期与监管问题、市场风险与不可抗力因素等可能导致履约主体的能力变更或者主体退出，势必影响PPP合同的稳定性和执行力。国家发展改革委《关于开展政府和社会资本合作的指导意见》（发改投资〔2014〕2724号）对此已有规定："依托各类产权、股权交易市场，为社会资本提供多元化、规范化、市场化的退出渠道。"在PPP合同内容与合同管理方面，必须对主体稳定性及相关问题作出明确约定。

### （二）政府债务问题

PPP项目通常包含政府对社会资本的长期付费承诺或因分担项目风险而产生的显性或隐性担保责任，在目前政府财政预算机制与政府资产负债管控措施并未有效建立，以及可能存在无法避免的政治风险的情况下，PPP项目仍然可能突破财政承受能力而导致政府债务风险。在PPP合同中应当对实际履约能力作出明确的、可执行的操作模式。

### （三）项目选择问题

PPP项目通常由政府发起，其对于PPP融资功能的依赖容易导致对项目前景

---

① 吕汉阳 . PPP 模式——全流程指导与案例分析 [M]. 北京：中国法制出版社，2016.

过于乐观的估测，在风险分担的项目中社会资本也无足够动力对项目进行严谨的分析，从而导致项目选择的错误。此外，PPP项目的规划和筛选还可能受到腐败或政治利益考虑的影响。

**（四）履约管理问题**

当签署PPP项目合同后，政府和社会资本即进入项目履约阶段。一方面，由于履约阶段缺少竞争压力，政府在缺少相称资源和技能的情况下很难对社会资本的履约能力和履约情况进行有效监管；另一方面，PPP参与主体天然具有不对等的倾向（一方是具有公权力的政府，一方是社会资本），一些地方政府还存在部分"官本位"思想，欠缺诚信意识和契约精神，导致政府履约情况不佳，而目前缺乏有限的争议解决机制，社会资本难以采取实际、有效的措施保护自身的权益。

**（五）定纷止争机制问题**

PPP模式不仅是一种项目融资方式，更是一种提高政府对整个社会资源管理效率的方式。PPP项目具有投资额大、回报周期长、价格监管严格等特点，因此其合同内容的可执行性、项目实施的可控性、财物核算与纠纷解决机制非常重要，决定了项目运作的价值和成败。

政府要成功推广PPP模式，促进社会资本进入公共服务领域，需要建立一个行之有效的保障机制。首先，政府需要建立健全与PPP相关的法律法规体系，保障社会资本方的利益，吸引更多社会资本参与PPP项目。其次，政府部门结合自身对政治风险、法律变更的承受能力较强的特点，根据项目具体情况与社会资本合理分配风险，建立公平、完善的风险分担机制，实现公共服务供给效率和资金使用效益的提升。最后，政府需要协调好各参与方的利益，政府要履行好其在PPP项目中授权和监管的责任，优先保障公共安全和公共利益，同时也在统筹考虑政府财政承受能力和使用者的支付能力的前提下，通过合作期限、方式和投资回报机制等的合理设置，保障社会资本方的合理收益。

在实际操作中，各地方政府还需要结合不同项目所处的地域、行业、市场环境等情况，项目自身的特点和各参与方的合作意愿、风险偏好、实际谈判结果等方面，充分借助专业力量，因地制宜地进行PPP项目合同设计，保证合同内容的合法性、适用性、完整性，重要边界条件设置的灵活性等，并坚持"依法治国、平等合作、维护公益、诚实守信、公平效率、兼顾灵活"的合同管理原则，进行科学、有效、合理的合同管理，推进PPP模式的成功运作。

## 第三节　PPP模式行政监管

### 一、PPP全生命周期内行政监管体系

监管是现代政府的核心职能之一。在基础设施和公共服务领域，由于自然垄断、外部性和信息不对称三个因素同时存在，政府监管格外重要。引入PPP模式后，传统的国有垄断局面在一定程度上转变为社会资本在PPP合同期内的垄断，而考虑到社会资本的首要目标是追逐利润，社会资本的垄断可能产生比政府垄断更为严重的后果，为此政府必须承担起相应的监管责任，以最大限度地维护公共利益。

在PPP模式下，提供公共产品和服务的职责仍然落在政府身上，只是政府提供公共产品和服务的方式从自己亲力亲为转变为公共产品供给的组织者和监管者。这就意味着，一旦以PPP方式提供的公共产品或服务出现问题，首要责任承担者仍然是政府，政府只能在承担责任之后再向社会资本追究合同责任或进行行政处罚。可见，在PPP时代，政府在公共产品和服务监管的问题上更加不能掉以轻心。

PPP模式的应用，为政府进行监管提供了更好的制度环境。在传统的政府投资模式下，政府要么集经营者和监管者的角色于一身，要么就是对国有企业进行“父子式”的监管。这也是很多现有的监管规则和机制无法落实的原因。在PPP模式下，政府有能力摆脱内部利益束缚，站在更加公允的角度对项目公司进行监督，监督的公信力有所提升。

根据财金〔2014〕113号文规定的PPP项目操作流程，以典型的BOT项目为例，对PPP全生命周期内政府监管体系架构的梳理，如下图所示。

这一监管体系随着PPP项目所处行业、运作模式的不同而有所差别。总体而言，对于使用者付费类的PPP项目，政府更为重视对用户付费单价的监管，而对项目设计、总投资的控制相对较少，给予社会资本发挥主观能动性的空间更大；对于可行性缺口补贴和政府付费类的PPP项目，政府则更为重视对总投资额的控制，相应地对项目的设计监管更加严格，这类项目在条件允许的情况下，可以将

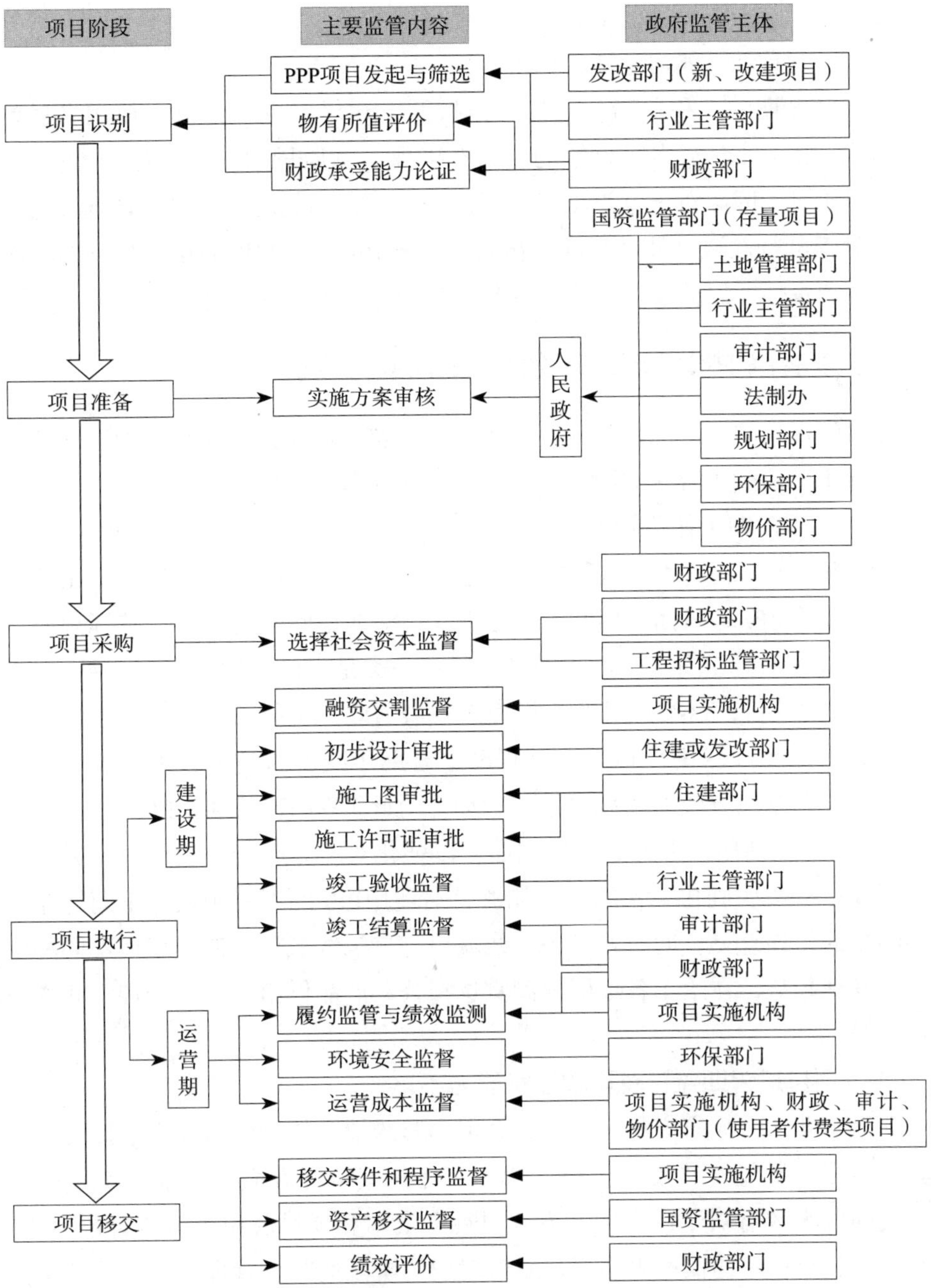


PPP全生命周期行政监管体系图

初步设计乃至施工图设计的审批提前到项目准备阶段，以概算甚至预算作为物有所值评价和财政承受能力论证的依据。

对于建设期的工程监理，同样可以按照上述思路进行分析。使用者付费类的PPP项目中，社会资本有足够的动力在确保运营质量的前提下控制工程造价、提高工程质量，因此对于这类项目，可以按照现行的制度由项目公司选择监理单位；而对于可行性缺口补贴和政府付费类的PPP项目，政府有必要选择监理单位并承担付费责任，以减少监理失灵导致的项目投资额失控问题。

## 二、现有PPP模式行政监管体系的问题与建议

应该说现有的体系已经构建了一个较为完整的政府监管架构，但这一架构的实际运行还存在一些潜在的困难和风险，仍有完善的空间。

### （一）PPP前期工作监管不足

地方政府在推进PPP的过程中仍然存在某些不合规的情形，较为突出的有两类：一类是有PPP之名而无PPP之实的项目，特别是商业类项目、陪标规避竞争的项目、保底承诺和固定回报的项目；还有一类是有PPP之实但却以其他名义规避PPP流程的项目，这类项目改头换面以规避财政承受能力论证和强制性的竞争程序。各类示范项目的评审在一定程度上有助于减少这类不合理的现象，但仍然无法完全遏制地方政府违规决策的冲动。对此，我们建议加快PPP立法的进程，将现有的PPP规则尽快上升到法律层面，以强化对地方政府的约束力；另外，在规则层面进一步明确化、精细化，能够针对适用PPP的不同领域、不同行业给出更加细化的指导意见，同时要考虑一线城市、二三线城市和四线城市不同的发展水平、发展趋势，在给予各地因地制宜选择公共产品供给模式的合理空间的同时划定底线。

### （二）项目运营期监管意识和监管能力不足

在运营期内，政府应承担起对社会资本履约情况的全面监督，包括交付公共服务的质量、数量、进度、价格、成本、运行安全等方面。目前，实践中面临的主要问题是政府对于以合同的方式对社会资本和项目公司进行监管还不适应，在重结果、轻程序的惯性思维下，政府对履约阶段的节点管理不到位，还是抱着出事才管、没事就撒手的态度进行粗放式的监管。这种模式下，常常出现政府

日常没有及时掌握项目公司运营的数据的情况，导致在付费、调价、合同变更或出现争议的时候没有充分证据作为谈判和决策的依据，PPP协议和项目监管成为两张皮。对此，我们建议需要在三个方面着力：一是强化政府履约管理和精细化管理的能力，在实施机构内部应针对同类项目设立常设监管机构和专职监管人员，并强化其专业能力培训；二是尽快建立行业监测数据库，对基础设施和公共服务各行业的运营数据进行定期监测和数据统计，并提出地区行业标杆，作为PPP项目运营监管的基础，并为物有所值论证和验证提供可比数据；三是可以考虑在运营监管阶段借鉴工程监理的思路引入专业化的咨询机构协助政府进行监管。

**（三）潜在的利益冲突导致政府监管职能之间可能发生冲突**

例如，存量资产的PPP项目可能同时涉及社会资本选择、国有资产交易和国有土地使用，目前三项交易有三套监管制度，如何在PPP项目中“合三为一”就成为一个棘手的问题。对此，我们建议结合公共资源交易制度的改革，针对PPP项目的特性出台专门的交易制度，将国资、土地、政府采购和工程招标等相关制度进行有机融合，并选定一个平台进行社会资本选择过程的操作。

又如，在政府入股项目公司的情况下，政府的出资机构代表政府在项目公司中进行股东监管。然而，由于出资代表往往自身肩负国有资产保值升值的压力，在出资机构享有分红权的情况下，很容易产生投资者角色和监管者角色的冲突。对此，我们有两点建议：一是考虑通过立法明确规定政府出资人只参与涉及某些公共利益的决策，不参与企业的具体经营，或者政府出资的目的原则上是以股权形式为社会资本方提供资金补贴，而不是参与分红；二是借鉴国际经验，规定政府出资以及有分红权的PPP项目，在项目公司内部治理层面将政府出资代表与可能的利益冲突问题隔离开，比如，当政府违约时，项目公司向政府索赔，就索赔事项政府方股东代表应当回避。

**（四）已经被取消的行政审批又借监管之名复活**

较典型的是对于PPP咨询机构的入库管理。目前，关于PPP咨询机构的管理尚没有法律层面的意见。但从政府采购代理机构监管改革的方向来看，国家正在减少这一领域的行政审批，以推动该行业的市场化竞争水平，重要标志就是2014年《政府采购法》的修订，取消了政府采购代理机构的资格认定，今后只要政府采购代理机构在财政部进行备案，即可以在全国范围内开展采购活动。然而，在PPP咨询机构的管理上，却出现了各地层层要求入库的现象，咨询机构不仅要在省一级入库，还要在市级甚至县里入库；入库的条件五花八门，很多条件都是为当地机构量身定做；全国性的、业务能力强、业绩经验丰富的大型咨询机构为此疲于奔命。实际上，咨询机构所提供的咨询服务的质量，对于PPP的前期工作的合规性、运作模式的合理性乃至后期项目合同履约管理和再谈判都起着至关重要的作用。我们建议，应该破除PPP咨询市场的各种壁垒，通过良好的市场竞争充分挖掘咨询机构的潜力，激活PPP咨询市场的活力。

最后，回归政府监管的一般性原则——由于信息不对称、激励不相容和寻租问题，政府监管也可能失灵。因此，我们在重视政府监管的同时，也要重视专家监督和公众监督，在前期项目立项、社会资本选择、价格管理、项目绩效评价等领域，通过做好信息公开、公众参与、引入专业机构，优化政府监管的外部环境，让监管者切实感受到来自市场主体和社会主体的压力，从而产生履职的动力，进而形成市场—政府—社会三者之间的良好互动，真正体现PPP促进中国政府治理改革的初衷。

## 第四节　上级政府对下级政府的监管

地方政府在推进PPP项目的过程中，存在两个问题：一是运作不规范，造成损失；二是缺少契约精神，合同履约守信意识差。目前在PPP的理论与实践层面，均认为PPP最大的风险来自于政府缺乏契约精神、“新官不理旧官账”的风险，这在一定程度上阻碍了PPP模式的有序发展，甚至带来恶劣的经济和社会影响。强化对政府一方的监管，是中国式PPP能够可持续发展的重点和难点。

然而在目前的体制下，难以对PPP项目中政府方的行为形成有效的监管。政府违约，理论上可以通过法律手段解决，但在实践中，一种情况是社会投资人考虑到今后的合作以及企业未来的发展，一般选择放弃走法律程序而通过私下解决；另一种是即使诉诸法律了但有理也会败诉。至于媒体和公众对政府的监督，能够真正起作用的也微乎其微。

对此，从我国国情出发，需要加强上级政府对下级政府的监督——上级政府在不干涉地方事权的前提下可以加强对下级政府运作和执行PPP项目进行监管，减少损失和违约事件的发生。这种监管，不是审批，手段可以多种多样，比如PPP项目资料的备案和必要信息的公开，对PPP项目进行抽查评估等。对于因项目实施机构或其他监管部门的具体行政行为导致对社会资本或项目公司的合法权益造成侵害的，可以通过向上一级主管行政部门或同级政府申请行政复议的方式对侵权的行政行为进行审查和纠错。下级政府的信用情况也应该由上级政府来监管，这包括两个层面：一是在招标阶段，要保证公开、公平、公正和透明；二是在地方政府违约时，上级政府应对下级政府进行监督。

在当前地方政府对PPP项目的执行能力弱、合同履约守信意识和契约精神缺失的环境下，这种监管是非常必要的，是对PPP体制的完善；规范运作、尊重契约精神，才能真正降低PPP项目的风险，促进PPP在中国的稳步推进。

## 第五节　PPP项目如何选择专业咨询机构

### 一、专业咨询机构是PPP成功的关键

PPP在我国虽然已有20多年的发展历程，但一直缺乏系统的操作指引，项目运作较为随意。2013年以后，国家对PPP模式赋予了极高的战略地位，并陆续出台各项PPP相关政策法规，在制度保障、组织安排、部门利益协调方面作出了巨大努力，PPP项目的操作流程也日趋规范。但由于PPP项目涉及领域广、项目利益相关方众多、资金结构复杂、项目生命周期较长、所需的核心文本众多、风险因素较多且不稳定等，要求从业人员具备金融、财会、工程、法律等方面的专业知识积累，来应对和解决项目实际运作中可能出现的一系列复杂多样的问题。很多地方政府缺乏对PPP模式深层次的理解和实际操作经验，实践中由于PPP项目前期工作不到位和后期实施不力，导致项目失误造成巨大损失的例子，屡见不鲜。

过去，政府可以将一些失败的PPP项目回购，回到政府自己运营的老路上。但如今，PPP带来的这场变革已经影响深远，全国PPP项目累计投资规模已超过

17.8万亿元。面对如此大体量的项目规模，政府显然已经无力回购。因此，发展到现阶段的中国PPP，只能成功，不能失败。

PPP项目的成功，需要天时、地利、人和。天时是指项目上马经过理性决策，地利是指市场上有成熟的社会资本进行较为充分的竞争，人和里面最重要的就是实施机构能够请到好的专业咨询机构，为PPP项目提供专业性指导，提高项目决策的科学性、操作的规范性和实施成功率。这也正是财政部和国家发展改革委一系列PPP规范性文件中强调的，要积极发挥专业机构在PPP项目中的积极作用，确保项目的操作规范和高效。

PPP专业咨询机构可以为政府提供全过程的咨询服务，包括前期准备、选择社会资本、协助确定融资方案、协助制订合理的风险管理方案、协助签署协议、协助项目开发运营等。咨询机构的参与可以最大限度地保证项目规范、专业地运作，并能从以下几方面提高项目的效率和运作成果。①

**（一）提高效率，加快进度**

1. 编制科学的程序计划

咨询机构有广泛的项目实践经验积累，可以从既往经验和教训中总结得出符合市场规律和切实可行的运作实施程序。PPP项目涉及的利益极其复杂。围绕着达成协议这个共同的目标，政府和市场主体要在公共利益和商业利益之间进行艰难的博弈；政府内部不同的机构在权力、责任和利益之间也要经过一轮又一轮的协调；某些项目中，公众的意见还可能对项目的成败具有一锤定音的作用，最典型的比如垃圾焚烧项目。除了各个利益相关方，PPP项目的执行还要面对中央层面的法律之间、法律和政策之间错配带来的各类风险。好的咨询机构能够调动机构内部资源汲取以往项目的经验，及早调整项目各方不合理的预期，推动项目按照法定原则和市场规则运行，显著提高项目运行效率。

2. 建立有效的组织

PPP项目中，社会资本通常会和多个政府部门之间建立长期复杂的合同关系，因此项目的成功依赖于政府部门对项目的有效组织，在财政部和国家发展改革委的文件中也提出要在多个政府部门之间健全协调机制和联审机制。咨询

---

① 崔红永 . PPP 模式中如何选择咨询机构 [N]. 中国建设报，2015-03-06.

机构的参与可以帮助政府建立一个高效且有机配合的项目组织，保证PPP项目的运作效率。

（二）提升交流效果，实现有效沟通

PPP项目的成功离不开沟通，尤其是政府部门和社会资本的沟通。项目实施前的有效沟通可以为今后数十年的合作打下坚实的基础，避免项目实施过程中出现诸多不可调和的矛盾冲突，进而影响项目进度。专业咨询机构能够协助政府部门在理念和商业语言上与社会资本有效对接，通过市场调查、市场测试、谈判磋商等流程实现政府和社会资本之间的充分沟通。

同时，专业咨询机构相对客观的角色和视角，还可以有效润滑政府部门和社会资本之间的沟通，平衡双方的利益冲突，保证项目的实施。

（三）增加项目吸引力，实现项目价值最优化

聘请具有丰富经验的专业咨询机构，充分利用其在国际招投标、国际投融资等方面的经验优势，可以使项目结构设计更加严谨和符合国际惯例，充分反映政府意志和资本市场的特点要求，易于被政府部门和社会资本接受。一个按照国际惯例运作的PPP项目，对社会资本而言，无疑更加具有吸引力，会有更多的潜在投资人参与，而充分竞争可以实现项目价值的最优化。

同时，政府还可以利用专业咨询机构在行业内的人脉和影响，向业内投资人推介项目，并引导尽可能多的符合条件的投资人参与竞争，从而使政府部门在项目运作中处于相对主动的地位，有利于政府控制项目的进展。

（四）平衡市场化双方力量，保护政府正当利益

在PPP项目中，政府部门和社会资本是两个基本角色，两者力量是不均等的。社会资本参与PPP项目的经验往往很丰富，而国内多数城市政府则缺少这方面的经验，甚至可能之前从未参与过PPP项目。由于PPP模式下要求政府部门和社会资本在签订合同前，对于项目的经济、技术、法律等方面的问题，作出细致、完整、严密的规定，而且任何一个PPP项目的持续时间都长达十余年甚至三十年，因此，即使是一个看似微小的疏忽，也可能带来长期不利的后果，轻者致使项目失去公平，使政府处于不利地位，重者将导致PPP项目失败、流产，甚至使政府和国家遭受严重的经济损失。

聘请专业的咨询机构能够极大地弥补政府在商务经验和专业知识上的欠缺，

平衡市场双方的力量。好的咨询机构帮助政府进行充分和细致的项目前期准备，设计更加严谨和符合国际惯例的项目结构，明确项目基本条件，合理分配各方的风险、权利和义务，最大限度地降低项目风险，最大限度地保障政府部门的正当利益。

## 二、PPP咨询机构的评价标准

2014年以来，随着PPP的高速发展，PPP咨询服务井喷式爆发，很多之前没有从事过PPP咨询，或者没有PPP运作经验的机构也贸然介入这个市场，造成PPP咨询机构专业能力参差不齐、咨询服务市场鱼龙混杂的现象。

虽然目前从中央到地方，对咨询机构在PPP中的重要性均已有了充分的认识，各地PPP项目普遍聘请咨询服务机构，但地方政府选择咨询机构的过程却是乱象丛生。一些政府使用《政府采购法》中的最低评标价法来选择PPP机构。而实际上，最低评标价法是针对政府购买货物设计的评审方法，并不符合服务作为无形产品的特征。政府购买货物用于自身行政所需，所遵循的原则是满足政府日常需要的最低标准，因为政府使用的是公共资金，够用即可，没有必要追求过高的配置。但PPP项目提供的公共产品是直接服务于公众的，咨询公司的优劣将极大地影响政府与社会资本签订的长达二三十年的合同是否合规、合理、严谨，是否能够维系政府和社会资本之间长期稳定的合作关系。因此，这种以价格论英雄的选择方案显然过于草率。实践中，还有更离谱的做法，有的地方政府用抓阄的方式从咨询机构库中选择具体项目聘用的咨询机构，这种做法完全忽略咨询机构之间的差异，看似公平，实则是卸责的做法。要知道，作为地方政府参与PPP的智库，咨询机构能力的好坏关乎着PPP项目的成败。而一旦PPP项目失败，政府、公众和国家将会招致巨大的经济损失，这一损失将远远超过聘请咨询机构的费用。

抛却了最低评价法这种简单、粗暴的方式，地方政府究竟应如何科学地选择好的PPP咨询机构呢？我们建议，可以通过以下四个硬性条件综合评估PPP咨询机构的能力。

### （一）咨询机构从事PPP咨询的时间要足够长

咨询机构深耕一个领域的时间长，意味着这家机构是靠这个行业发展壮大的，是希望在深水里面长成大鱼的。这类企业与那些快进快出的机构不一样，后者在不同的行业间快速切换，不在乎某一个行业能否做得长久，相应地，它们对于行业的发展缺乏责任感、对服务的专业性也没有敬畏感，很难在项目中提供完善的服务。而且这些机构的崛起，往往造成劣币驱逐良币、行业竞争紊乱的结果。

此外，咨询机构从事PPP咨询的时间长，实施项目过程中能够充分引入既往的项目运作经验和教训。通过将国内外其他PPP项目的经验和教训用到实际项目中来，在项目中创新，使项目少走弯路，吸收其他项目的经验，避开其他项目的教训。这是咨询公司最基本的功能。

**（二）PPP咨询公司的人员一定要稳定**

咨询机构提供的产品，表面上是各类模板化的方案和协议，实质上是促成方案和协议达成的过程。模板能够被复制，但是将合同文件背后所隐含的法律和政策初衷、商业规律、项目经验教训用简单、明晰的方式告知项目各方，并用咨询的方法和技巧促使各方取得共识才是咨询的价值所在。咨询这个行业高度依赖于知识和经验，而知识和经验的积累，是要靠核心人员来传续的。在一个公司里面，如果有一批人工作十年以上，那么这个公司就拥有了业内顶级的专家；反之，如果公司里工作五年以上的员工都没有，就需要慎重地对待。

**（三）咨询公司一定要有规模**

这是全国性机构和区域性机构的区别。全国性机构有能力承接各地各类型项目，尤其是有能力承接新型、复杂、高难度的项目，从而始终紧跟政策和技术的前沿，公司人员的视野开阔、经验丰富。同时，大规模的公司有能力建设稳定的后台支持部门，依靠科学的知识管理体系、研发体系，汇集公司在全国各地的项目信息，由专人进行信息分析、知识萃取和经验总结，并通过完善的内部培训制度进行知识扩散。小型机构没有这样的能力，也无法承担这样的成本。

**（四）咨询公司一定要专业化**

当下中国，在资本市场的推动下，跨界和生态成为产业热词。然而，PPP咨询行业是高度专业化的行业，不能搞万金油。通常由财务顾问做项目的牵头顾问，犹如乐团指挥，技术顾问、运营顾问、法律顾问、资产评估机构等机构在乐团中各司其职。牵头顾问以技术的语言、法律的语言和财务的语言与各内部咨询机构进行对接，确保大家形成合力，保质保量地完成项目。目前，随着PPP行业的火热，各路人马都杀向PPP咨询，然而我们很难想象一个小提琴手的梦想不是要把小提琴拉到极致、成为顶级的小提琴手，而是要去做指挥。

做PPP讲究的是绩效，PPP咨询也一定要讲绩效。就像砖头钢筋不能作为PPP项目的绩效一样，PPP咨询的文本也不是PPP咨询的绩效，尽管这些也很重要。作为PPP咨询的成果，首先是完成PPP项目的签约，其次是完成融资，再次是项目开工建设、投入运营。当然客户方承担的风险水平和付出的代价大小也属于绩效因素。只有科学、审慎地选择好专业PPP咨询机构，并充分利用和发挥好咨询机构的智慧和力量，我国PPP模式的推广运用才能更加科学、规范，PPP项目运作才能尽可能少走或不走弯路，才能实现我国PPP改革成功的目标。

# 第六章

# PPP项目的操作流程

结合财政部《关于印发政府和社会资本合作模式操作指南（试行）的通知》（财金〔2014〕113号）和《政府和社会资本合作项目财政管理暂行办法》（财金〔2016〕92号），PPP全流程运作可以简化为：项目识别论证、项目采购、项目执行和项目移交四个阶段。

## 第一节　识别论证阶段

项目识别论证可细分为以下三个阶段：

第一阶段：提交项目建议书—编制项目实施方案—开展物有所值评价和财政承受能力论证。

第二阶段：各级财政部门会同行业主管部门，根据项目实施方案共同对物有所值评价报告进行审核。

第三阶段：财政部门组织编制财政承受能力论证报告，出具财政承受能力论证报告审核意见；审核通过的物有所值评价和财政承受能力论证的项目，纳入PPP项目开发目录。

### 一、项目发起流程

根据财金〔2016〕92号文，项目发起方式有两种。政府发起PPP项目的，应当由行业主管部门提出项目建议，由县级以上人民政府授权的项目实施机构编制项目实施方案，提请同级财政部门开展物有所值评价和财政承受能力论证。社会资本发起PPP项目的，应当由社会资本向行业主管部门提交项目建议书，经行业主管部门审核同意后，由社会资本方编制项目实施方案，由县级以上人民政府授权的项目实施机构提请同级财政部门开展物有所值评价和财政承受能力论证。

## 二、项目发起的前期注意事项

### （一）PPP模式的适用范围

在PPP项目发起之前，应首先明确，并非所有的项目都适宜采用PPP模式，因此需要对PPP模式的适用范围有一个较为清晰的界定。本轮国家力推PPP强调的是经营的因素，希望通过PPP的方式来提高公共产品和公共服务的供给效率和质量。从目前的政策文件规定来看，PPP模式适用于市场化程度较高的基础设施和公共服务类项目。结合目前各地PPP项目操作实践来看，适用于PPP模式的项目，应具备以下三个特征：①项目本身应具备公共属性且适宜市场化提供；②项目合作周期相对较长、投资体量大；③项目具有一定的专业要求，且存在足够多的潜在社会合作主体。

在立法和政策层面，有关PPP模式适用范围的详细规定见表6–1。

PPP 模式适用范围的相关政策规定　　表 6–1

| 文件名称 | 相关规定 |
| --- | --- |
| 《关于加强地方政府性债务管理的意见》（国发〔2014〕43 号） | 推广使用政府与社会资本合作模式。鼓励社会资本通过特许经营等方式，参与城市基础设施等有一定收益的公益性事业投资和运营 |
| 《关于创新重点领域投融资机制鼓励社会投资的指导意见》（国发〔2014〕60 号） | 推广政府和社会资本合作（PPP）模式。认真总结经验，加强政策引导，在公共服务、资源环境、生态保护、基础设施等领域，积极推广 PPP 模式，规范选择项目合作伙伴，引入社会资本，增强公共产品供给能力 |
| 《关于在公共服务领域推广政府和社会资本合作模式指导意见的通知》（国办发〔2015〕42 号） | 在能源、交通运输、水利、环境保护、农业、林业、科技、保障性安居工程、医疗、卫生、养老、教育、文化等公共服务领域，鼓励采用政府和社会资本合作模式，吸引社会资本参与 |

**续表**

| 文件名称 | 相关规定 |
| --- | --- |
| 《关于推广运用政府和社会资本合作模式有关问题的通知》（财金〔2014〕76 号） | 适宜采用政府和社会资本合作模式的项目，具有价格调整机制相对灵活、市场化程度相对较高、投资规模相对较大、需求长期稳定等特点。各级财政部门要重点关注城市基础设施及公共服务领域，如城市供水、供暖、供气、污水和垃圾处理、保障性安居工程、地下综合管廊、轨道交通、医疗和养老服务设施等，优先选择收费定价机制透明、有稳定现金流的项目 |
| 《关于印发政府和社会资本合作模式操作指南（试行）的通知》（财金〔2014〕113 号） | 投资规模较大、需求长期稳定、价格调整机制灵活、市场化程度较高的基础设施及公共服务类项目，适宜采用政府和社会资本合作模式 |
| 《关于开展政府和社会资本合作的指导意见》（发改投资〔2014〕2724 号） | PPP 模式主要适用于政府负有提供责任又适宜市场化运作的公共服务、基础设施类项目。燃气、供电、供水、供热、污水及垃圾处理等市政设施，公路、铁路、机场、城市轨道交通等交通设施，医疗、旅游、教育培训、健康养老等公共服务项目，以及水利、资源环境和生态保护等项目均可推行 PPP 模式。各地的新建市政工程以及新型城镇化试点项目，应优先考虑采用 PPP 模式建设 |
| 《关于在公共服务领域深入推进政府和社会资本合作工作的通知》（财金〔2016〕90 号） | 在中央财政给予支持的公共服务领域，可根据行业特点和成熟度，探索开展两个“强制”试点。在垃圾处理、污水处理等公共服务领域，项目一般有现金流，市场化程度较高，PPP 模式运用较为广泛，操作相对成熟，各地新建项目要“强制”应用 PPP 模式……在其他中央财政给予支持的公共服务领域，对于有现金流、具备运营条件的项目，要“强制”实施 PPP 模式识别论证，鼓励尝试运用 PPP 模式，注重项目运营，提高公共服务质量 |
| 《传统基础设施领域实施政府和社会资本合作项目工作导则》（发改投资〔2016〕1744 号） | 各地发展改革部门要会同有关行业主管部门等，切实做好能源、交通运输、水利、环境保护、农业、林业以及重大市政工程等基础设施领域的 PPP 推进工作 |
| 《关于组织开展第四批政府和社会资本合作示范项目申报筛选工作的通知》（财金〔2017〕76 号） | 项目属能源、交通运输、市政工程、农业、林业、水利、环境保护、保障性安居工程、商贸基础设施、养老、教育、科技、文化、体育、旅游等公共服务领域 |

综合以上各种规范性文件的规定，PPP模式的主要适用范围见表6-2。

PPP 模式的适用范围　　表 6-2

| 项目领域 | 项目行业 | 主要项目类型 |
|---|---|---|
| 基础设施类 | 市政工程 | 供水、供热、供气、污水、垃圾处理、地下综合管廊、园区基础设施、道路桥梁以及公共停车场等 |
| | 交通运输 | 铁路、公路、城市轨道交通、港口码头、机场、综合运输枢纽、物流园区等 |
| 公共服务类 | 医疗卫生、旅游、教育、科技、养老、文化、体育保障性安居工程、商贸基础设施等 | |
| 其他 | 能源、水利、农业、林业、资源环境和生态保护等 | |

### （二）PPP模式审批与基本建设审批程序的衔接

按照规范性文件要求，在PPP项目进入正式采购阶段前，需要完成PPP模式审批的相关程序，包括物有所值和财政承受能力论证、实施方案审批等；同时，PPP项目还需要履行传统基本建设审批手续。对于新建或改扩建PPP项目，从合规性和必要性角度考虑，PPP项目招选社会资本前应按规定程序做好立项、可研批复，甚至是初设概算批复等前期工作，以便更容易确定政府和社会资本合作的边界。

然而，如前文第三章、第四章所述，目前在法律和审批层面，传统的投资审批程序与PPP模式审批程序并未统合，实操中往往缺乏统筹的管理机构和部门间的协调机制，两套程序难以有效衔接。为避免出现因政府部门各自推进、扯皮打架导致重复审批、流程混乱、决策周期长等问题，需要将PPP项目的识别论证与基本建设审批程序（立项、可研批复等）整合成一个单一且完整的审批程序：发改、财政、行业主管部门、规划、国土、环保、法制、审计等相关审批部门协同工作，共同对PPP项目投资立项、环评、项目用地、规划调整、资产调配、财政补贴、价格调整等事项进行审查评议，形成推进项目顺利实施的综合意见。

## 三、组建管理架构

### （一）明确政府授权的职责

在PPP项目正式运作的前期，需要确定项目由哪一级政府授权实施，并由该级政府指定项目的实施机构和政府方出资人代表。

确定PPP项目的主管政府需考虑以下两个条件：①应为县级（含）以上地方人民政府；②根据PPP合同，负有付费并编列预算义务的人民政府，也就是"谁付费、谁批预算、谁管辖、谁审批"。

**（二）组建PPP领导小组**

根据《关于在公共服务领域推广政府和社会资本合作模式的指导意见》（国办发〔2015〕42号）的相关精神，地方政府在推进PPP项目落地时，可根据本地区实际情况，建立工作协调机制，推动政府和社会资本合作项目落地实施。因此，各地除了需明确一个部门作为实施机构以外，还需建立工作协调机制，一般会在本级政府层面设立PPP领导小组，用来指导一个重点PPP项目或者当地所有PPP项目的推进，然后下设PPP工作小组，用来落实具体事项。每个工作小组的任务对应实施机构PPP合同中具体的权利与义务，这样安排各组的权责比较清楚，例如：付费小组、征地拆迁小组、项目审批小组、设计审查小组、相关设施移交小组、合同管理小组、建设期监管小组、运营期监管小组、项目公司监管小组等。

**（三）选择实施机构**

实施机构需要有独立法人资格。目前PPP政策性文件中对于PPP项目实施机构范围的几种界定，见表6-3。

**PPP 项目实施机构范围的相关规定**　　表 6-3

| 文件名称 | 相关规定及解读 |
| --- | --- |
| 《关于印发政府和社会资本合作模式操作指南（试行）的通知》（财金〔2014〕113 号） | "政府或其指定的有关职能部门或事业单位可作为项目实施机构……"<br>据此，有三类主体可以作为 PPP 项目实施机构：一是政府；二是政府指定的有关职能部门；三是政府指定的事业单位 |
| 《关于开展政府和社会资本合作的指导意见》（发改投资〔2014〕2724 号）<br>《传统基础设施领域实施政府和社会资本合作项目工作导则》（发改投资〔2016〕2231 号） | "按照地方政府的相关要求，明确相应的行业管理部门、事业单位、行业运营公司或其他相关机构，作为政府授权的项目实施机构……"<br>"由当地政府行业主管部门或其委托的相关单位作为 PPP 项目实施机构，负责项目准备及实施等工作"<br>由此可见，国家发改委强调实施机构不限于政府部门和事业单位，政府委托的相关单位（往往是平台公司）也可以做实施机构 |

续表

| 文件名称 | 相关规定及解读 |
| --- | --- |
| 《基础设施和公用事业特许经营管理办法》(2015 年第 25 号令) | “县级以上人民政府应当授权有关部门或单位作实施机构负责特许经营项目有关实施工作，并明确具体授权范围。”<br>此规定中的“单位”不仅包含事业单位，还包括国有企业等其他相关单位 |

实务中，关于实施机构的主要争议集中于行业运营公司、其他相关机构、其他单位能否作为实施机构。各地方的国有企业、政府平台公司、国有控股企业都在争抢成为PPP项目的实施机构，然而他们并不在财政部要求的实施机构选择范围内，而且平台公司作为实施机构，其可以代表政府签约的法律依据不足，其选择社会资本的过程也难以适用《政府采购法》的相关规定。

**（四）实施机构的职责**

根据规定，实施机构应负责PPP项目准备、采购、监管和移交等工作。具体而言，在PPP项目的不同阶段，实施机构应履行如下相应的职责：

（1）在项目准备阶段，项目实施机构组织编制项目实施方案，并按程序报相关部门审核。

（2）在项目采购阶段，项目实施机构负责PPP项目的采购工作。实施机构首先需根据项目采购需求特点，依法选择适当采购方式，并按照相关规定准备资格预审文件并发布公告，组织资格预审，编制项目采购文件并发布，组织评审小组进行响应性文件评审，与候选社会资本进行项目合同确认谈判，与中选社会资本签署确认谈判备忘录，与中选社会资本签署项目合同等。

（3）在项目执行阶段，项目实施机构主要是起到监督和管理的作用。敦促社会资本按时足额出资设立项目公司或者按约定履行出资义务，并做好项目融资的监督管理工作，防止企业债务向政府债务转移。在项目进行建设和运营期间，实施机构应根据项目合同约定，监督社会资本或项目公司履行合同义务，定期监测项目产出绩效指标，编制季报和年报，并报财政部门（政府和社会资本合作中心）备案。在项目合同执行和管理过程中，实施机构应关注合同修订、违约责任和争议解决等工作。项目实施机构应每3～5年对项目进行中期评估，重点分析项目运行状况和项目合同的合规性、适应性和合理性；及时评估已发现问题的风险，制订应对措施，并报财政部门（政府和社会资本合作中心）备案[①]。

（4）项目移交时，项目实施机构或政府指定的其他机构代表政府收回项目合同约定的项目资产。采用有偿移交的，项目合同中应明确约定补偿方案；没有约定或约定不明的，实施机构应按照“恢复相同经济地位”原则拟定补偿方案，报政府审核同意后实施。项目实施机构或政府指定的其他机构应组建项目移交工作组，根据项目合同约定与社会资本或项目公司确认移交情形和补偿方式，制订资产评估和性能测试方案[②]。

## 四、编制实施方案

### （一）编制依据

实施方案的编制依据应包括：①相关法律、法规、政策；②相关工程技术规范及标准；③相关建设规划；④项目的前期论证文件等。根据财金〔2016〕92号文第五条规定，新建、改扩建项目的项目实施方案应当依据项目建议书、项目可行性研究报告等前期论证文件编制；存量项目实施方案的编制依据还应包括存量公共资产建设、运营维护的历史资料以及第三方出具的资产评估报告等。

### （二）实施方案的主要内容

综合财金〔2016〕92号文和发改投资〔2016〕2231号文，PPP项目实施方案应当包括编制依据和原则、项目概况、运作方式、风险分配框架、合同体系与交易结构、社会资本方遴选方案、监管架构、财务分析等部分内容。

#### 1. 项目概况

项目概况应包括项目名称、项目背景与意义、项目内容、项目前期工作、产出说明等，并对项目采用PPP模式的可行性和必要性加以详细的论述。

#### 2.项目运作方式

新建项目：根据《传统基础设施领域PPP工作导则》第三条的规定，PPP模式主要包括特许经营和政府购买服务两类。新建项目优先采用建设－运营－移交

① PPP资讯．PPP项目政府的“代言人”——项目实施机构[EB/OL]. [2016-11-30]. http：//mp.weixin.qq.com/s/XUPh_A8gO3R9bnTPcHsyjA#.

② PPP资讯．PPP项目政府的“代言人”——项目实施机构[EB/OL]. [2016-11-30]. http：//mp.weixin.qq.com/s/XUPh_A8gO3R9bnTPcHsyjA#.

（BOT）、建设—拥有—运营—移交（BOOT）、设计—建设—融资—运营—移交（DBFOT）、建设—拥有—运营（BOO）等方式。同时，也允许各地区根据当地实际情况，结合项目特点和需要，在这五种模式之外积极探索创新，灵活运用多种方式。

存量项目：根据国务院《关于在公共服务领域推广政府和社会资本合作模式指导意见的通知》（国办发〔2015〕42号）等相关内容，存量公共服务项目转型为PPP项目过程中，应依法进行资产评估，合理确定价值，防止公共资产流失和贱卖。项目实施过程中政府依法获得的国有资本收益、约定的超额收益分成等公共收入应上缴国库。常见的模式有转让—运营—移交（TOT）、改建—运营—移交（ROT）等。

3. 风险分配框架

风险分配的核心原则是有效分配，也就是由对风险最有控制力的一方承担相应的风险。承担风险的一方应处在最有利的位置，能减少风险发生的概率和风险发生时的损失，而保证了控制风险的一方用于控制风险所花费的成本是最小的，同时由于风险在某一方的控制力之内，使其有动力为管理风险而努力。归纳起来，PPP项目的风险分配应遵循以下三条原则：

（1）风险最优分配原则。PPP模式致力于在政府和社会资本间实现最优风险分配，而非政府风险转移的最大化，每个可识别的风险均应独立分配给能够以最小成本（对政府而言）最有效管理它的一方承担。

（2）风险与收益对等原则。PPP项目的风险分配主要在平衡双方合同谈判地位的基础上，通过合理约定的方式进行，合同条款中应既关注合同主体对于风险管理成本和风险损失的承担，又尊重其获得与风险相匹配的收益水平收益机会的权利。

（3）风险可控原则。在PPP项目长达数十年的运行过程中，一些风险可能会出现政府和社会资本都无法预料的变化，导致风险发生概率上升或风险发生时损失增加，为保证双方合作关系的长期稳定，PPP项目合同中应按项目参与方的财务实力、技术能力、管理能力等因素设定风险损失承担上限，不能由某一方单独承担超过其承受能力的风险。

基于以上原则，风险分配时需综合考虑政府风险管理能力、项目回报机制和市场风险管理能力等要素，进行风险识别、评估、分配和管理。项目设计、建造、财务和运营维护等商业风险通常由社会资本承担，法律、政策和最低需求等风险通常由政府承担，不可抗力等风险由双方合理共担。

常见的风险分配框架示例见表6-4。

PPP 项目风险分配框架示例　　表 6-4

| 项目阶段 | 风险识别 | 风险分配 |
|---|---|---|
| 识别论证 | 发起项目的社会资本未中选 | 社会资本承担风险为主，政府对其前期投入成本予以合理补偿 |
| 采购阶段 | 项目采购失败 | 政府方承担 |
| | 项目竞争激烈，未中标 | 社会资本方承担 |
| 建设阶段 | 设计不当、成本超支、工期延误、承包商选择不当 | 社会资本方承担 |
| 运营阶段 | 市场需求 | 政府可通过或取或付或项目唯一性承诺来承担大部分风险 |
| | 运营成本 | 双方通过调价公式共担风险 |
| 移交阶段 | 移交风险 | 社会资本方承担 |
| 全生命周期 | 征收征用 | 政府方承担 |
| | 本级法律变更 | 政府方承担 |
| | 上级法律变更 | 双方共担 |
| | 系统性金融风险 | 双方共担 |
| | 不可抗力 | 双方共担，通过保险转移 |

4. 项目财务评估

从政府角度，财务评估的首要问题是需要多少政府资源投入。在项目收益不足以全覆盖项目投资回报的情况下，例如在特定项目期限（如30年）无法达到特定收益率（如8%）时，政府方需投入财政资金或其他补偿资源使得项目有财务可行性。财政补贴资金作为可行性缺口补助相对容易测算，补偿资源的情况比较特殊，其资产形态、价值评估、运作程序和涉及的法律法规比较复杂。财政资金补贴在各类项目总投资中，占比从政府财政0%投入，到政府财政100%之间（全额购买服务）不等。同一个项目，也因项目目标、边界条件、设想不同而出现多种可能的交易结构，对应不同的财务测算过程与方法。

5. 回报率的确定

PPP项目全投资内部收益率一般在6%～8%之间。目前对社会资本的回报率确定由相关指导性文件、行业惯例、既有项目回报水平、融资成本、风险系数等因素决定，具体可参考《建设项目经济评价方法与参数（第三版）》（详见发改投资〔2006〕1325号文）、当地政府债券利率、当地GDP增长水平、既有类似项目回报水平等。总而言之，回报率需要用科学的方法并结合实际情况去推导和确定①。

6. 项目回报机制②

PPP项目的回报机制主要有三种：

（1）使用者付费，是指由最终消费用户直接付费购买公共产品和服务。使用者付费的项目中项目公司的成本回收和收益取得与项目的使用者实际需求量（即市场风险）直接挂钩。像高速公路、自来水公司、停车场等经营性项目比较适合采用使用者付费模式。

（2）可行性缺口补助，是指使用者付费不足以满足项目公司成本回收和合理回报时，由政府以财政补贴、股本投入、优惠贷款、贷款贴息、放弃分红权和其他优惠政策的形式，给予社会资本或项目公司一定的经济补助，以弥补使用者付费之外的缺口部分。比如轨道交通类PPP项目就是典型的采用可行性缺口补助的项目。

（3）政府付费，是指政府直接付费购买公共产品和服务。这种付费机制在公用设施类和公共服务类项目中较为常用，也可用于一些公共交通项目中。根据项目类型和风险分配方案的不同，政府付费模式又可以分为以下三种情况：一是可用性付费，政府依据项目公司所提供的项目设施或服务是否符合合同约定的标准和要求来付费，比如社会资本为政府提供了一条满足通行标准的道路，政府购买道路可用性付费给社会资本；二是使用量付费，政府主要依据项目公司所提供的项目设施或服务的实际使用量来付费，如污水处理、垃圾处理、免费公园等项目，政府根据污水或垃圾的处理量、入园量等来付费；三是绩效付费，政府依据项目公司所提供的公共产品或服务的质量付费，通常会与可用性付费或者

① 王盈盈 . PPP 项目总监问答录（二）[EB/OL]. [2016-05-21]. http://www.zgppp.cn/hangyezixun/xinwenzhong xin/2016-05-20/2758.html.

② 财税 E 家 . PPP 常见三种付费方式解析 [EB/OL]. [2016-08-29]. http://huanbao.bjx.com.cn/news/ 20160829/ 767232.shtml.

使用量付费搭配使用，比如社会资本为政府提供基层的医疗服务，政府按照相关的指标来进行付费。

7. 政府补贴形式

在PPP项目中，当项目的使用者付费不足以满足社会资本或项目公司成本回收和合理回报时，需要由政府提供相应的补贴以补足相关合理回报，常见的政府补贴包括固定补贴和变动补贴两种模式。

（1）固定补贴模式。固定补贴模式是指政府和社会资本或项目公司在PPP协议中约定了政府每年给予社会资本或项目公司补贴的具体金额以及补贴期限。其缺点是，由于PPP项目的使用量、成本费用、价格水平在项目生命周期内会出现较大变动，固定补贴模式并不能完全反映项目财务状况的动态变化。

（2）变动补贴模式。变动补贴模式与固定补贴模式相比，优点在于通过将补贴金额与产出水平中的数量和质量进行挂钩，可以约束社会资本或项目公司更好地履行责任，从长远来看也可以促进投资人提高项目效率以获得更多的补贴来提高其回报率。但采用变动补贴模式就要求政府财政部门在PPP项目设计之初，就必须精细化识别重要项目参数、针对参数设定合理的支付标准，并建立合理的支付模型。这对政府部门而言是一项不小的挑战。

常见的变动补贴模式有三类：①按照使用量进行补贴模式，适用于服务价格受到政府监管、社会资本或项目公司没有完全定价权的项目，政府可以建立以使用量为基础、名义价格与平衡价格差额为补贴标准的补贴方式，对社会资本或项目公司进行补贴；②采用可用性支付补贴模式，政府根据社会资本或项目公司所提供的设施是否达到约定可用状态及其可靠程度，对补贴金额和补贴时点进行计量；③与服务水平挂钩补贴模式，政府和社会资本或项目公司在合同中约定基准服务水平或运营标准，以及所对应的补贴金额，以此为基础，进而约定当社会资本或项目公司所提供的服务超过基准水平时，其可以从政府获得额外补贴的计量方式，以及其所提供的服务低于基准水平时，需要支付给政府的处罚金或基础补贴的抵扣金额[①]。

① 三人行 PPP 结构设计研究院 . 常见的政府补贴模式包括哪几种形式 [EB/OL]. [2015-12-14]. http ：//huanbao.bjx.com.cn/news/20151214/691382.shtml.

## 五、两评文件的编制与审核

### （一）物有所值的内涵

物有所值（Value for Money，VFM），是指一个组织运用其可利用资源所能获得的长期最大利益[①]。VFM评价是国际上普遍采用的一种评价传统上由政府提供的公共产品和服务是否可运用PPP模式的评估体系，旨在实现公共资源配置利用效率最优化。本轮国家推行PPP引入VFM评价，是为了避免在促进基础设施领域民间资本参与的政策背景下盲目推进PPP项目，通过对项目采用PPP模式的全寿命周期成本与传统模式下公共部门建设、运营的总成本进行比较，判断项目采用PPP模式是否能实现"物有所值"，即是否实现资源的最大化利用，更好地实现公共项目建设运营的经济性、效率及效果。

VFM考虑的是项目全生命周期内不同方案的成本和风险，包括定性评价（可行性、合理性、可完成性）和定量评价（公共部门比较值）。从国际实践来看，通常以定量评价为主，定性评价为辅。根据财政部《PPP物有所值评价指引（试行）》，我国现阶段VFM评价，以定性评价为主，鼓励开展定量评价。

### （二）财政承受能力论证的内涵

财政承受能力论证是指识别、测算PPP项目的各项财政支出责任，科学评估项目实施对当前及今后年度财政支出的影响，为PPP项目财政管理提供依据。财政承受能力论证，是政府履行合同义务的重要包装，有利于规范PPP项目财政支出管理、有序推进项目实施、有效防范和控制财政风险，实现PPP项目可持续发展。

按照财政部《政府和社会资本合作项目财政承受能力论证指引》的要求，财政部门（或PPP中心）应当会同行业主管部门，共同开展PPP项目财政承受能力论证工作。必要时可通过政府方采购方式聘请专业中介机构协助。各级财政部门（或PPP中心）要以财政承受能力论证结论为依据，会同有关部门统筹做好项目规划、设计、采购、建设、运营、维护等全生命周期管理工作。

---

① 周兰萍．PPP 项目运作实务 [M]. 北京：法律出版社，2016.

### （三）物有所值评价与财政承受能力论证的审核阶段与内容

1. 项目识别论证阶段

政府发起PPP项目的，应当由行业主管部门提出项目建议，由县级以上人民政府授权的项目实施机构编制项目实施方案，提请同级财政部门开展物有所值评价和财政承受能力论证。

社会资本发起PPP项目的，应当由社会资本向行业主管部门提交项目建议书，经行业主管部门审核同意后，由社会资本编制项目实施方案，由县级以上人民政府授权的项目实施机构提请同级财政部门开展物有所值评价和财政承受能力论证。

2. 签订合同阶段

在PPP项目正式签订合同时，财政部门（或PPP中心）应当对合同进行审核，确保合同内容与财政承受能力论证保持一致，防止因合同内容调整导致财政支出责任出现重大变化。

### （四）财政承受能力论证的编制内容

PPP项目全生命周期过程的财政支出责任，主要包括股权投资、运营补贴、风险承担、配套投入四个方面。

财政支出责任识别注意要点见表6–5。

财政支出责任识别要点 表6–5

| | | |
|---|---|---|
| 股权投资支出责任 | 指在政府与社会资本共同组建项目公司的情况下，政府承担的股权投资支出责任；如果社会资本单独组建项目公司，政府不承担股权投资支出责任 | |
| 运营补贴支出责任 | 政府付费模式 | 政府承担全部运营补贴支出责任 |
| | 可行性缺口补助模式 | 政府承担部分运营补贴支出责任 |
| | 使用者付费模式 | 政府不承担运营补贴支出责任 |
| 风险承担支出责任 | 指项目实施方案中政府承担风险带来的财政或有支出责任，通常包括法律、政策、规划变更、最低需求保障、不可抗力因素等风险，不同的风险会带来相应的财政或有支出责任。如因政府方原因导致项目合同终止等突发情况产生，政府也应承担相应的财政或有支出责任[①] | |

① 三人行PPP结构设计研究院．图图细说：财政支出责任怎么测算[EB/OL].[2015-11-09]. http：//www.chinacem.com.cn/ppp-nljs/2015-11/200673.html.

续表

| | |
|---|---|
| 配套投入支出责任 | 指政府提供的项目配套工程等其他投入责任，通常包括土地征收和整理、建设部分项目配套设施、完成项目与现有相关基础设施和公用事业的对接、投资补助、贷款贴息等 |

## 六、实施方案的评审程序

PPP项目实施方案的评审工作涉及多个部门，涉及对项目用地、规划调整、特许经营、价格调整、资产调配、财政补贴等对价资源的统筹安排，需要各部门协同工作，共同对PPP项目有关事项进行评议，形成保障项目推进的综合意见。

在政策层面，《关于在公共服务领域推广政府和社会资本合作模式的指导意见》（国办发〔2015〕42号）中明确提出，要建立PPP项目实施方案联审机制。《传统基础设施领域实施政府和社会资本合作项目工作导则》（发改投资〔2016〕2231号）中明确鼓励地方政府建立PPP项目实施方案联审机制，“按照‘多评合一，统一评审’的要求，由发展改革部门和有关行业主管部门牵头，会同项目涉及的财政、规划、国土、价格、公共资源交易管理、审计、法制等政府相关部门，对PPP项目实施方案进行联合评审。必要时可先组织相关专家进行评议或委托第三方专业机构出具评估意见，然后再进行联合评审。”《政府和社会资本合作项目财政管理暂行办法》（财金〔2016〕92号）规定，各级财政部门应当会同同级行业主管部门根据项目实施方案共同对物有所值评价报告进行审核；经审核通过物有所值评价的项目，由同级财政部门依据项目实施方案和物有所值评价报告组织编制财政承受能力论证报告，统筹本级全部已实施和拟实施PPP项目的各年度支出责任，并综合考虑行业均衡性和PPP项目开发计划后，出具财政承受能力论证报告审核意见。

实施方案通过物有所值和财政承受能力验证后，项目实施机构应将项目实施方案、物有所值及财政承受能力验证报告一并报PPP项目领导小组召开成员联席会议进行审核，领导小组成员应当代表各自职能部门针对实施方案提出正式的审核意见。实施方案通过PPP项目领导小组联席会议审核的，应当由领导小组组长代表地方政府对实施方案进行确认批准；如实施方案未能通过联审，项目实施机构应当根据领导小组联席会议审核意见，对实施方案进行修订，并重新报PPP

项目领导小组进行联审。

## 第二节 项目采购

在项目采购环节主要包括以下三个步骤：

第一，项目实施机构完善项目实施方案，报本级人民政府审核。审核同意后，由项目实施机构组织开展社会资本方采购工作。

第二，项目实施机构应设置采购评审标准，优先采用公开招标、竞争性谈判、竞争性磋商等竞争性方式采购社会资本方。

第三，公示采购结果。项目实施机构将PPP项目合同提交行业主管部门、财政部门、法制部门等相关职能部门审核，后报同级人民政府批准。

采购过程中，社会资本的选择标准尤为重要。由于PPP项目具有公益性特征，对社会资本合作伙伴必须提出严格的要求。PPP项目社会资本合作主体的选择，主要考虑以下方面：

（1）信誉良好。社会资本合作伙伴要重合同、守信用，具有社会责任感。

（2）具有建设、经营管理、运营维护同类工程的业绩、资质或经验。社会资本合作伙伴或其联合体要有良好的业绩与技术能力，具备相应的专业资质、资格，经验丰富。

（3）资金充足，财务与融资能力较强。社会资本合作伙伴具有良好的银行资信、财务状况，相应的偿债能力及同类项目成功的盈利模式和竞争模式。

（4）专业知识与技术力量雄厚。具备专业的PPP人才、技术人才、财经人才与管理人才团队。

（5）设备配置等要素实力良好。拥有专业的设备及完成服务所必须的其他重要因素资源。

### 一、资格预审

根据《政府和社会资本合作模式操作指南（试行）》（财金〔2014〕113号）第十三条、《政府和社会资本合作项目政府采购管理办法》（财库〔2014〕215号）第五条和《政府和社会资本合作项目财政管理暂行办法》（财金〔2016〕92号）第十二条规定，PPP项目采购应当实行资格预审。即按照财政部的要求，资格预审为PPP项目采购阶段的“规定动作”，必不可少，强制实行。

PPP项目资格预审的流程为：项目实施机构根据项目需要准备资格预审文件→发布资格预审公告→邀请社会资本和与其合作的金融机构参与资格预审→验证项目能否获得社会资本响应和实现充分竞争→将资格预审的评审报告提交财政部门（或PPP中心）备案。其中，在资格预审文件的准备中，项目实施机构应根据项目特点和建设运营需求，综合考虑专业资质、技术能力、管理经验和财务实力等因素合理设置社会资本的资格条件，保证国有企业、民营企业、外资企业平等参与。若项目有3家以上社会资本通过资格预审的，项目实施机构可以继续开展采购文件准备工作；若通过资格预审的社会资本不足3家，项目实施机构应在实施方案调整后重新组织资格预审；经重新资格预审合格社会资本仍不够3家的，可依法调整实施方案选择的采购方式。

PPP项目资格预审不可少于15个工作日（19天），具体流程如图6-1所示。

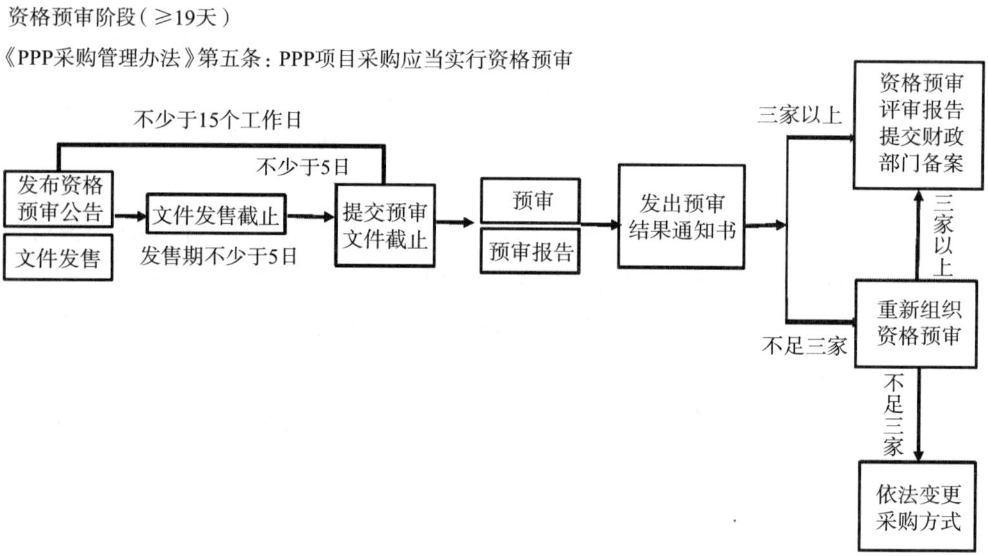


图6-1　PPP项目资格预审流程图

## 二、采购方式选择

### （一）采购方式汇总

目前，发改和财政两部门在对PPP项目社会资本采购方式的规定上，存在分歧。

对于PPP项目，国家发展改革委《关于开展政府和社会资本合作的指导意见》（发改投资〔2014〕2724号）和《传统基础设施领域实施政府和社会资本合作项目工作导则》（发改投资〔2016〕2231号），明确规定可以采取公开招标、邀请招标、两阶段招标、竞争性谈判等方式，公平择优选择具有相应投资能力、管理经验、专业水平、融资实力以及信用状况良好的社会资本方。可见，发改部门的采购政策依据主要是《中华人民共和国招标投标法》以及《招标投标法实施条例》。从招标程序上来讲，已经建立的两阶段招标模式，可以适用于技术比较复杂、合同边界条件不够清晰、评价因素较多的招标采购活动。

而财政部门的采购政策依据主要是《中华人民共和国政府采购法》以及《政府采购法实施条例》；根据财政部《政府和社会资本合作项目政府采购管理办法》（财库〔2014〕215号），PPP项目采购方式包括公开招标、邀请招标、竞争性谈判、竞争性磋商和单一来源采购。

综合上述法律与规范性文件的规定，PPP项目的招标采购方式，主要有公开招标、邀请招标、竞争性谈判、竞争性磋商、单一来源采购五种，各自适用的条件见表6-6。

PPP 项目不同采购方式的适用条件①　　表 6-6

| 采购方式 | 适用条件 |
| --- | --- |
| 公开招标 | 公开招标主要适用于核心边界条件和技术经济参数明确、完整、符合国家法律法规和政府采购政策，且采购中不作更改的项目；公开招标应作为政府采购的主要采购方式 |
| 邀请招标 | 1. 具有特殊性，只能从有限范围的供应商处采购；<br>2. 采用公开招标方式的费用占政府采购项目总价值比例过大的 |

① 崔汐淘，李嘉辉，穆耸 . PPP 项目政府采购方式的选择及采购流程 [EB/OL]. [2015-07-16]. http : //mp.weixin.qq.com/s?__biz=MjM5ODI5MzI0NA==&mid=206450911&idx=1&sn=b67aec6bf3129bcf4a0143ebac5451bc&scene=7#rd.

续表

| 采购方式 | 适用条件 |
|---|---|
| 单一来源采购 | 1. 只能从唯一供应商处采购的；<br>2. 发生了不可预见的紧急情况不能从其他供应商处采购的；<br>3. 必须保证原有采购项目的一致性或服务配套的要求，需要继续从原供应商处添购，且添购资金总额不超过原合同采购金额 10% 的 |
| 竞争性谈判 | 1. 招标后没有供应商投标或者没有合格标的，或者重新招标未能成立的；<br>2. 技术复杂或者性质特殊，不能确定详细规格或者具体要求的；<br>3. 非采购人所能预见的原因或者非采购人拖延造成采用招标所需时间不能满足用户紧急需要的；<br>4. 不能事先计算出价格总额的；<br>5. 公开招标后货物、服务采购项目，合格供应商只有两家时，采购人经本级财政批准后可与该两家进行竞争性谈判 |
| 竞争性磋商 | 1. 政府购买服务项目；<br>2. 技术复杂或性质特殊，不能确定具体的规格或具体要求的；<br>3. 因艺术品采购、专利、专有技术或服务的时间、数量事先不能确定等原因不能事先计算出价格总额的；<br>4. 市场竞争不充分的科研项目，以及需要扶持的科技成果转化项目；<br>5. 按照招投标法及其实施条例必须进行招标的工程建设项目以外的工程建设项目 |

根据《政府采购法》第二十七条、《政府采购货物和服务招标投标管理办法》第四条、《政府采购非招标采购方式管理办法》第四条和《政府采购竞争性磋商采购方式管理暂行办法》第四条等规定，对于政府采购的服务项目，各级政府应当制定公开招标的数额标准，达到公开招标数额标准的服务项目（PPP项目一般都会超过公开招标数额标准），必须采用公开招标的方式进行采购，如因特殊情况拟采用公开招标以外的采购方式，采购人（即PPP项目的实施机构）应当在采购活动开始前，报经主管预算单位同意后，依法向设区的市、自治州以上人民政府财政部门申请批准。

### （二）各采购方式的基本流程[①]

按照国家有关法律法规和政府采购政策的规定，上述五种PPP项目采购方式

① 崔汐海，李嘉辉，穆耸．PPP 项目政府采购方式的选择及采购流程 [EB/OL]. [2015-07-16]. http：//mp.weixin.qq.com/s？__biz=MjM5ODI5MzI0NA==&mid=206450911&idx=1&sn=b67aec6bf3129bcf4a0143ebac5451bc&scene=7#rd.

的基本流程如下。

1. 公开招标和邀请招标

通过公开招标及邀请招标方式采购PPP项目的流程如图6-2所示。

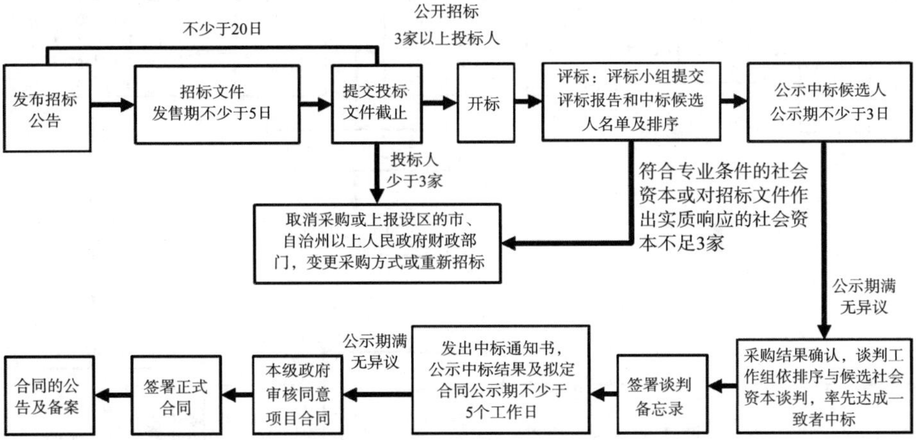


**图6-2　PPP项目公开招标及邀请招标的采购流程**

2. 竞争性磋商

通过竞争性磋商方式采购PPP项目的流程如图6-3所示。

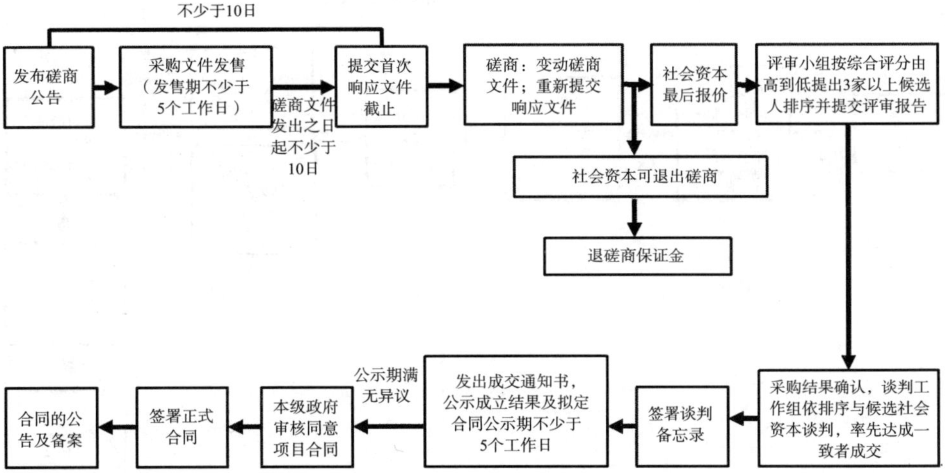


**图6-3　PPP项目竞争性磋商的采购流程**

3.竞争性谈判

通过竞争性谈判方式采购PPP项目的流程如图6-4所示。

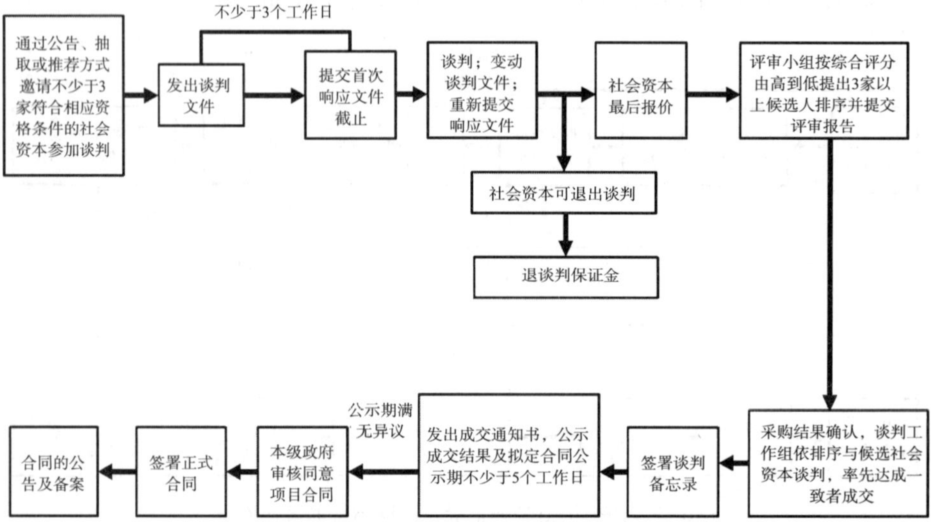


图6-4　PPP项目竞争性谈判的采购流程

4.单一来源采购

通过单一来源采购方式采购PPP项目的流程如图6-5所示。

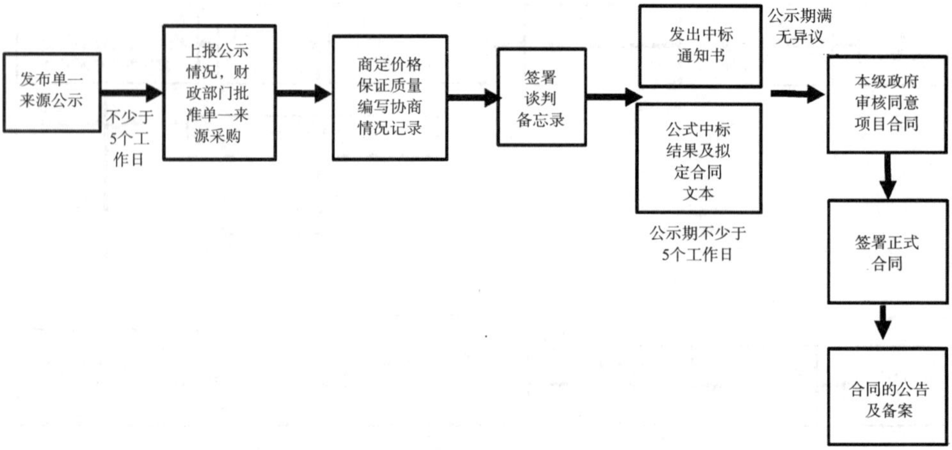


图6-5　PPP项目单一来源采购的采购流程

## 三、采购文件的编制

根据《政府和社会资本合作项目政府采购管理办法》(财库〔2014〕215号)第九条规定：PPP项目采购文件应当包括采购邀请、竞争者须知(包括密封、签署、盖章要求等)、竞争者应当提供的资格、资信及业绩证明文件、采购方式、政府对项目实施机构的授权、实施方案的批复和项目相关审批文件、采购程序、响应文件编制要求、提交响应文件截止时间、开启时间及地点、保证金交纳数额和形式、评审方法、评审标准、政府采购政策要求、PPP项目合同草案及其他法律文本、采购结果确认谈判中项目合同可变的细节以及是否允许未参加资格预审的供应商参与竞争并进行资格后审等内容。项目采购文件中还应当明确项目合同必须报请本级人民政府审核同意，在获得同意前项目合同不得生效。

采用竞争性谈判或者竞争性磋商采购方式的，项目采购文件除上款规定的内容外，还应当明确评审小组根据与社会资本谈判情况可能实质性变动的内容，包括采购需求中的技术、服务要求以及项目合同草案条款。

## 四、确认谈判

### (一)组建谈判小组的有关要求

根据《政府和社会资本合作项目政府采购管理办法》(财库〔2014〕215号)的有关规定，采购结果确认谈判工作组成员及数量由项目实施机构确定，但应当至少包括财政预算管理部门、行业主管部门代表，以及财务、法律等方面的专家。涉及价格管理、环境保护的PPP项目，谈判工作组还应当包括价格管理、环境保护行政执法机关代表。评审小组成员可以作为采购结果确认谈判工作组成员参与采购结果确认谈判。

### (二)谈判的过程

根据《基础设施领域实施政府和社会资本合作项目工作导则》(发改投资〔2016〕2231号)规定，PPP项目实施机构应根据需要组织项目谈判小组，必要时邀请第三方专业机构提供专业支持，谈判小组按照候选社会资本方的排名，依次与候选社会资本方进行合同确认谈判，率先达成一致的即为中选社会资本方。项目实施机构应与中选社会资本方签署确认谈判备忘录，并根据信息公开相关规定，公示合同文本及相关文件。此外，根据《政府和社会资本合作模式操作指南（试行）》（财金〔2014〕113号）、《政府和社会资本合作项目政府采购管理办法》（财库〔2014〕215号）规定，确认谈判只能涉及项目合同中可变的细节问题，不得涉及项目合同中不可谈判的核心条款，也不得与排序在前但已终止谈判的社会资本方进行重复谈判。

## 五、采购公示

### （一）公示渠道

根据财政部《关于做好政府采购信息公开工作的通知》（财库〔2014〕135号）的规定，“中央预算单位的政府采购信息应当在财政部指定的媒体上公开，地方预算单位的政府采购信息应当在省级（含计划单列市，下同）财政部门指定的媒体上公开。财政部指定的政府采购信息发布媒体包括中国政府采购网（www.ccgp.gov.cn）、《中国财经报》（《中国政府采购报》）、《中国政府采购杂志》《中国财政杂志》等。省级财政部门应当将中国政府采购网地方分网作为本地区指定的政府采购信息发布媒体之一”。

### （二）社会资本中标后的关键时点

根据《政府和社会资本合作项目政府采购管理办法》（财库〔2014〕215号），成交社会资本确定后，项目实施机构需完成以下事项，见表6-7。

社会资本中标后的关键时点及完成事项　　表6-7

| 时间节点 | 需完成事项 |
| --- | --- |
| 公示期满无异议后2个工作日内 | 项目实施机构应将中标、成交结果在省级以上人民政府财政部门指定的政府采购信息发布媒体上进行公告，同时发出中标、成交通知书 |
| 中标、成交通知书发出后30日内 | 项目实施机构应与中标、成交社会资本方签订经本级人民政府审核同意的PPP项目合同 |
| PPP项目合同签订之日起2个工作日内 | 项目实施机构应将PPP项目合同在省级以上人民政府财政部门指定的政府采购信息发布媒体上公告，但PPP项目合同中涉及国家秘密、商业秘密的内容除外 |
| 自采购合同签订之日起7个工作日内 | 采购人或者采购代理机构应当按照有关规定将采购合同副本报同级人民政府财政部门备案 |

# 第三节　项目执行

根据《政府和社会资本合作（PPP）综合信息平台信息公开管理暂行办法》（财金〔2017〕1号）第八条的规定，项目执行阶段（如图6－6所示）应当公开的PPP项目信息包括：

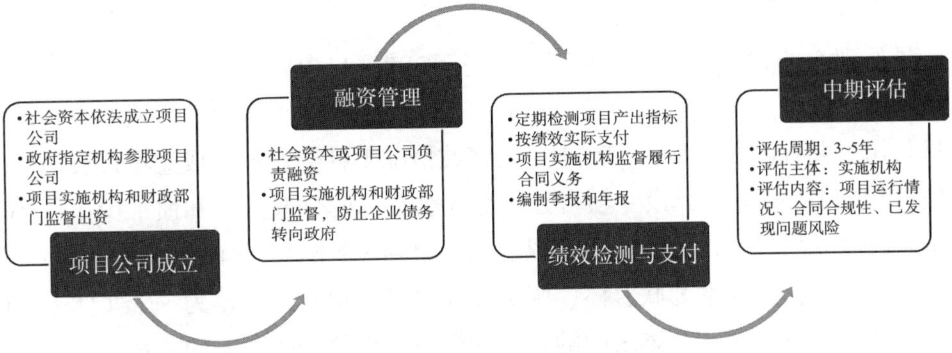


图6－6　PPP项目执行流程图

（1）项目公司（如有）设立登记、股东认缴资本金及资本金实缴到位情况、增减资情况（如有）、项目公司资质情况（如有）；

（2）项目融资机构名称、项目融资金额、融资结构及融资交割情况；

（3）项目施工许可证、建设进度、质量及造价等与PPP项目合同有关约定的对照审查情况；

（4）社会资本或项目公司的运营情况（特别是出现重大经营或财务风险，可能严重影响到社会资本或项目公司正常运营的情况）及运营绩效达标情况；

（5）项目公司绩效监测报告、中期评估报告、项目重大变更或终止情况、项目定价及历次调价情况；

（6）项目公司财务报告，包括项目收费情况，项目获得的政府补贴情况，项目公司资产负债情况等内容；

（7）项目公司成本监审、PPP项目合同的变更或补充协议签订情况；

（8）重大违约及履约担保的提取情况，对公众投诉的处理情况等；

（9）本级政府或其职能部门作出的对项目可能产生重大影响的规定、决定等；

（10）项目或项目直接相关方（主要是PPP项目合同的签约各方）重大纠纷、诉讼或仲裁事项，但根据相关司法程序要求不得公开的除外；

（11）本级PPP项目目录、本级PPP项目示范试点库及项目变化情况、本级人大批准的政府对PPP项目的财政预算、执行及决算情况等。

因此，需要政府部门关注的工作内容主要有以下几个方面。

## 一、项目公司设立

虽然现有的相关法律法规政策文件对于PPP项目中成立项目公司并未进行强制性约束，但从融资、建设管理、税务、退出机制、风险隔离等方面考虑，设立项目公司，会有诸多便利。实践中，大多数情况下社会资本会成立项目公司专门实施PPP项目。一方面，设立项目公司是社会资本的普遍需求和惯常操作，社会资本通过设立项目公司可以实现有限追索，起到风险隔离的作用；另一方面，如政府方参股或社会资本为联合体，则更要通过设立项目公司作为一个实体来实施项目，从而有效整合联合体之间的资金和资源，也便于政府方的监督和管理①。

PPP项目公司与常规注册的公司有诸多不同之处，根据财政部《关于规范政府和社会资本合作合同管理工作的通知》（财金〔2014〕156号）及附件《PPP项目合同指南（试行）》规定，PPP项目公司是依法设立的自主运营、自负盈亏的具有独立法人资格的经营实体。项目公司可以由社会资本（可以是一家企业，也可以是多家企业组成的联合体）出资设立，也可以由政府和社会资本共同出资设立，或者社会资本设立项目公司后由政府指定机构参股项目公司②。

与其他普通的公司相比，PPP项目公司的主要特点为③：

（1）政府持股比例的要求应当低于50%且不具有实际控制力及管理权，体现了PPP项目公司股权结构中政府职能的转变，PPP项目公司的市场化运作；

① 刘飞，朱宁馨.《PPP 项目合同系列谈》之一“合同主体”[EB/OL]. [2016-09-14]. http：//www.pppadvisor.com/Topic/info？ topicid=491.

② 周兰萍. PPP 项目运作实务 [M]. 北京：法律出版社，2016.

③ PPP 创新结构. “PPP 项目公司股权结构浅析”[EB/OL]. [2016-05-23]. http：//www.360doc.com/content/16/0608/16/33823802_566091655.shtml.

（2）PPP项目公司为项目融资的唯一主体，区别于普通公司融资主体多样化，PPP项目公司对外融资只以该项目公司为主体进行融资，与政府进行有效隔离；

（3）PPP项目公司是多方不同利益的集中体现，政府与社会资本或者联合体合作之间的权利义务、职责分工、利益分配等都是通过PPP项目公司的股权结构、公司治理架构体现的；

（4）在实践中，政府方往往会通过锁定期、股权受让方主体资格对社会资本方股权变更进行限制。在锁定期内，未经政府批准，社会资本不得转让其直接或间接持有的项目公司的股权。锁定期是限制股权变更的前提条件，以免后续发生不必要的争议[①]。

## 二、融资管理

根据财政部《关于印发政府和社会资本合作模式操作指南（试行）的通知》（财金〔2014〕113号）第二十四条的规定：“项目融资由社会资本或项目公司负责。社会资本或项目公司应及时开展融资方案设计、机构接洽、合同签订和融资交割等工作。财政部门（PPP中心）和项目实施机构应做好监督管理工作，防止企业债务向政府转移。”

社会资本或项目公司未按照项目合同约定完成融资的，政府可提取履约保函直至终止项目合同；遇系统性金融风险或不可抗力的，政府、社会资本或项目公司可根据项目合同约定协商修订合同中相关融资条款。当项目出现重大经营或财务风险，威胁或侵害债权人利益时，债权人可依据与政府、社会资本或项目公司签订的直接介入协议或条款，要求社会资本或项目公司改善管理等。在直接介入协议或条款约定期限内，重大风险已解除的，债权人应停止介入。

## 三、履约担保方式

为了确保PPP项目中新设的项目公司能按照合同约定履约，政府通常会希望项目公司或其承包商、分包商就其履约义务提供一定的担保。履约担保的方式通常包括履约保证金、履约保函及其他形式的保证等。

---

① 周兰萍 . PPP 项目运作实务 [M]. 北京：法律出版社，2016.

在PPP实践中，最为常见、有效的履约担保方式是保函。保函是指金融机构（通常是银行）应申请人的请求，向第三方（即受益人）开立的一种书面信用担保凭证，用以保证在申请人未能按双方协议履行其责任或义务时，由该金融机构代其履行一定金额、一定期限范围内的某种支付责任或经济赔偿责任。在出具保函时，金融机构有可能要求申请人向金融机构提供抵押或者质押。

为了保证项目公司根据PPP项目合同约定的时间、质量实施项目、履行义务，政府可以要求项目公司提供一个或多个保函，具体可能包括建设期履约保函、运营维护保函、移交维修保函等。

（1）建设期履约保函：主要用于担保项目公司在建设期能够按照合同约定的标准进行建设，并且能够按时完工。该保函的有效期一般是从项目合同全部生效之日起到建设期结束。

（2）运营维护期履约保函或维护保函：主要用以担保项目公司在运营维护期内按照项目合同的约定履行运营维护义务。该保函的有效期通常视具体项目而定，可以一直到项目期限终止。在项目期限内，项目公司有义务保证该保函项下的金额一直保持在一个规定的金额，一旦低于该金额，项目公司应当及时将该保函恢复至该规定金额。

（3）移交维修保函：提交时点一般在期满终止日12个月之前，担保至期满移交后12个月届满。

与此同时，在PPP项目合同签订前，政府还可能要求社会资本方提供下列保函：①投标保函——在许多PPP项目中，政府会要求参与项目采购的社会资本方提供一个银行保函，作为防止恶意参与采购的一项保障（如社会资本方参与采购程序仅仅是为了获取商业信息，而没有真正的签约意图）——这类保函通常在采购程序结束并且选定社会资本方同意或正式签署PPP项目合同时才会予以返还。②担保合同前提条件成就的履约保函——在一些PPP项目中，为了确保项目公司能够按照规定的时间达成融资交割等PPP项目合同中约定的前提条件，政府可能会要求项目公司在签署PPP项目合同之前向政府提交一份履约保函，以担保合同前提条件成就——该保函通常在PPP项目合同条款全部生效之日即被返还并失效。

## 四、绩效考核与支付

### （一）定期检测项目产出标准

相较传统的工程采购对项目资产的追求，PPP模式更关注的是项目资产投资提供的产品或服务。因此，在PPP项目中政府方比较关心的问题主要有以下四个方面：

（1）PPP项目提供产品或服务的质量和数量需合格；

（2）PPP项目提供产品或服务的价格应合理；

（3）PPP项目的可持续性；

（4）政府方的收益。

基于政府方制定的项目产出标准及具体表现形式见表6-8。

PPP 项目基于政府的产出标准的一般性指标[①]　　表 6-8

| 标准类别 | 表现形式 |
|---|---|
| 产品或服务质量 | 项目设计满足现在及将来的使用要求 |
| | 项目运营安全、可靠 |
| | 产品或服务质量满足消费者需求 |
| | 产品或服务质量移交前后具有一致性 |
| | 产品或服务质量具有持久性 |
| 产品或服务数量 | 数量满足消费者需求 |
| | 在一定程度上缓解社会供需矛盾 |
| 产品或服务价格 | 消费者能承受 |
| | 项目公司获取合理利润 |
| | 与社会经济发展水平相适应 |
| 产品或服务价格 | 设置合理的调价机制 |
| | 定价能促进社会公平 |
| 特许经营期限设计 | 特许经营期限结构选择合理 |
| | 建设期限尽可能短，尽早提供服务 |
| | 运营期限设置长短合理 |

① 陈辉 . PPP 模式手册 [M]. 北京：知识产权出版社，2015.

续表

| 标准类别 | 表现形式 |
|---|---|
| 项目的可持续性 | 项目的建造和运营符合环保标准 |
| | 项目具有内部维护能力 |
| | 产品或服务具有竞争力 |
| | 产品或服务具有升级能力 |
| 政府方的收益 | 减少政府补贴，切实减小政府财政压力 |
| | 提高财政资金的利用效率 |
| | 提高基础设施项目建造、运营、维护和管理效率 |
| | 体现政府的公益性和服务性 |
| | 维护政府的权威和形象 |

### （二）绩效监控与评价

1. 绩效监控的目的和内容

在实践中，通常会设置一些机制以保障对项目相关设施和服务的绩效进行有效监控，确保实现项目物有所值。在社会公共服务项目，尤其是将绩效作为付费依据之一的项目中，政府方和项目公司通常会在项目合同中约定一个详细的绩效监控方案，以确保项目公司能够达到合同要求的绩效标准。绩效监控方案通常会明确约定项目公司的监控义务，包括运营情况监测、信息发布、定期报告、保证相关信息的真实性、准确性和完整性等。此外，绩效监控方案还会列明各项设施和服务的具体绩效标准。

2. 绩效评价的内容

项目实施过程中，为实现项目运营效率、运营标准的全程监督，确保公共产品和服务的质量、效率和延续性，政府一般会要求对公共产品和服务的数量、质量以及资金使用效率等方面进行综合评价，并将评价结果作为价费标准、财政补贴以及合作期限等调整的参考依据。

对PPP项目的绩效评估，应包含以下四个方面：对成本投入的评估、对产出的评估、对效率的评估、对公众满意度的评估。具体而言：

第一，对于项目成本投入的评估是指针对投资运营的成本，如果对运营成本的投资规模不足，会导致项目运营能力的缺乏，当然如果对运营成本过度投入，也会导致运营资金的浪费。对于成本投入的评估要相对于产出来说，在维持特定产出水平的前提下，做到投入成本的最小化。

第二，对于项目产出的评估可以从基础设施或者是公共服务的数量或规模上进行评估，这种评估是可以定量的。例如，污水处理厂每天处理污水的吨数、垃圾处理厂处理垃圾的数量、高速公路项目的车流量、轨道交通项目的列车发行次数、水利枢纽项目的发电量、医院日接待病人的数量、体育场馆可容纳的人数及举办赛事的规模等。在PPP项目中，产出往往是影响政府付费额度的重要条件。

第三，对于项目的效率评估可以分为经济效益和社会效率。首先，经济效益就是指上述提到的投入和产出的比例，经济效益最大即指以最小的投入得到最大的产出。但由于PPP项目的公益属性，仅追求经济上的效率是不够的，PPP项目同时需要达到社会效益的最大化。社会效益包括对群体的收益程度和对环境的影响等。一个真正优质的PPP项目应该有大范围的受益群体，对一定区域的群众都有有益的影响，对整个区域的发展起到正向的推动作用。同时，对于大型的基础设施项目，在考察其经济效益的同时，必须考虑到对环境的影响，尤其是PPP项目中能源类项目对环境的影响，必须列为绩效评估机制中的一个指标。

第四，项目的公众满意度可以从两个角度进行评估：一个是从项目受益群众的角度进行评估，受益群体通常是基础设施或者公共服务的使用者，他们的满意程度能够更直观地评估出产品或者服务的质量的好坏；另一个是从受损群体的角度，由于PPP项目大都规模大、周期长，常常占用土地面积较大或建设工期较长，这就涉及周边土地的征用以及周边群众的安置问题，此外还应考虑到建设期间对周边居民生活可能造成的噪声、通行不便等不良影响，应将PPP项目对受损群体造成的消极影响控制到尽可能小的范围内。

**（三）绩效考核指标的调整**

绩效考核指标可以根据实际情况进行调整。在整个合作期限内，需要综合考虑项目的实际情况决定是否调整绩效考核指标。PPP项目合同签订后，并不表明项目的相关事项不再进行调整，政府和社会资本可设置合理的沟通机制，针对项目合作期限内项目相关事项发生的变化，进行适当的调整，绩效考核指标是否变化，应主要考虑绩效考核依据的相关规范是否发生变化以及项目实际情况是否发生变化，若PPP项目协议约定的绩效考核事项不符合项目实际情况或绩效考核规范发生变化，可以对项目的绩效考核指标进行调整[①]。

## 五、合同监督与执行

实施机构监督合同执行的内容包括但不限于：①价格调整机制的设定；②项目调整与变更的操作；③运营维护费的测算及运营维护责任的界定；④PPP项目的违约处理机制等内容。

**（一）价格调整机制的流程**

PPP项目运营期内价格的调整首先需符合一定的前提条件，并不是所有影响价格的因素出现了变化就要触发价格调整机制。一般来说，达到以下两个条件就可以提出调价申请：一是项目运营的时间已经达到了合同中约定的调价周期；二是合同中约定了调价标准且价格超出了合同约定的价格变化幅度。

从目前实践来看，PPP项目申请调价的主体一般是项目公司。对于调价申请发起后的审查程序，在PPP项目合同中应予以较为详细的约定：首先，合同中应明确项目调价申请程序的受理主体，即由谁负责审查调价申请，通常约定由项目实施机构，负责审查调价申请；其次，应约定调价申请的审查期限，以避免政府或其授权主体（审查主体）在审查调价申请时拖延推诿，进而影响项目的正常运营，最后，应明确调价申请审批的争议解决机制，实践中，对于项目是否发生了PPP项目合同中约定的调价事由的认定往往存在争议，因此在合同中必须建立调价机制的争议解决机制。

此外，针对调价机制，由于PPP项目适用于基础设施和公共服务领域，提供的是公共产品或服务，而公共产品或服务的调价直接影响公众利益，因此在设计调价机制时，必须遵守《价格法》等相关法律法规的规定，保证调价机制的合法性，如对于PPP项目涉及的公共产品或服务价格的调整，应该举行听证会，以保证公众在调价程序中的权利。

**（二）项目风险分配与变更**

在PPP项目长期的运营过程中，会有很多因素影响项目的定价、项目运营期间的服务质量和运营标准等。如果发生了政策或者外部环境上的重大变化，就

① 建纬观点："PPP 问答" [EB/OL]. [2016-08-09]. http ：//sanwen.net/a/bwolloo.html.

必须对项目进行必要的调整以维持项目的可用性及营利性。

项目运营过程中市场因素变化的风险主要由社会资本承担；经济因素包括利率变动、汇率变化、通货膨胀、地区经济、金融市场健全程度等发生变化时的风险，主要由政府方承担或根据具体情况由政府和社会资本方共担，政府部门可以适当地增加或减少补贴，或者调整利益分配结构；法律体系完备程度及法律法规等变化的风险，主要由政府方承担，当此类因素发生变化、使得项目的运营风险加大时，应当由政府通过增加补贴或者减少利润分配等方式对风险进行承担。

基于PPP项目合同的约定，项目变更程序与调价类似，流程也包括变更提出、评估、批准、认定等。实践中变更申请大部分是由项目公司自身提出，提出后由主管的政府部门进行评估，同时需要由独立的第三方机构进行评估。政府部门经过论证后，对申请进行批准和认定。

对于需要新增投资和运营费用，或者需要调整各方利益分配的，可以探寻从民事合同的角度去进行合同变更。当某些重大的变化发生时，可能需要终止合同，所以在合同中需要明确将这些变化因素进行分类和程度上的划分，列明合同条件。

**（三）运营维护费用及范围的确定**

PPP项目运营维护费用的确定必须结合具体项目进行认定。实践中既可参照投资额估算，也可参照定额计划，在综合考虑项目的设计使用寿命、运营负荷、价格趋势等多种因素的条件下，采用适当的方式确定PPP项目运营维护费用标准。

而运营维护责任范围的界定，应重点依据PPP项目合同进行设置，包括设置PPP项目的考核机制，参考相关项目涉及的运营维护规范，从而合理确定项目的运营维护范围。若采用定额计划，则应根据项目实际情况，选择适用适当的定额规范，并结合具体的PPP项目协议的约定，确定运营维护责任范围[①]。

**（四）项目终止的违约处理**

根据财政部《PPP项目合同指南（试行）》，在PPP项目合同中，可能导致项目

---

① 庹惠铭.【建纬观点】“PPP 问答”. [EB/OL]. [2016-08-09]. http://sanwen.net/a/bwolloo.html.

提前终止的事由通常有四类：

（1）政府方违约事件——发生政府方违约事件，政府方在一定期限内未能补救的，项目公司可根据合同约定主张终止PPP项目合同；

（2）项目公司违约事件——发生项目公司违约事件，项目公司和融资方或融资方指定的第三方均未能在规定的期限内对该违约进行补救的，政府方可根据合同约定主张终止PPP项目合同；

（3）政府方选择终止——政府方在项目期限内任意时间可主张终止PPP项目合同；

（4）不可抗力事件——发生不可抗力事件持续或累计达到一定期限，任何一方可主张终止PPP项目合同。

基于不同事由导致的终止，终止后的处理上有所不同。一般来讲，通常会涉及回购和回购补偿两方面的事项。

1. 回购义务

实践中，通常只有在项目公司违约导致项目终止的情形下，政府才不负有回购的义务而是享有回购的选择权，即政府可以选择是否回购该项目。但对于一些涉及公共安全和公众利益的、需要保障持续供给的PPP项目，也可能在合同中约定即使在项目公司违约导致项目终止的情形下，政府仍有回购的义务。

2. 回购补偿

根据项目终止事由的不同，回购补偿范围也不相同。常见的安排有以下三种：

（1）政府方违约事件、政治不可抗力以及政府方选择终止。

对于因政府方违约事件、政治不可抗力以及政府方选择终止所导致的项目合同终止，一般的补偿原则是确保项目公司不会因项目提前终止而受损或获得额外利益。补偿的范围包括：

①项目公司尚未偿还的所有贷款（其中可能包括剩余贷款本金和利息、逾期偿还的利息及罚息、提前还贷的违约金等）；

②项目公司股东在项目终止之前投资项目的资金总和（必要时需要进行审计）；

③因项目提前终止所产生的第三方费用或其他费用（支付承包商的违约金、雇员的补偿金等）；

④项目公司的利润损失（双方通常会在PPP项目合同中约定利润损失的界定标准及补偿比例）。

（2）项目公司违约事件。

实践中，对于因项目公司违约事件导致的项目合同终止，如果政府有义务回购或者选择进行回购时，政府需要就回购提供相应补偿。常见的回购补偿计算方法包括：

①市场价值方法，即按照项目终止时合同的市场价值计算补偿金额；

②账面价值方法，即按照项目资产的账面价值计算补偿金额。

根据财政部《关于印发政府和社会资本合作模式操作指南（试行）的通知》（财金〔2014〕113号）第二十七条规定，社会资本或项目公司违反项目合同约定，威胁公共产品和服务持续稳定安全供给，或危及国家安全和重大公共利益的，政府有权临时接管项目，直至启动项目提前终止程序。

政府可指定合格机构实施临时接管。临时接管项目所产生的一切费用，将根据项目合同约定，由违约方单独承担或由各责任方分担。社会资本或项目公司应承担的临时接管费用，可以从其应获终止补偿中扣减。

（3）自然不可抗力。一般原则是由双方共同分摊风险。

由于自然不可抗力属于双方均无过错的事件，因此对于自然不可抗力导致的终止，一般的原则是由双方共同分担风险。补偿范围一般会包括未偿还融资方的贷款、项目公司股东在项目终止前投入项目的资金以及欠付承包商的款项。

补偿一般会扣除保险理赔金额，且不包括预期利润损失。

3. 补偿的支付

政府回购补偿的支付一般有一次性全额支付和分期付款两种方式。

（1）一次性全额支付。对项目公司而言，当然希望可以一次性获得全额补偿。但对政府而言，一次性全额支付可能会增加政府的资金压力，需要政府进行合理的财政预算安排。

（2）分期付款。分期付款可以在一定程度上缓解政府的资金压力，但是否能够采用这种方式还取决于项目公司和融资方能否同意。此外，如果采用分期付款方式，项目公司一般会向政府主张延期支付的利息，并且在未缴清补偿款前，项目公司一般不愿意移交项目资产，因此采用分期付款方式有可能会影响项目的移交时间。

尽管在PPP项目合同中，通常会根据不同的终止原因对回购价款数额及其支付作出约定，但由于PPP项目投资大，周期长，无论何种原因提前终止，回购价款均可能超出政府方当时的财政承受能力，导致不能及时支付回购价款，形成新的违约和纠纷。而且由于PPP项目属于基础设施和公共服务领域，涉及公共产品或服务的供给，关系社会公共利益，PPP项目的提前终止不仅涉及政府方和社会资本方的权利、义务，还对社会公共利益和其他利益相关方（包括金融机构等）有着重要的影响，相关各方的权利义务需要在PPP合同中进行充分的约定。

## 第四节　项目移交（项目结束）

项目移交阶段需要做的工作主要包括：移交准备、性能测试、资产交割和项目后评价。按照《政府和社会资本合作（PPP）综合信息平台信息公开管理暂行办法》（财金〔2017〕1号）的要求，PPP项目移交阶段也应做好信息公开的工作。财金〔2017〕1号文对移交阶段应当公开的具体项目信息、公开方式及信息提供方等见表6-9。

PPP 项目移交阶段信息公开的内容　　表 6-9

| 公开内容 | 公开方式 | 公开的时点 | 信息提供方 |
|---|---|---|---|
| 移交工作组的组成、移交程序、移交标准等移交方案 | 即时公开 | 移交方案确定后 10 个工作日内 | 实施机构 |
| 移交资产或设施或权益清单、移交资产或权益评估报告（如适用）、性能测试方案 | 即时公开 | 清单或报告定稿或测试完成后 10 个工作日内 | 实施机构 |
| 移交项目资产或设施上各类担保或权益限制的解除情况（如适用） | 即时公开 | 对应解除完成后 10 个工作日内 | 实施机构<br>项目公司 |
| 项目设施移交标准达标检测结果 | 即时公开 | 达标检测结果出具后 10 个工作日内 | 实施机构 |
| 项目后评价报告，以及项目后续运作方式 | 即时公开 | 后评估报告定稿或项目后续运作方式确定后 10 个工作日内 | 实施机构 |

## 一、移交准备

在移交准备时，需要明确移交工作小组的组成方案、明确移交的程序和移交标准。相关的政策规定见表6-10。

PPP 项目移交准备的相关政策规定　　表 6-10

| 政策法规 | 规定内容 |
|---|---|
| 发改投资〔2016〕2231 号<br>第二十一条 | 对于 PPP 项目合同约定期满移交的项目，政府应与项目公司或社会资本方在合作期结束前一段时间（过渡期）共同组织成立“移交工作组”，并明确移交标准 |
| 财金〔2016〕92 号<br>第三十三条 | 各级财政部门应当会同行业主管部门做好项目资产移交工作。项目合作期满移交的，政府和社会资本双方应按合同约定共同做好移交工作，确保移交过渡期内公共服务的持续稳定供给 |
| 财金〔2014〕113 号<br>第三十二条 | 项目移交时，项目实施机构或政府指定的其他机构代表政府收回项目合同约定的项目资产。<br>项目合同中应明确约定移交形式、补偿方式、移交内容和移交标准。移交形式包括期满终止移交和提前终止移交；补偿方式包括无偿移交和有偿移交；移交内容包括项目资产、人员、文档和知识产权等；移交标准包括设备完好率和最短可使用年限等指标。<br>采用有偿移交的，项目合同中应明确约定补偿方案；没有约定或约定不明的，项目实施机构应按照“恢复相同经济地位”原则拟定补偿方案，报政府审核同意后实施 |

## 二、性能测试

该阶段的内容包括：①成立测试主体——移交工作组，制订资产评估和性能测试方案；②根据性能测试方案和移交标准组织性能测试工作。与之相关的规定见表6-11。

PPP 项目性能测试的相关政策规定　　表 6-11

| 政策法规 | 规定内容 |
| --- | --- |
| 发改投资〔2016〕2231 号<br>第二十一条 | 政府应与项目公司或社会资本方在合作期结束前一段时间（过渡期）共同组织成立移交工作组，启动移交准备工作。移交工作组按照 PPP 项目合同约定的移交标准，组织进行资产评估和性能测试，保证项目处于良好运营和维护状态。项目公司应按 PPP 项目合同要求及有关规定完成移交工作并办理移交手续 |
| 财金〔2016〕92 号<br>第三十三条 | 项目实施机构或政府指定的其他机构应组建项目移交工作组，对移交资产进行性能测试、资产评估和登记入账，项目资产不符合合同约定移交标准的，社会资本应采取补救措施或赔偿损失 |
| 财金〔2014〕113 号<br>第三十三条 | 项目实施机构或政府指定的其他机构应组建项目移交工作组，根据项目合同约定与社会资本或项目公司确认移交情形和补偿方式，制定资产评估和性能测试方案。<br>项目移交工作组应委托具有相关资质的资产评估机构，按照项目合同约定的评估方式，对移交资产进行资产评估，作为确定补偿金额的依据。<br>项目移交工作组应严格按照性能测试方案和移交标准对移交资产进行性能测试。性能测试结果不达标的，移交工作组应要求社会资本或项目公司进行恢复性修理、更新重置或提取移交维修保函 |

综上，在PPP项目开始移交之前，应当按照有关法律法规和政策文件的要求以及PPP项目合同的约定，由政府方委托的独立专家或者由政府方和项目公司共同成立具体负责项目移交事宜的组织机构。对移交资产比较多、移交工作比较专业和复杂的PPP项目，除了需要成立项目移交工作组或移交委员会从总体上全面负责项目移交工作外，可能还需要根据具体PPP项目情况的不同，成立包括各专业在内的工作小组来具体负责项目移交中的相关事宜①。

资产移交前，通常需要对项目的资产状况进行评估并对项目状况能否达到合同约定的移交条件和标准进行测试。实践中，上述评估和测试工作通常由政府方委托的独立专家或者由政府方和项目公司共同组成的移交工作组负责。经评估和测试，项目状况不符合约定的移交条件和标准的，政府方有权提取移交维修保函，并要求项目公司对项目设施进行相应的恢复性修理、更新重置，以确保项

① 建纬律师.【建纬观点】PPP 项目移交程序 [EB/OL]. [2016-09-12]. https：//sanwen8.cn/p/2a2Iyw4.html.

目在移交时满足约定要求[①]。

## 三、资产交割

### （一）移交资产的范围

PPP项目在运营期末需移交的资产主要是满足项目运营所需的各种有形及无形资产（包括动产、不动产、知识产权、相关技术法律文件、许可等），但并不包括项目公司的现金（包括银行存款等现金等价物）余额。

若项目公司对于运营所需资产没有所有权（如划拨土地使用权等），应移交运营所需资产的使用权及占有权。相关的项目公司签订的、在移交时仍有效的设备合同、供货合同和其他任何合同，若政府合理要求，项目公司应全部取消。

财政部《PPP 项目合同指南（试行）》中对于PPP项目移交有如下说明："项目移交通常是指在项目合作期限结束或者项目合同提前终止后，项目公司将全部项目设施及相关权益以合同约定的条件和程序移交给政府或者政府指定的其他机构。项目移交的基本原则是项目公司必须确保项目符合政府回收项目的基本要求，要求范围通常包括：

①项目设施；

②项目土地使用权及项目用地相关的其他权利；

③与项目设施相关的设备、机器、装备、零部件、备品备件以及其他动产；

④项目实施相关人员；

⑤运营维护项目设施所要求的技术和技术信息；

⑥与项目设施有关的手册、图纸、文件和资料（书面文件和电子文档）；

⑦移交项目所需的其他文件。"

### （二）资产移交时权利和技术方面的条件和标准

移交时，项目设施、土地及所涉及的任何资产不存在权利瑕疵，其上未设置任何担保及其他第三人的权利。但在提前终止导致移交的情形下，如移交时尚有

① PPP 资讯 .PPP：项目移交的四个阶段 [EB/OL]. [2016-06-29]. http：//mp.weixin.qq.com/s？__biz=MzA4MDI2MTU3Nw==&mid=2650336078&idx=6&sn=4070f430b8b26eb35ce2c06017217fae&scene=0#wechat_redirect.

未清偿的项目贷款，就该未清偿贷款所设置的担保除外。技术方面，项目设施应符合双方约定的技术、安全和环保标准，并处于良好的运营状况。在一些PPP项目合同中，会对“良好运营状况”的标准作进一步明确，例如“在不再维修的情况下，项目可以正常运营三年”等①。

**（三）移交手续和费用**

移交相关的资产过户、合同转让、技术转让等手续由哪一方负责办理主要取决于合同的约定，多数情况下由项目公司负责。关于移交相关费用的承担，通常取决于双方的谈判结果，常见的做法通常包括以下三种：

（1）由项目公司承担移交手续的相关费用。这是较为常见的一种安排，而且办理移交手续的相关费用也会在项目的财务安排中予以预先考虑。

（2）由政府方和项目公司共同承担移交手续的相关费用。

（3）如果因为一方违约事件导致项目终止而需要提前移交，可以约定由违约方来承担移交费用。

在签订PPP项目合同时，应当在合同中对移交费用（含税费）的承担作出具体、明确的约定，以避免双方当事人在该问题上产生不必要的纠纷。

## 四、项目后评价

**（一）项目后评价的主要内容**

PPP项目移交完成后，地方政府有关部门可组织开展项目后评价，即对PPP项目全生命周期的效率、效果、影响和可持续性等进行评价。评价结果应按照有关规定公开，并作为政府开展PPP管理工作和完善PPP模式制度体系的决策参考依据。至此，一个PPP项目的生命周期正式结束。相关政策中对项目后评价的规定见表6-12。

① PPP资讯.PPP：项目移交的四个阶段[EB/OL]. [2016-06-29]. http：//mp.weixin.qq.com/s？__biz=MzA4MDI2MTU3Nw==&mid=2650336078&idx=6&sn=4070f430b8b26eb35ce2c06017217fae&scene=0#wechat_redirect.

PPP 项目后评价的相关政策规定　　表 6-12

| 政策法规 | 内容 |
| --- | --- |
| 发改投资〔2016〕2231 号<br>第二十二条 | 项目移交完成后，地方政府有关部门可组织开展 PPP 项目后评价，对 PPP 项目全生命周期的效率、效果、影响和可持续性等进行评价。评价结果应及时反馈给项目利益相关方，并按有关规定公开 |
| 财金〔2014〕113 号<br>第三十五条 | 项目移交完成后，财政部门（政府和社会资本合作中心）应组织有关部门对项目产出、成本效益、监管成效、可持续性、政府和社会资本合作模式应用等进行绩效评价，并按相关规定公开评价结果。评价结果作为政府开展政府和社会资本合作管理工作的决策参考依据 |
| 财金〔2017〕1 号<br>第九条 | 项目移交阶段应当公开的 PPP 项目信息包括：……（四）项目后评价报告（含对项目产出、成本效益、监管成效、可持续性、PPP 模式应用等进行绩效评价），以及项目后续运作方式 |

**（二）项目移交完成后政府的后续管理**

政府部门作为PPP项目的最终接收方，在PPP合同期满移交后，一般有三种后续管理思路：①与原资产经营团队续约，根据实际情况，签订新的特许经营协议；②由政府行业主管部门或其指定国有企业接管，提供公共服务；③对该项目重新进行招投标，聘请更为优秀的经营管理团队。

这三种方式各有利弊，实践中政府方应根据资金价值最大化、维护共用利益的原则进行选择。

# 第七章 PPP示范项目介绍

## 第一节 财政部第一批示范项目案例选编

### 一、池州市主城区污水处理及市政排水设施购买服务PPP项目

为解决池州市城市基础设施存在的总量不足、标准不高、运行管理粗放等问题，加强城市基础设施建设、提高城市运行效率、推动经济结构调整和发展方式转变，池州市人民政府拟采取PPP模式实施池州市主城区污水处理及市政排水购买服务项目。

本项目为政府发起，池州市住建委是项目发起主体。池州市人民政府授权市住建委，采用邀请招标方式选择项目的投资合作伙伴，投资人与市政府授权主体共同组建项目公司购买项目资产，同时市住建委向项目公司授予特许经营权。

本项目资产转让的范围为池州市主城区已建污水处理厂2座、处理能力10万t/日（清溪污水处理厂一期4万t/日，二期4万t/日；城东污水处理厂2万t/日）；已建排水管网约750km；已建污水泵站7座，合计10.45万t/日污水提升能力。经北京国融兴华资产评估有限责任公司评估，池州市主城区污水处理及市政排水购买服务项目涉及的实物资产的初步评估结果为71251.36万元。

**（一）实施方案要点**

1. 合同体系

本项目一方面应符合国有资产产权转让的要求，另一方面还应符合国家关于公用设施产业化特许经营政策的有关规定，所以本项目在实施中需要将已建设施

的资产产权转让和授予特许经营权同步进行。市住建委与项目公司签订《特许经营协议》，授予项目公司独家的特许经营权；项目公司与产权所有人签订《资产转让协议》，购买已建污水处理厂及排水设施等资产并支付转让费用；项目公司与金融机构签订融资协议，融资金额为资产转让价款与项目资本金之间的差额。

2. 合作范围

本项目特许经营期限为26年。项目公司以划拨方式取得池州市主城区已建污水处理厂及泵站土地使用权，并承担土地划拨产生的费用。特许经营期间，项目公司自行承担费用、责任和风险，负责池州市主城区已建污水处理厂及排水设施的运营和维护以及新建项目的投融资、建设和运营维护。市住建委按期向项目公司支付购买服务费。特许经营期满终止时，项目公司应将主城区污水处理厂及排水设施的所有权、土地使用权及相关技术资料无偿、完好、无债务、不设定担保地移交给池州市人民政府或其指定机构。

3. 回报机制

项目公司在特许经营期内取得政府购买服务费，以补偿经营成本、还本付息（若有）、回收投资、应缴税金和获取投资回报。

本项目采取邀请招标的方式进行采购，评标确定深圳水务（集团）有限公司（以下简称“深圳水务”）为中标人。池州市水业投资公司作为政府方出资代表，与深圳水务合资组建项目公司，股权比例为：深圳水务占股80%，池州市水业投资公司占股20%。

**（二）项目存在的难点**

1. 土地难以确权办证

本项目土地原由政府按照公益用途无偿划拨，项目土地使用权仍登记在原使用单位。实施PPP项目后，考虑到污水处理和排水设施服务具有经营性质，根据目前的土地政策，须通过挂牌出让方式取得土地使用权证。这种做法不仅对社会公益类项目推行PPP形成了障碍，如果产生出让费用还会导致政府的购买服务成本增加。

2. 采购平台不统一

通常，资产转让由国资委负责，通过产权交易平台进行；PPP项目招标由公共资源交易局负责，通过政府采购平台进行。如果分平台进行招标采购，容易造成资产受让方和特许经营权受让方不是同一主体，导致资产所有者和特许经营权所有者分离，特许经营难以维持。资产转让和购买服务项目授予应同步进行，由同一主体接收。

## 二、湘潭经济技术开发区污水处理厂PPP项目

湘潭经济技术开发区处于湘江中下游，产生的污染物最终将排入与开发区紧临的湘江，而湘江为长沙饮用水水源保护区，因此，本工程为解决湘潭开发区北部生活污水、工业废水的处理问题，对改善城市环境、保护湘江流域的生态环境、确保长沙饮用水安全，意义重大。

本项目由政府发起并组织。湘潭市政府授权湘潭经济技术开发区管理委员会为实施机构，负责本项目的组织、实施和各项具体工作的安排，并与选定的社会资本签署特许经营协议。

### （一）实施方案要点

1. 合作范围

在特许经营期内，项目公司自行承担本项目的投融资、建设、运营，负责管理、维护污水处理厂设施，并承担相应的风险，按照特许经营协议的约定提供合格的污水处理服务，通过收取污水处理服务费回收投资并获得合理利润。特许经营期届满后，根据特许经营协议的约定向湘潭经开区管委会或其指定机构移交项目设施。

2. 回报机制

在整个特许经营期内，湘潭经济技术开发区管理委员会依据特许经营协议的约定向项目公司支付的污水处理服务费是其唯一收入来源。项目公司股东按照股权比例享有分红。

3. 定价机制

经过公开招标程序，合同双方谈判达成一致后，本项目的污水处理服务费单价暂定为1.81元/$m^3$。在项目通过环保验收并正常运营半年后，由实施机构和项目公司共同对污水处理的实际运营成本进行校核，并根据原有的价格测算原则进行调整核算，此次调整后的水价作为正式的基准水价。同时，实施机构根据基准水价与暂定水价之间的差额，对项目公司之前（自商业试运行期开始之日起

至基准水价确定之日止）应收的污水处理服务费进行核算，多退少补。

4. 调价机制

在特许经营期内，实施机构将根据综合物价、人工工资水平、税率等因素变化导致项目公司运营成本的变化，对污水处理服务费单价进行调整，调整周期为两年。

5. 风险分配方案

项目在特许经营期内的投融资、建设、运营、管理和维护方面的风险都主要由项目公司承担；政府方承担的主要风险则是对项目基本水量的保底，从远期预测情况来看，湘潭经济技术开发区的污水进水量基本满足本项目的需求；而特许经营期内由于物价变动、税率调整等带来的运营成本方面的风险由政府方和项目公司共同承担，通过调价的方式实现。

6. 绩效考核机制

在整个项目运营期内，项目公司应根据特许经营协议的规定，按期完成污水处理厂的建设、提供合格的污水处理服务、管理维护项目设施，政府对建设质量进度、出水水质、污水处理量等指标进行绩效考核。在绩效考核合格的情况下，实施机构按照协议约定按时、足额向项目公司支付污水处理服务费。

7. 监管机制

在特许经营期内，项目实施机构有权要求项目公司定期或不定期地向其报告生产情况，包括进水水质情况、污水处理工艺的变动、生产药剂的试验、化验、检验情况、出水水质情况等，实时掌握污水处理厂的运营情况。同时，实施机构可自行或委托具有相应资质的第三方机构对污水处理厂的进水、出水水质情况进行抽查。实施机构和市环境保护行政主管部门分别根据特许经营协议和相关法律法规的规定对项目公司的运营和出水标准进行监管，并对项目公司出现的所有违约情形处以违约金或进行行政处罚。

经湘潭市政府批准，本项目采用公开招标的方式确定社会投资人。本项目不接受联合体投标，投标人必须为独立法人，综合评审后最终确定黑龙江国中水务有限公司为项目合作伙伴和社会投资人，与政府方出资代表共同出资成立项目公司——湘潭国中污水处理有限公司。其中，国中水务有限公司出资9096万元，占股75.8%；湘潭九华经济建设投资有限公司出资2184万元，占股18.2%；湘潭市污水处理有限公司出资720万元，占股6%。所有股东均采用现金方式入股。政府授权股东参与项目分红，对项目公司事关重大公共安全的决策事项拥有主要决策权。

**（二）项目实施成效**

本项目整体进展顺利，建设进程符合预期。在政府按时完成周边配套管网设施的建设后，本项目可立即投入使用，经过深度处理后形成的再生水将进行回用，作为兴隆湖的景观补水、周边企事业单位的生产用水以及城市道路冲洗及绿化用水；同时，将利用污水建设污水源热泵，解决厂区及周边办公楼和小区的空调和取暖问题，以达到节能降耗的效果；此外，工程建设完成后将形成地上为市政公园、地下为污水处理厂、与周边环境协调统一的良好环境。本项目的完成将产生良好的社会、经济和环境效益。

通过项目建设，湘江流域水体水质和生态环境得到了有效保护，湘潭经济技术开发区环境得到了提升，同时生态环境的改善也吸引到更多的项目入驻，促进了开发区的可持续发展，为将湘潭经济技术开发区建设成为资源节约型、环境友好型社会建设示范片区奠定了基础。

本项目采用PPP模式运作，引入专业社会力量，通过资金层面、技术层面的合作，不仅节约了项目建设成本和运营成本，提高了财政资金使用效率，也提升了污水处理的专业技术水平，促进了政府职能的转变。

## 第二节　财政部第二批示范项目案例选编

### 一、丽阳溪水系综合整治工程PPP项目

丽阳溪水系包括五一溪、佛岭寺溪和丽阳溪三条河道，现状河道堤防为土堤或生硬挡墙，河道输水能力不足，防洪压力巨大，经常遭受洪涝灾害，这些都给城区的经济发展带来严重影响；政府每年为维护河道的正常运行，需要投入大量的财力、人力；内河水系被挤占现象十分普遍，严重影响河道沿岸的城市景观环境；另外，城市污水直接排入河道，水体污染十分严重，内河基本失去了美化城市景观的功能。

此次整治范围内的河道大部分位于城区，是城区社会经济的命脉，综合治理这些河段是促进城区经济快速发展的一项重要基础工作，对保障社会生产和生活、改善丽水市水环境来说也是极其必要的。

为进一步创新丽水市公共设施领域投融资模式，缓解地方政府短期资金压力，丽水市人民政府决定采取PPP模式实施丽阳溪水系综合整治工程项目。经丽水市政府授权，丽水市水利局作为本项目实施机构，负责本项目的组织、采购、实施和各项具体工作的安排。

实施方案要点：

（1）合作范围：项目公司负责本项目的投融资、建设和运营。具体来说，项目公司按照批准的设计文件完成水系整治、景观绿化建设，经验收合格后，需提供保洁、绿化和设施维护等服务。服务期满后项目公司将项目设施移交丽水市水利局。

（2）回报机制：丽水市水利局对项目公司的付费申请进行审核并提交财政局，财政局分期向项目公司支付服务费。项目公司通过获得服务费用弥补其建设投资、运营费用并获得合理回报。

（3）运营服务费调价机制：考虑到运营期内项目所处的经济环境会发生变化，有必要在运营期内对运营服务费及时进行修正和调整。本项目采用调价公式法，针对消费物价指数、劳动力市场指数等因素的变化，依据公式每两年对运营服务费进行调整。

（4）项目融资：本项目使用了农发行专项基金（4000万元人民币），并结合银行项目贷款进行融资。

本项目通过公开招标的方式确定浙江省基础建设投资集团股份有限公司为中标人。政府方参股主体为丽水市水利发展有限公司（下称“市水利发展公司”），与社会资本共同成立项目公司。项目公司注册资本为24000万元人民币，其中市水利发展公司出资人民币1200万元，占股5%；浙江省基础建设投资集团股份有限公司出资人民币22800万元，占股95%。

## 二、铜陵市城市排水一体化PPP项目

铜陵市为鼓励和引导社会资本参与铜陵市基础设施建设，提升城市综合承载

能力，促进经济社会持续健康发展，采用国家鼓励和推广的“厂网一体化模式”运作本项目。项目的必要性体现为三个方面：①盘活污水处理及市政排水设施存量资产，建立完整的政府购买服务体系；②资产转让获得的资金既可以偿还铜陵市建设债务，也可以用于城市基础设施建设，有助于缓解铜陵市财政压力；③引入社会投资人的技术和管理经验，提高项目资源的使用效率和经济效益。

本项目为政府发起项目。为保障项目顺利实施，铜陵市前期进行了资产评估等尽职调查工作，聘请具有专业资质的资产评估机构对存量资产的状况出具了评估报告；同时，由行业主管部门牵头对拟转让污水处理厂的运营状况进行了评估和调查。扎实的前期工作为后期项目运作奠定了牢固的基础。

实施方案要点：

（1）合作范围：项目公司购买主城区已建污水处理厂及排水设施，在特许期内投资建设规划中的污水处理厂及排水设施等，并负责运营、维护和更新排水设施及污水处理厂。特许经营期结束后，项目公司将正常运行情况下的上述资产所有权无偿、完好、无债务、不设定担保地移交给铜陵市人民政府或其指定机构。

（2）回报机制：项目公司通过在特许经营期内获得政府购买服务费的方式获得收益回报。购买服务费包括污水处理服务费和排水设施服务费两部分。

（3）调价机制：根据人工费、水费、电费、药费等直接成本的变化及企业所承担的税费变化、通货膨胀的情况对购买服务费价格进行相应调整，而其他如特许经营者自身管理等原因导致的营运成本上升不在调价范围之内。特许经营协议中明确约定固定的调价公式，运营期内上述影响调价因素变化时，按调价公式直接调整执行。

（4）风险分配方案：本项目与融资和运营维护相关的商业风险由合资公司承担，具体包括按期完成融资、技术风险、汇率风险、投资超支、运营成本超支、安全生产、环境保护、专利侵权等。土地获取、法律变更和项目征用等风险由政府承担；通胀风险、需求风险和自然不可抗力等风险由政府和合资公司合理共担。

（5）监管机制：市水务局代表市政府根据《特许经营协议》对污水处理厂的进出水水质水量以及排水设施的维护进行监管，监管的数据作为财政部门支付购买服务费的依据。市环境保护局根据有关法律法规的规定对项目公司的出水水质进行监管并行使其法定职权。

（6）项目融资：本项目通过银行贷款方式融资52000万元，期限为8年，利率4.41%。项目公司通过收费权质押和资产抵押进行担保，同时由中标投资人承诺以自身信用和与项目设施无关的资产进行担保。

本项目采用公开挂牌方式在经省国资委确定的产权交易机构进行产权交易，确定投资人。经过综合评分，得分最高的北京首创股份有限公司（下称“北京首创”）被确定为本项目资产的受让方，与政府方出资代表共同出资成立项目公司，其中政府方代表占股20%，北京首创占股80%，双方均采用现金入股。政府方股东按照股权比例分红，同时对涉及公司经营、生产安全的重大事项有一票否决权。政府方代表安排一名管理人员进入董事会，同时提名一人担任常务副总经理，负责公司日常管理。

## 三、荥阳市人民医院整体建设PPP项目

本项目为原址扩建项目，所属行业为医疗卫生行业。项目由荥阳市政府方（荥阳市卫生和计划生育委员会）发起，由市城投公司作为主体向市发改委申请项目的审批，在开展PPP工作之前已完成项目立项、可研、环评及土地审批等前期工作，项目的初步设计文件、环境影响评价报告、节能评估报告以及可研报告均已获得批复，工程施工图设计也已编制完成，且正在进行图纸审查和预算编制。项目用地方面，本项目调研开始前，所征用的原荥阳市二中土地原址上的学校已搬迁，正在加快推进本项目的征地拆迁工作，办理医院扩建所需土地手续。

本项目总投资（计入勘察设计、征地拆迁及工程建设费用）合计约为64248.54万元，拟采用“政府购买服务”的运作模式。荥阳市人民政府授权荥阳市卫生和计划生育委员会为本项目实施机构。

实施方案要点：

（1）合作范围：本项目合作期限为12年（含建设期4年，其中第一阶段工程建设期2.5年，运营期9.5年；第二阶段工程建设期1.5年，运营期8年）。特许经营期内，项目公司承担本项目的投融资、建设工作，建设完成后将项目设施交付给医院使用，并负责提供指定的后勤服务（保洁、安保及绿化）。

（2）回报机制：政府将按照项目协议约定向项目公司支付相应的可用性服务

费，市人民医院按项目协议约定向项目公司支付后勤服务费用。项目公司通过获取可用性服务费及后勤服务费弥补其投资及运营成本，获得合理回报。为明确政府购买服务资金的来源，荥阳市政府将项目可用性服务费支付资金列入市本级财政预算，并出具相关文件。

（3）调价机制：可用性服务费以经过市审计局最终审定的数值，按照特许经营协议约定的计算方式和支付方式确定后，不再作调整。运营期内，后勤服务费每两年调整一次，主要针对消费物价指数、劳动力市场指数、税费变化等因素变化进行调整；在特许经营协议中对具体调整办法和调整公式进行明确约定。

（4）绩效考核机制：本项目将制定具体的绩效考核标准（可用性绩效指标和后勤服务绩效指标），政府方依据特许经营协议的相关规定，根据绩效考核标准定期向项目公司支付相关费用。其中，对后勤服务绩效进行月度考核，实行打分制并设定及格线，后勤服务费按季度支付。在考核期，若项目公司后勤服务的考核得分低于及格线，则按每低于及格线一分处以一定的违约金，从后勤服务费中扣除。

（5）监管机制：项目实施机构根据特许经营协议规定对项目公司在特许经营期内的合同履行情况进行监督管理，定期对项目公司经营情况进行评估和考核。政府相关行业主管部门依据法定职责对项目公司成本、安全生产、环保等方面进行行政监管，包括：政府主管部门可在不影响项目正常运行的条件下，随时进场监督、检查项目设施的建设、运营状况等；项目公司向政府主管部门提交年度经营成本、管理成本、财务费用等的分析资料，并向相关主管部门定期报告和临时报告等。

本项目通过公开招标的方式确定中国建筑第七工程局有限公司（下称“中建七局”）为中选社会资本。中建七局与政府方出资代表——荥阳市城投公司合资成立项目公司荥阳中建基础设施建设开发有限公司，双方股权比例分别为80%和20%。公司董事会由5人组成，其中中建七局委派3人，荥阳市城投公司委派2人。董事会设董事长1名，由中建七局委派董事担任，并经荥阳市政府方书面同意。

## 四、河南尉氏县生活垃圾焚烧发电PPP项目

随着国民经济的发展和人口的不断增加，生活垃圾日益增多，但由于缺少有

效处理的设施，大部分垃圾未能得到有效和合理处理。目前，尉氏县的生活垃圾处理全部靠卫生填埋的方式，占用大量的土地资源，且按照目前的填埋速度，现有卫生填埋场在两年内将被填满。面临如此大的生活垃圾处理的压力，尉氏县建设新的垃圾处理设施迫在眉睫。

为彻底解决城市垃圾问题，尉氏县决定尽快启动生活垃圾焚烧发电工程。项目建成后，可将满足尉氏县居民生活垃圾处理的需求，减轻现有填埋场的压力，节约土地资源，实现生活垃圾处理的减量化、无害化、资源化，有效地改善城市环境质量；同时，垃圾焚烧发电可促进尉氏县“循环经济、节能减排”事业的发展，有利于尉氏县建设“资源节约型、环境友好型”城市，高效利用资源，实现经济、生态环境、社会的可持续发展。

本项目由政府发起，拟采用BOT方式运作。尉氏县人民政府授权尉氏县城市管理局作为项目实施机构，具体负责本项目的组织、实施和各项具体工作的安排。县政府统筹县城市管理局、财政局、环保局等相关单位负责本项目的综合协调和管理。

实施方案要点：

（1）合作期限：本项目特许经营期为自施工之日起30年（含建设期）。特许经营期届满时，项目公司应向县政府办理相关终止手续或双方依据适用法律重新协商延长事宜，在同等条件下，项目公司将优先获得特许经营权。

（2）回报机制：本项目投资回报由生活垃圾处置服务费和售电收入两部分构成。其中，生活垃圾处置服务费由生活垃圾处置结算量和生活垃圾处置单价确定，在运营期内日均垃圾保底供应量拟为不少于300t（以入厂计），按日向项目公司调度垃圾供应量，根据特许经营协议相关条款计算生活垃圾处置结算量，生活垃圾处置单价根据投资成本、运营成本及垃圾处理量进行测算，并通过投标竞价确定，按中标价格进行结算，由县政府向项目公司支付。售电收入由项目公司在项目试运营日前，按照特许经营协议的规定与电力企业签订《购售电合同》，并根据合同约定向签约电力企业收取。

（3）调价机制：本项目垃圾处理服务期内前3个运营年的垃圾处理服务费价格不作调整，自第4个运营年（含）开始调整垃圾处理服务费价格，按照特许经营协议约定的调价公式，每三年调整一次；每次调价工作自价格调整年前一年的11

月1日开始，并于该年的12月31日之前确定调整后的垃圾处理服务费价格，调整后的垃圾处理服务费价格自每个价格调整年的1月1日起执行。

（4）监管方式：特许经营期内，实施机构根据特许经营协议对项目公司进行履约监管，定期对项目公司经营情况进行评估和考核；环保、质量、消防、劳动、卫生、审计等行政主管部门有权按照有关法律法规和政府管理的相关职能规定，行使政府监管的权力，包括质量和安全监管、成本监管等，项目公司应予以配合，向有关政府行政主管部门提交年度经营成本、管理成本、财务费用等分析资料，并进行定期报告和临时报告等。此外，社会公众也有权对本项目的特许经营活动进行监督，向有关监管部门投诉或者向项目公司提出意见、建议。项目公司应按照适用法律要求，建立公众监督机制，依法公开披露相关信息，接受社会监督。

本项目采取竞争性磋商的方式选定桑德环境资源股份有限公司为社会资本。项目公司由桑德环境资源股份有限公司全额出资成立，政府方不持股，不派人员进入管理层。

## 五、海口环卫综合一体化（琼山区试点）PPP项目

海口市环卫工作实行市、区两级政府管理模式，市环卫局主要负责垃圾转运和处理，其他环卫作业由各区环卫局及小型承包公司负责。环卫主管部门管理理念落后，存在现场作业粗放的现象。另外，海口市现有环卫设备数量不足、机械化水平较低，环卫基础设施缺口较大，道路清扫、公厕管理费用不足等问题也亟须解决。

在2017年海口市创建国家卫生城市和全国文明城市的要求下，结合海口环卫现状和发展需求，市领导研究决定采用PPP模式对海口环卫行业进行改革创新，引入社会资本参与公共服务。

本项目由政府发起，政府授权海口市市政市容管理委员会（下称“市容委”）作为实施机构，负责本项目的组织、实施、采购和安排各项具体工作，并与选定的社会资本签署PPP项目合同。

实施方案要点：

（1）合作范围：市容委、琼山区政府授予项目公司在特许经营期内的特许经

营权，由项目公司负责整个特许经营范围内的环卫作业服务，琼山区政府及市环卫局负责监管考核并向项目公司支付服务费。特许经营期届满，项目公司在保证所有资产正常使用的前提下，将本项目资产无偿移交给市容委或其指定单位。

（2）回报机制：本项目缺乏使用者付费基础，主要通过“政府购买服务”方式维持项目运营及收回投资。

（3）定价机制：本项目的控制价计算由中国城市建设研究院负责，定价主要依据《全国城镇市容环境卫生统一劳动定额》，并结合海口市环卫行业人员工资待遇及物价水平确定。

（4）调价机制：服务费综合单价每三年调整一次，由项目公司向市容委以书面形式提交调价申请文件，并提供调价成本依据。市容委接到项目公司调价申请文件后，组织发改委、财政局、审计局、法制局和琼山区政府等相关单位联合对本项目的成本进行监审，以保本微利为原则确定调整后的服务费综合单价。

本项目通过竞争性磋商的方式最终选定北京环卫集团为社会资本方。市、区两级国有环卫可运营的设施设备资产经清产核资、审计、评估后注入海口保税区开发建设总公司（下称：“保税区建总”），评估资产总价以国资委备案的正式结果为准。北京环卫集团和保税区建总共同出资组建项目公司，出资比例为7:3。其中，保税区建总以实物资产出资，出资额为6000万元，以双方认可的资产评估公司出具的资产评估报告为准；北京环卫集团以现金出资，出资额14000万元。政府方股东享有分红权和重大事项一票否决权。

## 六、六盘水市地下综合管廊试点城市PPP项目

在《国务院关于进一步促进贵州经济社会又好又快发展的若干意见》（国发〔2012〕2号）的指导下，六盘水市于2012年启动了城市总体规划修编工作。新版《六盘水市城市总体规划（2014—2030年）》中明确提出：“提高以地下综合管廊为代表的城市基础设施建设水平，按照国际标准旅游休闲度假城市要求，高标准建设地下基础设施，构建以钟山路、人民路、凉都大道以及新区主干道路为主的综合管廊骨架网络，保障城市安全，提高城市可持续发展能力。”城市发展的总体目标对基础设施的水平和标准提出了更高的要求，建设综合管廊将成为六盘水市的新名片，为城市快速发展提供强有力的支撑。

2015年年初，国家启动了地下综合管廊试点城市征集工作，六盘水市成为财政部、住建部公布的10个试点城市之一，并获得中央9亿元的资金支持。

为有效维护政府及公共利益，拓宽六盘水市城镇化建设融资渠道，形成多元化、可持续的资金投入机制，提高城市运行效率、推动经济结构调整和发展方式转变，六盘水市政府拟采用BOT的运作方式实施六盘水市地下综合管廊建设项目。市政府指定六盘水市住房和城乡建设局（下称“市住建局”）作为项目实施机构。

实施方案要点：

（1）合作范围：项目公司与市住建局签署PPP协议，获得本项目投融资、建设、运营与维护的合作经营权。在合作经营期内，项目公司自行承担费用、责任和风险，负责本项目内综合管廊设施及附属设施的投融资、建设、运营、维护及更新，运营维护标准为国家相关规范、标准及政府方要求所需达到的标准。在政府方的协调下，项目公司与入廊企业签署入廊协议。合作经营期届满后，项目公司应按照PPP协议的约定，将本项目公用设施的产权和所有权益、土地使用权（若有）无偿、完好、无债务、不设定担保地移交给市政府指定机构。

（2）回报机制：项目公司通过向入廊企业收取廊位租赁费、管廊物业管理费以及获得政府可行性缺口补贴等方式取得收入，以补偿经营成本、还本付息（若有）、回收投资、应缴税金并获取合理投资回报。

（3）调价机制：价格调整主要是为了应对成本上涨，以及弥补可能出现的入廊企业付费落实不到位而产生的政府补贴支出。按照PPP协议规定，在合作经营期内，管廊服务费价格原则上每满三年根据运营维护期间的通货膨胀以及利率情况调整一次，特殊情况下，结合国家政策和市场情况适时调整。每次调价工作自价格调整年前一年的12月31日开始，并于该年的12月31日之前确定调整后的服务费价格。届时，项目公司可按照协议约定的公式向实施机构提出调价申请，并接受价格主管部门的监审。实施机构会同相关部门审核其申请，就价格调整作出决定，项目公司和各入廊企业应遵照执行。

（4）风险分配方案：本项目的风险分配机制以风险最优分配原则为核心，按照风险分配优化、风险收益对等和风险可控等原则，综合考虑政府风险管理能力、项目回报机制、市场风险预测能力、项目公司风险管理能力等要素，在政府和项目公司间合理分配项目风险。原则上，项目设计、建造、财务和运营维护等商业风险由项目公司承担，法律法规和公共收费等风险由政府承担，不可抗力等风险由政府和项目公司合理共担。

（5）监管机制：市住建局根据PPP协议对本项目涉及的公用设施的运营、维护进行监管，监管的数据作为财政部门确定服务费金额的依据。市相关部门根据有关法律法规的规定对项目公司进行监管并行使其法定职权。同时，政府方出资代表通过股东会和董事会对项目公司施加影响，对公司日常经营活动中可能出现的损害政府和社会公共利益的行为进行监督和改进。政府将定期开展绩效评估，对项目运营管理效率、公共服务质量、公众满意度、PPP协议履约情况等进行综合评价，并将评价结果依法对外公开，接受社会公众监督。政府根据评价结果，按照协议约定，对运营管理和服务中存在的问题，要求项目公司及时作出调整和改进，切实提高服务质量和运营管理水平。

本项目采用公开招标的方式确定中国建筑股份有限公司（下称“中建股份”）为中标社会资本。六盘水市保障性住房开发投资有限责任公司已独资成立六盘水城市管廊建设开发投资有限责任公司作为项目公司，中建股份对项目公司进行增资扩股。项目公司股权结构中，六盘水市保障性住房开发投资有限责任公司作为政府方出资代表，以前期已投入的项目资金及部分货币资金出资，共计2亿元，占股20%；中建六盘水基础设施投资有限公司作为社会资本以现金形式出资8亿元，占股80%。政府方股东在涉及公共利益等方面的事项具有一票否决权。项目公司董事会由5名董事组成，其中政府方委派2人，社会资本方委派3人。

## 第三节　国家发展改革委经典案例选编

### 一、北京地铁4号线PPP项目

北京地铁4号线是我国城市轨道交通领域的首个PPP项目。

北京地铁4号线是北京市轨道交通线网中的骨干线路和南北交通的大动脉。南起丰台区南四环公益西桥，途经西城区，北至海淀区安河桥北，线路全长28.2km，共设23座地下车站和1座地面车站，全线采用地下线的敷设方式。4号线于2004年8月正式开工，2009年9月28日通车试运营，目前日均客流量已超过100万人次。

北京地铁 4号线是我国城市轨道交通领域的首个PPP项目，该项目由北京市基础设施投资有限公司(简称“京投公司”)具体实施。根据初步设计概算，北京地铁4号线项目总投资约153亿元。按建设责任主体，4号线全部工程投资建设内容划分为A、B两个相对独立的部分：A部分主要为洞体、车站等土建工程，投资额约为107亿元，占项目总投资的70%，由北京市政府国有独资企业京投公司成立的全资子公司四号线公司负责投资建设；B部分主要包括车辆、信号、自动售检票系统等机电设备，投资额约为46亿元，占项目总投资的30%，由PPP项目公司北京京港地铁有限公司(简称“京港地铁”)负责投资建设。

市政府授权北京市交通委与京港地铁签署《特许经营协议》，授予京港地铁4号线项目投资、建设和运营的特许经营权。京港地铁与四号线公司签订《资产租赁协议》，在4号线项目竣工验收后，取得A部分资产的使用权。本项目特许经营期为30年(含建设期)。特许经营期内，京港地铁负责地铁4号线的运营管理、全部设施(包括A和B两部分)的维护和除洞体外的资产更新，可利用站内设施从事广告、通信等商业经营，通过地铁票款收入及站内商业经营收入回收投资。特许经营期结束后，京港地铁将A部分项目设施归还给四号线公司，将B部分项目设施完好、无偿地移交给市政府指定部门。

4号线运营票价实行政府定价管理，采用计程票制，在特许期内，市政府根据相关法律法规、本着同网同价的原则，制定并颁布4号线运营票价政策，并根据社会经济发展状况适时调整票价。

在特许经营期内，市政府及相关职能部门按照《特许经营协议》的规定，在建设阶段，负责监督四号线公司进行土建部分的建设，确保按时按质完工，并对京港地铁进行机电设备部分建设的进度和质量进行监督检查；在运营阶段，负责对项目进行监管，包括制定运营和票价标准，并监督京港地铁执行，协调京港地铁和其他线路的运营商建立相应的收入分配分账机制及相关配套办法。此外，因政府要求或法律变更导致京港地铁建设或运营成本增加时，政府方负责给予其合理补偿。

## （一）项目的运作过程

1. 项目识别阶段

2003年11月北京市基础设施投资有限公司作为北京市基础设施投融资平台正式成立。成立之后便着手制定了4号线市场化运作的初步方案，并开始与香港地铁等多家战略投资者进行接触，项目前期工作全面展开。

在此阶段，形成了项目运作的初步框架，以后各阶段的工作均在此框架基础上拓展。

2. 项目准备阶段

2004年2月开始至4月，国际客流顾问对4号线的客流与收入进行预测，提出专业意见和报告；聘请技术顾问评估4号线的建设和技术方案。

2004年4月、6月市国家发展改革委分别组织召开了奥运经济市场推介会，北京地铁4、5、9、10号线国际融资研讨会等一系列大型招商推介会，面向国内外投资者对以4号线为重点的北京地铁项目进行了广泛深入的招商活动。

2004年9月形成《北京地铁4号线特许经营实施方案》，市发改委组织对方案进行了评审并上报市政府。11月，北京市政府批准了特许经营实施方案，4号线特许经营项目取得实质性进展。

通过研究和沟通，各方就项目主要原则和框架形成了初步的一致意见，形成了特许经营方案，并完成了《特许经营协议》等法律文件的编制和初步沟通工作。

3. 项目采购阶段

2004年11月底，北京市交通委牵头成立了4号线特许经营项目政府谈判工作组，与香港地铁有限公司—北京首创集团有限公司（以下简称“港铁—首创联合体”）、西门子公司交通技术集团—中国铁道建筑总公司—北京市地铁运营有限公司（以下简称“西门子—中铁建联合体”）等社会投资者的竞争性谈判正式开始。

2005年2月初，政府谈判工作组与优先谈判对象“港铁—首创联合体”就《特许经营协议》等项目条件达成了一致意见。北京市交通委代表市政府与港铁—首创联合体草签了《北京地铁4号线特许经营协议》。

4. 项目执行阶段

2006年1月，北京京港地铁有限公司注册成立，注册资本13.8亿元人民币，由北京市基础设施投资有限公司出资2%，北京首创集团有限公司和香港铁路有限公司各出资49%组建。

2006年4月，北京市交通委与京港地铁正式签署了《北京地铁4号线特许经营协议》。特许经营协议是该PPP项目的核心，由主协议、16 个附件协议以及后续的补充协议共同构成，涵盖了投资、建设、试运营、运营、移交各个阶段，形成一个完整的合同体系，为项目的投资建设和运营管理提供了明确的依据和坚实的法律保障。

**（二）项目经验借鉴**

1. 建立有力的政策保障体系

北京地铁4号线PPP项目的成功实施，得益于政府方的积极协调，为项目推进提供了全方位保障。在整个项目实施过程中，政府由以往的领导者转变成了全程参与者和全力保障者，并为项目配套出台了《关于本市深化城市基础设施投融资体制改革的实施意见》等相关政策。为推动项目有效实施，政府成立了由市政府副秘书长牵头的招商领导小组；市发展改革委承担了《实施方案》的评审、报批工作，并在全程起到了整体组织、协调和促进作用；市交通委为行业主管部门，负责《实施方案》的制订、实施及与投资者的竞争性谈判工作。北京市基础设施投资有限公司作为项目的操作主体，负责了有关项目的前期工作及运作过程中的具体工作。

2. 构建合理的收益分配及风险分担机制

北京地铁4号线PPP项目中政府方和社会投资人的顺畅合作，得益于项目具有合理的收益分配机制以及有效的风险分担机制。该项目通过票价机制和客流机制的巧妙设计，在社会投资人的经济利益和政府方的公共利益之间找到了有效平衡点，在为社会投资人带来合理预期收益的同时，提高了北京市轨道交通领域的管理和服务效率。

（1）票价机制

4号线运营票价实行政府定价管理，实际平均人次票价不能完全反映地铁线路本身的运行成本和合理收益等财务特征。因此，项目采用“测算票价”作为确定投资方运营收入的依据，同时建立了测算票价的调整机制。以测算票价为基础，特许经营协议中约定了相应的票价差额补偿和收益分享机制，构建了票价风险的分担机制。如果实际票价收入水平低于测算票价收入水平，市政府需就其差额给予特许经营公司补偿。如果实际票价收入水平高于测算票价收入水平，特许经营公司应将其差额的70%返还给市政府。

（2）客流机制

票款是4号线实现盈利的主要收入来源，由于采用政府定价，客流量成为影响项目收益的主要因素。客流量既受特许公司服务质量的影响，也受市政府城市规划等因素的影响，因此，需要充分考虑市场因素和政策因素，建立一种风险共担、收益共享的客流机制。

4号线项目的客流机制为：当客流量连续三年低于预测客流的80%时，特许经营公司可申请补偿，或者放弃项目；当客流量超过预测客流时，政府分享超出预测客流量10%以内票款收入的50%、超出客流量10%以上的票款收入的60%。

3. 建立完备的PPP项目监管体系

北京地铁4号线PPP项目的持续运转，得益于项目具有相对完备的监管体系。清晰确定政府与市场的边界、详细设计相应的监管机制是PPP模式下做好政府监管工作的关键。

4号线项目的监管体系，在监管范围上，包括文件、计划、申请的审批，建设、试运营的验收、备案，运营过程和服务质量的监督检查三个方面；在监督时序上，包括事前监管、事中监管和事后监管；在监管标准上，结合具体内容，遵守了能量化的尽量量化，不能量化的尽量细化的原则。

## 二、王小郢污水处理厂资产权益转让项目

合肥市王小郢污水处理厂是安徽省第一座大型城市污水处理厂，也是当时全国规模最大的氧化沟工艺污水处理厂，为巢湖污染综合治理发挥了重要作用。项目分两期建设，一期、二期工程分别于1998年和2001年建成投产，日处理能力合计 30 万t，建设总投资约 3.2 亿元。污水厂由合肥市污水处理管理处建设、运行和管理，曾获得市政鲁班奖，是亚行在中国投资的“示范项目”、省环保教育基地，被建设部指定专门为三峡库区污水处理提供技术、工艺培训的环保基地。

2001 年，安徽当地某环保公司曾上书省政府和市政府，要求政府出于扶持本地企业发展的目的，将王小郢污水处理厂以高于评估价的一定价位直接出售给它，同时还许诺将在未来几年投资兴建更多的污水处理厂。2001 年 6 月，该公司曾与政府签订了王小郢经营权收购合同，当时的条件是转让价款 3.5 亿元，污

水处理费单价约 1 元/t，后来由于融资及其他方面的问题，该环保公司收购王小郢污水处理厂经营权未果。

2002 年 9 月，国家计委、建设部、国家环境保护总局等多部门联合印发了《关于推进城市污水、垃圾处理产业化发展的意见》；12 月，建设部发布了《关于加快市政公用行业市场化进程的意见》，允许外资和民资进入市政公用领域。合肥市政府抓住这一机遇，作出了“市政公用事业必须走市场化之路、与国际接轨”的重大决策，决定把王小郢污水处理厂资产权益转让项目作为市场化的试点。

经过国际公开招标后确定，德国柏林水务—合肥东华工程联合体中标，以4.8亿元人民币的价格取得合肥市王小郢污水处理厂23年的特许经营权（TOT）。特许经营期内，项目公司提供达标的污水处理服务，向政府收取污水处理费。特许经营期结束后，项目公司将该污水厂内设施完好、无偿地移交给合肥市政府指定单位。

这一资产权益转让项目为国内污水处理行业TOT运作提供了成功的范本，是合肥市首次采取国际招标，通过特许经营的方式运营和管理市政基础设施的有益尝试。

**（一）项目的运作过程**

1. 项目识别阶段

本项目由政府方（合肥市政府）发起。

2002年，合肥市政府为招商引资，在招商会上推荐该项目，前来洽谈的有4个国家的10多个投资商。经过多种方案比较，合肥市政府最后研究决定，不考虑部分股权转让方案，明确实行资产权益转让方案。

2003年上半年，作为合肥市公用事业改革的探索和试点，合肥市政府在国内外以公开招标的形式进行招标，实行特许经营，鼓励有资质的企业通过公开竞标获得王小郢污水处理厂的特许经营权。9月19日，该转让项目在合肥市产权交易中心网站、《中国日报》《中国建设报》上刊登资格预审公告。合肥市王小郢污水处理厂资产权益转让项目正式启动。

2. 项目准备阶段

针对王小郢污水处理厂资产权益转让项目，合肥市政府成立了由常务副市长担任组长、各相关部门负责人为组员的招标领导小组，组建了由市国资委、建委、城建投资公司及相关专家组成的“合肥市王小郢污水处理厂资产权益转让项目办公室”（以下称“项目转让办”），负责具体工作。

合肥市产权交易中心作为本项目的招标代理。

3. 项目采购阶段

项目转让办对王小郢污水处理厂资产权益转让项目的招标文件进行多轮讨论和修改，形成了以《特许权协议》《污水处理服务协议》和《资产权益转让协议》为组合协议的招标文件，并通过国内和海外媒体同时发布了招标公告。为保证投标商的投资利益，项目转让办为通过资格预审的各投标商准备了王小郢污水处理厂的设计文件，工艺运行资料，财务报表，工程竣工、验收资料，设备维护档案等全部资料，并安排各投标商进行了5天的现场尽职调查，以补充通知的形式对投标人的问题进行了多次解答。

2004年2月20日，王小郢污水处理厂资产权益转让项目在合肥市产权交易中心开标，共有中外4 家单位提交了投标文件。其中，对转让资产权益报价最高的是德国柏林水务—东华工程联合体，出价4.8亿元人民币，其次是天津创业环保股份有限公司，出价4.5亿元人民币，中环保—上实基建联合体出价4.3亿元人民币、名列第三，出价最低的是安徽国祯—珠海排水联合体，为3.69亿元人民币。合肥市常务副市长王林建也在开标现场公布了王小郢污水处理厂资产权益转让底价为 2.68 亿元。

项目转让办组织了来自全国污水处理界的技术、财务、法律等相关方面的资深专家组成评标委员会，对各投标单位的全部投标文件进行严格、科学的评审，从技术、融资、法律及资产转让价格等方面进行认真评估、审查及评分，形成了评审意见，并经项目转让办审查，最终确认了评审结果。王小郢污水处理厂资产权益转让项目的中标候选人及排名是柏林水务—东华工程联合体第一、天津创业环保股份有限公司第二、中环保—上实基建联合体第三。

2004年3月22日起，项目转让办与柏林水务—东华工程联合体进行谈判。合肥市建委、财政等部门领导担任主谈，合肥市污水处理管理处、产权交易中心、城建投资公司、大岳咨询公司及律师事务所提供技术、技巧、法律等方面的支持，历时3个多月，双方就特许经营权协议、资产权益转让协议、污水处理服务协议等逐条进行了商务谈判，从政策、法律、技术、财务、资产等方面的风险认识，到谈判的内容、程序、计划安排，以及污水处理专业术语的概念、外延及文字表述等，最终就谈判的所有项目达成一致。

2004年7月7日，合肥市政府授予柏林水务—东华工程联合体中标通知书，并与之草签了《特许经营权协议》《资产权益转让协议》《污水处理服务协议》，签署了澄清谈判备忘录。

4. 项目执行阶段

根据草签协议，项目转让办和柏林水务—东华工程联合体分别派出3名代表，组成资产权益转让小组，正式进入资产清理、设备设施检测、资产接收的过程。项目转让办提供移交员工名单及基本信息资料，办理供电、供水、车辆等资产的转户手续。转让双方对性能测试遗留问题签署备忘录。同时，中标商完成项目公司注册成立、银行开户、机构设置等相关手续，做好接收运营的一切准备工作。

2004年11月24日，合肥市政府举行王小郢污水处理厂资产权益转让项目签字仪式。合肥市建委主任、合肥城建投资控股有限公司总经理、合肥市污水处理管理处主任分别与合肥王小郢污水处理有限公司董事长签订了特许权协议、资产转让协议、污水处理服务协议。90%的资产权益转让金4.32亿元人民币按照协议如期转到合肥市财政局。

2004年12月21日，王小郢污水处理厂顺利实现商业运营。至今王小郢污水处理厂运营已超过12年，在此期间项目运营顺利、平稳，污水厂的技术实力和财务实力不断增强，政府与项目公司签署的各项协议执行良好。

**（二）项目经验借鉴**

1. 规范运作和充分竞争实现项目价值最大化

王小郢项目整个运作过程规范有序，对潜在投资人产生了很大的吸引力，实现了充分的竞争。开标现场所有投标人的报价均远超底价，最高报价接近底价的1.8倍。这个项目是当时国内公开招标的标的额最大的污水厂TOT项目，开创了污水处理TOT运作模式的先河，招标结果在中国水务行业内引起轰动。与2001年准备转让给当地公司的条件相比，无论是资产转让价款还是污水处理服务费单价，招标竞争的结果都远远优于当时的项目条件。同时，从引入投资人的实力和水平来看，柏林水务集团是世界七大水务集团之一，拥有130多年运营管理城市给水排水系统的经验。通过招标，合肥市既引进了外资，又引入了先进的国际经验，同时还实现了国有资产的最大增值，为合肥市城市建设筹措了资金。

2. 充分的前期工作保障项目有序推进

合肥市政府对王小郢项目非常重视，成立了专门的决策和工作机构，并聘请了高水平的顾问团队。整个团队在研究和确定项目条件，落实前期各项工作等方面投入了很多精力，做了大量扎实的工作，避免出现拍脑袋决策的情况。从项目实施结果看，前期工作准备得越充分，考虑得越周全，后面的项目推进效率就越高，项目实施结果就越好。

3. 合理的项目结构与合同条款确保后期顺利执行

王小郢项目的结构设计对接了国际国内资本市场的要求，符合水务行业的一般规律，得到广大投资人的普遍认可。项目合同中规定的商务条件、对权利义务和风险分配的约定比较公平合理，协议条款在执行过程中得到了很好的贯彻，为项目顺利执行奠定了基础。

4. 践行契约精神对 PPP 项目的执行至关重要

王小郢项目运作期间，政府每月及时足额与项目公司结算水费，严格按照法规和协议要求进行监管，并按照协议规定的调价公式对水价进行了四次调整（十年累计上涨不超过0.25 元/t）。此外，双方还参照协议精神完成了提标改造等一系列工程。合肥政府和项目公司对契约精神的践行保障了项目的长期执行。

## 第四节　国外经验与教训

### 一、法国PPP的经验与教训[①]

#### （一）法国PPP模式的发展与现状

从2004年开始，法国政府正式引入PPP模式来建设公共设施及提供公共服务，作为对传统的政府采购方式的一种创新。随着该模式的不断发展成熟，合同数量不断增加，至2015年2月，法国已经签订了548项合同，合同金额超过了120亿

① 蒋涌．法国政府和社会资本合作模式的发展及其借鉴意义 [J]. 法国研究，2016（1）：1-6.

欧元，超过了发展PPP历史更为悠久历史的英国。

从合同数量来看，地方政府投资的项目占合同总数的大部分，近年来，中央政府的投资合同也逐步增加。地方政府倾向于采用PPP模式来进行基础设施的融资，比如高等教育和中小学教育的基础设施、火车站和市政大楼的建设、公共设施（道路、照明等）以及其他设施（电影院、博物馆、游泳池等）。从合同金额来看，中央政府PPP项目虽然总数较少，但合同金额较大，占到全部项目金额的三分之二左右。中央政府PPP项目重点投资在能源和垃圾废水处理的设施上，投资金额较大，平均的合同金额达到了2.75亿欧元（税前）。此外，不同行业PPP项目的合同金额也差异较大，例如，城市基础设施建设项目在数量上超过了合同总数的40%，但投资总额只占到10%左右，而城市运动和文化设施的项目数虽然只占总数的15%，合同金额占全部项目金额的比例却超过了40%。

法国中央政府和地方政府都积极参与PPP项目，涉及的领域也十分广泛，涉及了各个经济部门。法国政府专门成立了MaPPP（Mission d' appui aux paaenafiats public-prive），从机构框架上保证了PPP项目的实施。MaPPP在法国经济与财政部的授权下对PPP项目实施初步审查，充当了“守门员”的作用，对各个项目在竞标之前的各种准备工作进行核查与分析，提供专业意见。同时，也为参与PPP项目的政府部门提供合同准备、谈判和管理的专业支持，在技术上特别针对分析工具、项目指南以及标准合同的准备等方面提供全面指导。此外，MaPPP也是法国政府宣传和推动PPP模式发展的重要机构。

法国PPP项目的融资方式呈现出多样化的特征，包括传统项目债务融资、Dailly转让机制、项目公司融资、股权融资及租赁等。法国各银行及多家外资银行都积极参与PPP项目，提供各种融资产品（债务产品、对冲工具及租赁合同）和投资建议。像Caisse des depots这样的公共投资机构既是PPP项目的股权融资者也是项目的长期资金提供者；EIB（欧洲投资银行）也是法国大型PPP项目的资金提供者。此外，Dailly转让机制也是法国PPP项目融资的另一成功做法：在Dailly机制安排下，金融机构可以通过签订一份特殊的文件以购买或抵押的方式将其对某些债务人（往往是基础设施或公共社会服务机构）的债权转让给信贷机构，而且在该机制安排下，项目公司的风险转移为公共部门风险，政府当局在项目完成的情况下承担还款责任。在法国的小型PPP项目中，运用较多的是公司融资方式，典型的例子就是该产业中的一个企业拥有项目公司的相当部分的股份，通过自有资金或者对金融机构的担保为项目提供资金。

PPP模式的实施在法国时间虽然较短，但项目的成果基本达到预期水平，特别是在项目准时完工比例以及预算资金控制水平两方面的提高十分显著。有关研究报告结果显示：法国71%的PPP项目按时完工并投入使用，只有不到3%的PPP项目超出成本预算。

**（二）法国PPP模式的特点**

1. 政府的强力参与和支持

基于法国的政治经济传统，其PPP模式也具有显著的国家特征。

第一，国家在PPP项目合作公司中持有多数股份，只有少数像科菲特这样的公司是完全由社会资本控制的。法国政府通过全面立法规范PPP项目的管理，对合作公司成立的条件、运营年限、项目验收以及运营条件等方面都有明确的规定。第二，国家在融资方面提供了有力支持，包括承诺的优惠政策、政府补贴、国家银行信贷承诺、国际贷款及项目担保等。第三，政府还建立了代表国家和民众利益的公共机构为主体来监督管理PPP项目。比如在高速公路建设领域，法国设立公路交通局专责管理PPP项目事宜，在项目的长期管理和经济利益再分配方面起到了决定性的作用。

同时，法国政府还通过特别的制度安排促进PPP项目发展。为应对2008年的金融危机，法国政府在2009年实施了“保障计划”，为部分大型PPP项目提供补贴支持——法国政府特别批准了100亿欧元的保障资金，专门用于被专业委员会认定能够在2010年完工、建设情况良好的PPP项目，以维持项目的正常运行。此外，法国政府发展了PPP项目资产证券化的资助计划（Fonds Commun de Titrisation PPP），旨在鼓励项目公司通过发行长期债券为PPP项目融资——主要针对已经建设完成的PPP项目，政府通过该计划支持项目公司在运营期内，根据自身情况以发行债券的方式对银行贷款进行再融资；总体而言，法国政府选择在建设阶段给予PPP项目直接的资金支持，同时也对项目资金的额度设定了上限，而不会补贴任何在运营阶段出现的资金缺口。

2. 政府对合同实施的整体严格控制

PPP项目的主要特征在于它属于一揽子的完整合同，涵盖了项目的不同时期。

法国政府通过整体的合同设计使成本控制内在化，主要指投资者可以通过项目设计与运营阶段的有效投资减少运营期间的成本增加。社会资本投资者会倾向于考虑不同阶段的互补性和协同效应，这种考虑不仅会影响到他们的投资决策，也会影响到各个阶段有效运行的组织安排。最显著的标准就是及时完成工程进入运营阶段，因为设计、建设和运营是三位一体的，社会资本只有完整地按时执行合同才能获利。总的来说，一揽子合同的签订改变了社会资本投资者的整个激励机制，同时也意味着投资额、收益额、公共服务水平以及基础设施建设进度的改变。

另外，法国政府对社会资本投资者的付费方法更加强化了这一激励系统。社会资本投资者如果无法完成合同所规定的条款，例如项目超期或者未达到成本控制和质量控制目标，政府有权延迟付费。法国政府十分重视PPP项目的前期评估和选择以及合同执行过程的管控。法国PPP项目的可行性报告中必须包含社会使用率的情况预测，因为社会资本投资者的收入来源与设施的使用情况密切相关；虽然事前的评估可能存在局限性，但评估过程是十分必要的。

3. 政府重视PPP项目短期目标和长期目标的协同考虑

对于PPP项目，法国社会中批评的言论不断，特别是很多专家认为合同的长期目标缺乏保障，因此法国政府重视PPP项目长短期目标的协同设定。正因为PPP模式下，各方签订的是长期合同，这种合同的非完备性体现在合同内容可以根据各种无法预期的变化（技术进步、公共部门的需求变化等）进行调整。非完备的合同会产生选择社会资本投资者过程中事前的交易成本以及合同执行期间事后的交易成本。

法国政府致力于解决未来在合同执行的长期过程中无法预测的问题。第一，政府要求合同各方可以采取比较严谨的合同条款来预测这些问题，这种方法约束了各方的事前行为，明确了未来发生问题的可能性，但前提是要对未来情况有充分预测并相应修改合同中的相关内容；第二，合同各方可以对合同条款采取更为灵活的方法，并在条款中列明后期通过协商和谈判解决问题，这种方法解决了商业环境变化带来的合同可能的变化，但并未在合同制订时明确双方责任，将失败的项目数量降到最低。

4. 国内成熟的承包商市场以及相关的专业服务

法国PPP项目成功的另一重要原因在于其国内存在成熟的承包商市场。世界著名的十二大承包商中，法国就占了三家，即Vinci、Eiffage和Bouygues。这三家公司拥有出色的技术和项目管理能力，并从他们在全世界的项目建设工程中获得了针对PPP项目的重要经验。他们获得了大部分法国的PPP项目合同与政府的项目补贴。

另外，法国PPP项目的规划、可行性研究及设计大部分是由政府委托机构出资挑选专业机构完成；在整个项目建设和管理的过程中，也有众多专业服务机构参与，包括咨询机构、律师事务所、会计师事务所、保险公司、银行以及融资顾问等。政府对项目时间节点和质量要求十分严格，对项目公司的违约行为处以高额惩罚。

**（三）法国PPP模式对我国的借鉴和启示**

在公共项目资金不足的情况下，中国政府推行PPP模式，充分利用市场机制和资源，优化公共产品和服务供给的方式，可以在以下几个方面借鉴法国的经验，推动公共投资更加有效、公平和可持续。

1. 政府必须完善法律以及相关环境建设

法国政府在欧盟整体法律框架下，制定不同的法律来规范PPP项目，并将这类项目与传统的政府采购项目区分开来。法国在法律层面专门规定了PPP项目选择社会资本投资方时的非歧视原则、公平原则以及透明性原则，为PPP的项目竞争招标过程提供了法律依据。2004年6月，法国针对PPP合同专项制定了17号议案，该议案严格规定了项目的融资、投资、项目管理等各方面的条款。

现阶段我国已经开始重视PPP项目的立法立规工作，在法律层面上政府应该健全监管机构的基本约束机制和权利制衡机制，发挥各行政主管部门在PPP项目中的监管职能，制定定价原则和服务标准，协调好投资、物价、技术监督部门之间的关系，制定内部质量和安全治理政策。

2. 充分利用各种融资工具以提高融资效率

法国PPP项目的融资安排是多样化的。我国某些公共项目依靠项目的运营收费可能无法达到合适的融资水平，也必须依靠多样化的融资手段。在我国PPP项目发展中，中央政府和地方政府都要承担项目的融资责任，并在竞争性的投标过程中界定清晰，以便于融资方案的细化。

虽然法国各PPP项目中特许权持有人在融资问题上自由度较大，但期初制定的项目运营后的收费标准是固定的，长期运营合同中需要对收费调整作出规定，并考虑到不同环境的收费预测以及政府财务补贴的安排，值得我国借鉴。

3. 建立健全专门针对PPP模式的监管体系

在法国政府的授权下，设立国家专门机构主要负责PPP项目的实施，专责协调技术、法律以及金融方面的各项事宜。政府针对PPP项目的各个方面制定了相应政策，包括发展战略、投资政策、融资和收费政策、安全政策、服务质量控制政策、劳工政策以及环保政策等。我国的PPP项目尚处于初期发展阶段，要建立类似法国的科学监管体系，监管部门权利要合理分配、建立协调机制，并充分发挥会计师事务所、审计师事务所等中介机构的监管作用，发挥其微观层面识别和评价项目风险的作用。政府监管的目标应该设定为社会效率兼顾公平、安全与生态。通过准入监督、价格监管以及反垄断监管等提高PPP项目的效率。采取市场化手段和激励性监管手段相结合，实现优质低价、社会监督成本低和行业可持续发展目标。

另外，从法国PPP项目的实施来看，重点的政策导向还体现了外部性和内部性相结合的治理思路。政府应该采取管制措施减少市场交易的负外部性，例如PPP项目建设运营对环境有影响的应收取环保费用，有质量安全隐患的应该加强安全投入，同时增加惩罚力度；相反，如果项目建设改善了周边环境、带来了土地增值等，政府应该考虑给予适当的财政补贴作为激励。内部治理主要是减少项目公司内部的不经济性，对私人交易和合约协议严格监管，包括了工程建设质量、服务提供质量、安全状况以及建筑节能等。在保护消费者权益的同时提高PPP项目的经济效益和社会效益。

## 二、英国PPP的经验与教训[①]

### （一）英国PPP模式的发展与实践

1. 英国PPP模式的发展

PPP模式最早就是起源于英国的“公共私营合作”融资机制，其PPP模式发展

① 闫海龙．英国 PPP 模式发展经验借鉴及对我国的启示 [J]. 商业经济研究，2016（12）：122-123.

大致经历了私人融资计划（PFI，Private Finance Initiative）和新型私人融资（PF2）两个阶段。2012年以前，PFI是英国应用最广泛的PPP模式，在PFI模式下，允许私人部门参与到公共设施的设计、建造、投融资和运营环节，用以提高公共产品质量并更好地维护公共资产。但应用过程中，PFI模式也产生了诸如公共投入财务增加、施工建筑水平低劣、项目定价偏高等问题。

在保守党上台执政后，英国政府为减少社会公众对PFI项目中上述问题上的质疑，于2012年12月颁布了“PPP新路径”，简称PF2。PF2除充分利用PPP继续吸收私人融资的专长外，在融资制度、信息公开、实现物有所值和服务与文件变更制度等方面进行了很多改革，致力于消除浪费、改进效率，有效化解PFI模式中存在的股权融资、透明度、风险分配、性价比等方面的问题。截至2016年3月末，英国采用PPP模式（PFI和PF2）的项目共计716个，其中686个已进入运营阶段。PPP项目涉及医院、学校、住房、公路、废物废水处理设施等多个公共领域。

2. 英国PPP模式的主要做法

一是设立专业化的运作机构，为PPP运行提供支撑。在PFI引入的1990年代初，主管PPP的是设在财政部的PPP工作组，负责研究制定PPP相关政策。2000年，英国政府为推广PPP/PFI理念，就牵头成立了合资企业性质的英国伙伴关系公司（Partnerships UK，PUK），旨在为PPP交易提供管理和程序上的技术援助。为了更好地协调运作PPP模式，2010年英国政府将PUK与财政部的PPP工作组合并，在财政部设立了英国基础设施局（Infrastructure UK，IUK），负责制定基础设施领域政策，执行全国性的基础设施发展战略，负责PFI项目的规划、融资和交付。为提高PPP项目技术援助和评估服务的针对性，2009年英国财政部又与地方政府协会联合设立了“地方合作伙伴关系”（Local Partnerships）组织，主要服务于地方政府。2016年政府将IUK与内阁办公室下设的重大项目管理局合并成立了基础设施和项目管理局（Infrastructure and Projects Authority，IPA），其职能包括PPP政策制定、PPP项目规划、融资和交付、担保等。

二是注重对PPP监管体制机制的健全与完善，主要包括建立监管机构、加强社会监督和完善法律法规。英国政府围绕中央的核心监管机构建立了一个涵盖中央和地方、涉及多个行业和部门的全面立体的PPP监管体系：中央层面，主要包括IPA、行业主管部门和国家审计署；地方层面，主要是享有一定政策自主权的地方当局，包括威尔士、苏格兰和北爱尔兰，可在一定范围内自行制定PPP政策；中央和地方交叉层面，主要包括地方合作伙伴关系公司和采购机构。而且英国对PPP项目的监管范围全面，特别强调审计署对公共财政支出的监督。法律层面，为加强PPP项目运作和政府管制的规范性，英国不但将PFI/PF2等项目纳入政府采购的规范体系，还以此衍生出了以竞争性谈判制度为核心的PFI/PPP相关法律制度。

三是不断完善PPP相关政策顶层设计。英国尽管没有出台针对PPP的专门法律，但却根据PPP发展的阶段特点不断制定和完善相关规范性政策文件。在PFI阶段，先后制定执行了《应对投资风险》（2003年）、《强化长期伙伴关系》（2006年）和《基础设施采购：实现长期价值》（2008年）3个政策性文件。PF2阶段，又制定了《PPP的新方式》（2012年）、《PF2标准化合同》（2012年）、《股权投资标准文件》（2013年）等，通过一系列指南和示范文件对PPP政策作进一步的细化、阐述和示范，提高PFI/PF2的标准化和规范化。

四是建立相对完善的评价制度。2004年英国财政部专门印发《资金价值评估指南》、《定量评价用户指南》，其中《资金价值评估指南》被看作是推动公共部门成本比较的重要方法，是对物有所值评价方法（Value for Money，VFM）的评价程序作出标准化规定；《定量评价用户指南》则起到帮助采购当局对项目资金价值作出评价决策的作用。

**（二）英国PPP模式发展对我国的启示**

1. 健全、完善相关法律法规，促进PPP模式有序发展

在我国，财政部与国家发展改革委作为PPP模式牵头部门，由于实行双头监管，在相关政策文件上存在相互衔接不畅问题，一定程度上阻碍了PPP项目的实施推进。因此，建议及时清理和修订现有不适应PPP发展的政策法规，早日在国家层面建立较为完善的PPP法律框架，破解当下PPP项目实施推进过程中的相关技术障碍以及与现有法律、部门规章、规范性文件衔接不畅、相互冲突等问题，新法律法规内容应包含PPP及其应用范围的界定，政府审批权限、流程和管理程序，合同框架和风险分担原则，退出机制和纠纷解决机制，会计准则、信息披露、政府监管与公众参与制度等，为推行PPP模式提供更加规范、明确的法律依据和

保障，有效消除多头监管现象。

2. 创新PPP项目融资体制机制，拓宽资金来源

PPP项目融资时，虽然也有利用资本市场发行债券（含企业发债和政府发债）等融资工具或者是引进追求长期稳定回报的资金（社保、保险和养老基金等）等方式，但银行贷款依旧是我国最为常用的融资工具。因此，从PPP项目债务率较高的实际情况（一般在70%～90%）出发，需要在融资机制方面突破创新。建议央行、银监会、财政部联合出台相应的PPP项目融资操作指引，规范金融机构的融资行为，引导其认可收费权质押、项目融资等PPP项目独有的融资方式，合理发挥开发性金融优势，灵活运用基金投资、资产证券化等金融工具，从而建立期限匹配、成本适当、多元可持续的PPP项目资金来源。

3. 设立专门的PPP发展管理机构，优化管理体系

在政府角色处理上，可借鉴英国PPP模式的经验并结合我国实际，设立全国PPP协调中心，确保协调中心在处理纠纷和冲突方面绝对的独立性和权威性，避免多部门之间协调管理上“政出多门”的冲突和利益上的纠纷。此外，还应引入第三方监督评估机构，强化信息披露和社会监督。地方政府可委托有能力的PPP项目中介机构，就投资者选择、合作公司及相关条款设计给出专业化的意见建议，解决信息不对称问题，降低违约和投资风险，在项目运行中进行监督和报告，以增强PPP项目的透明度，防止可能存在的道德风险，推进PPP模式高效运行。

4. 健全、合理的收益分配和风险分担机制

充分发挥市场在资源配置中的决定性作用，把基础设施的营利性和公益性区分开，分别加以量化，并针对项目收益制定合理的分配机制。立足于各方禀赋优势，防止出现无限责任，风险由最适宜且控制力最强的一方来承担，合理分配项目风险，积极借鉴物有所值评价理念和方法，打造科学、完备的PPP操作流程，对PPP项目进行筛选。在政治风险以及PPP项目配套设施服务方面的潜在风险控制上，政府部门的控制力强于民营机构，可以由政府部门提供担保；在融资、市场等方面的风险控制上，项目公司比较更有控制力，且与自身收益密切相关，应由其承担；遇到不可抗力风险应由各利益相关方通过协商有关机制（如缓冲基金）共同承担。

## 三、美国PPP的经验与教训[①]

美国在发展过程中一直注重使用各种形式的私人部门资金，私人部门在提供公共基础设施方面比其他任何国家发挥的作用更大，大部分的交通、水利、电力、教育及其他的基础设施和公共服务的提供都有私人部门参与。例如，四分之三的电力设备是由私人部门拥有和运行的，电信通信的基础设施、各州间的油气管道等也几乎都是被私人部门所有，但是这些私人部门的投资并不是以PPP模式来操作的，过去五六十年来美国基础设施建设资金主要来源于联邦信托基金和市政债的发行。因此，尽管私人部门在美国公共基础设施领域已经占有重要地位，但相比其他国家，美国发展PPP模式仍较为缓慢，根据美国官方数据，从2007年到2013年之间，在基础设施领域采取PPP模式的项目总额为227亿美元，这个数字只是当期全美基础设施全部投资的2%左右。

2008年美国遭受经济危机之后，美国政府出于节约政府成本、提高项目执行专业能力、提高灵活性、提高供给速度、增加创新、提高服务质量等目的，推动PPP模式进入快速发展阶段。目前，PPP模式已经延伸到了美国几乎所有的公共部门，从学校、医院、监狱，到输油管道、交通运输、垃圾处理，甚至在军事、航空航天等领域都有私人部门的参与，而且私人部门参与基础设施建设的力度日益加强。在联邦政府中，签订的PPP合同金额约占预算支出的七分之一，其中三分之二用于国防部[②]。

### （一）美国近年来PPP项目总体情况

据最新统计，在美国PPP项目中大多数为DB（设计—建设）项目，占总数的67%，项目投资额占总投入的52%；近年来，DBFOM（设计—建设—融资—运行—维护）模式发展较为迅速，数量上占总数的12%，投资额占24%。从项目行业分布来看，美国公路交通PPP项目占比32%，位于前列，共有24个州的104个公路项目采用了PPP模式，其次是铁路和机场项目。从区域分布来看，美国西部和

---

① 中国驻美大使馆经济处．美国PPP发展情况和借鉴[EB/OL]. [2016-10-27]. http：//guoji.caigou2003.com/guowaizuofa/2528813.html.

② 巴曙松．借国际经验完善我国PPP模式[EB/OL]. [2015-02-27]. http://bashusong.baijia.baidu.com/article/47385.

南部的PPP项目较多，分别占全国的34%和38%，佛罗里达州实施的PPP项目最多（16个），其次是加利福尼亚州（12个）和德克萨斯州（9个），再加上科罗拉多州和弗吉尼亚州，这五个州的PPP项目占美国总数的56%，而美国中西部和东北部各州的PPP模式则发展较慢。

### （二）美国PPP项目分布情况

1. 公路运输方面

美国交通运输，尤其是公路建设领域的PPP项目占美国PPP项目的大部分，从1986年到2012年，收费公路PPP项目约有95项。美国现有20多个州允许建设公私合营的高速公路，在这种项目中政府与私人主要通过合同形式来确立双方的权利、义务，政府是交通设施的所有者，私人则可以拥有交通设施中的某一部分（如交通管理系统、服务区等），并从中获得相应的收益。20世纪初，美国收费公路基本被各州和当地政府收购，归入国有高速公路系统。但随着社会经济发展对公路提出新的需求以及财政资金不足，从20世纪90年代开始，有部分收费公路项目开始由私人部门通过DBFOM模式建设提供，部分原因是美国政府颁布的《多式联运陆路运输效率法案》（Intermodal Surface Transportation Efficiency Act，ISTEA）、《交通基础设施融资和创新法案》（Transportation Infrastructure Finance and Innovation Act，TIFIA）等法案给予了融资灵活性。据统计，截至2013年，美国共有11个处于运营阶段的公路项目是采用特许经营模式实施的，投资总额超过27亿美元；另外还有8个采用PPP模式的收费公路正处于建设阶段，建设投资总额超过131亿美元。这意味着，在过去数年内PPP模式在公路领域的运用正在加速，并且将在今后运用于规模更大、技术更为复杂的项目。

2. 保障房方面

美国1937年开始的大规模的保障房建设，采用的是政府出资、政府交付的方式。但是到了1960年，这种模式被证明是失败的，随后尝试的政府出资、私人交付的方式也不理想。1986年美国采取了私人出资、私人交付的PPP模式，该模式成为“迄今为止公私资源之间通过稳定、持续的伙伴关系增加保障性住房存量的最成功的计划。”2014年，美国63%的家庭购房自有，37%的家庭租赁，其中包括租赁政府为低收入家庭提供的、租金不超过家庭收入的30%的保障房。美国的住房制度体系是以市场为主满足住房需求，政府保障市场只能满足部分的需求。

1986年，美国通过《税收改革法案》，设立低收入住房税收抵扣（Low Income Housing Tax Credit，LIHTC）计划，鼓励私人投资商以购买税收抵扣额的方式，对保障房项目进行权益资本投资，同时与开发商组成特殊目的实体（SPV），共同进行保障房提供。每年，联邦按人口将税收抵扣额度拨付到州（如2010年每人2美元，之后按通胀率调整），由保障房开发商竞争申请。州住房金融局根据每个州优先考虑的住房类型、地点、产权（至少10%的额度要分配给非营利组织）等，对申请项目进行打分后分配。投资商和开发商组成SPV，建设、拥有、运营管理保障房项目。在20世纪末，美国就已经有40000个私人基金通过PPP模式参与保障房的建设，其中大约有8000个私人基金的单体规模超过20亿美元，这对美国保障房的开发建设、运营和管理都发挥了重要作用。

3. 公共停车设施方面

公共停车设施是城市基础设施的重要组成，随着车位短缺的问题日益突出，近年来，各地政府都在积极探索利用PPP模式投资建设公共停车设施，提高公共停车资源的供给，这也开始成为一些地方政府改善财政状况的一个创新举措。譬如美国印第安纳波利斯市与施乐公司合作，在2012—2013年实施了停车设施PPP项目：政府和公司共同出资建设、管理城市公共停车设施，并分享收益。协议规定了两个级别的分成比例，当停车费收入未达到某个规定额度时，政府按30%分成；当超过该额度时，政府按60%分成，总体获益更大。公司需要每隔一段时间对基础设施和技术进行更新。此项目进展顺利，不仅满足了城市停车的需求，还增加了收入，到2013年，印第安纳波利斯市已经获得了710万美元的收入，并将这笔收入用于人行道、道路和桥梁等基础设施的改善。美国其他许多城市也逐渐开始学习和借鉴这种模式来发展本地的公共停车设施，截至2012年年底，有16个城市的停车设施通过PPP模式修建、维护和管理。

4. 城市水务方面

一直以来，美国水利基础设施与污水基础设施的建设都要通过市政债券获得融资，美国环境保护署下设的“州循环贷款基金”也为各州和地方政府的“治水”工程提供资金支持。然而，据美国环境保护署测算，未来20年各州“治水”所需的资金投入巨大，仅靠联邦政府、州政府及地方政府的财政资金和市政债券融资，难以满足“治水”需求。因此，美国联邦、州与地方政府都鼓励开展PPP模式“治水”。马里兰州是开展PPP模式“治水”的试点之一，经过两年多的不懈努力，该州的水污染情况得到了明显改善，新建水利基础设施30%～ 40%的资金来自于私营部门，水污染防治方面所需的将近80%的资金来自私营部门。同时，中小企业也在“治水”中看到了商机。政府通过PPP模式“治水”为中小企业提供展示才华的平台，降低其入围政府采购的门槛，同时也创造了大量就业岗位，刺激了当地的经济增长。这为美国推广PPP模式“治水”提供了很好的示范，越来越多的城市“治水”采取PPP模式，据统计，截至2013年，全美有209个“治水”项目采取了PPP模式。

**（三）美国PPP模式的类型**

按照付费方式，美国的PPP模式主要分为两类，相关类型及典型案例的简要介绍如下。

1. 按绩效支付的特许模式及典型案例

按绩效支付的特许模式是指被特许者与政府签订整体经营合同，并负责项目的融资、建设和运营，但部分或全部收益来自政府支付，资产所有权归政府所有。政府通过分期支付方式，用财政资金偿还被特许者的投资和支付报酬。例如，美国马萨诸塞州3号公路北段修缮扩建项目，采用DBOM（设计—建造—运营—维护）模式，州公路局作为政府方，负责项目监管、合同管理和质量保证，承担绝大部分的融资风险；现代大陆工程公司为首的项目承包人团队作为社会资本方，负责融资、建设、设计、运营，主要承担项目成本、进度和质量相关的风险。

2. 按收费支付的特许模式及典型案例

按收费支付的特许模式是指被特许者的收益来自于使用者付费，与政府无关。被特许者一般采用BOT模式，承担项目的建设、融资、运营，并与政府签订整体性特许经营合同。与我国高速公路实施的BOT模式不同的是，在特许经营期内，高速公路的所有权和经营权一并交由特许企业行使，相同的是，也要面临政府政策调整的风险。例如，加州91号公路，采用BOT方式，由CPTC（California Private Transportation Company）负责该项目的建设、融资以及运营和维护，但由于加州交通部拓宽91号公路的计划违反了PPP合同中的非竞争条款，该项目以政府回购方式提前终结。

## （四）美国PPP模式的特点[①]

与英国相比，美国的PPP具有不少自己的独特性。

首先表现在对PPP概念的理解上：美国PPP的代表人物萨瓦斯认为，PPP与私有化的概念基本上是相同的，只不过PPP的叫法更容易让人接受，也更少让人产生歧义和争议（E.S.Sawas，2002）。按照美国政府责任办公室（US Government Accountability Office，GAO）的定义，所有将政府责任向私人部门转移的安排都属于私有化，PPP则是私有化的一种具体形式，它主要应用于基础设施领域，并且通常需要私人部门的资本投入。而在英国，私有化则大多被理解为出售政府资产的代名词，它只是PPP的一种极端方式（英国财政部，2004）。

其次，在PPP政策和管理机制方面，美国作为联邦制国家，各个州和地方政府都具有比较大的自治权，因此，各个州及地方政府会根据自己的要求实行不同模式和不同程度的PPP，并各自在PPP立法和管理机制上进行探索创新。而且美国没有像英国那样建立一个统一的政府机构推动PPP的发展，也没有形成一个独特的、作用突出的PPP模式。在美国，很多政府机构，包括财政部、能源部、交通部、劳工部等，都参与了PPP的推动过程，另外还有一些非政府组织和机构为推动PPP而努力，例如全国公私伙伴关系理事会（National Council for Public Private Partnerships，NCPPP）和市长商业理事会（The Mayors Business Council）等，其中，NCPPP是一个以倡导PPP为使命的非政府组织，成立于1985年，其资金来源包括会员会费、举行会议的收益以及一部分美国交通部和联合国开发计划署提供的资助。它下设四个分会，包括国际分会、房地产分会、交通分会和水务分会，其宗旨在于宣传和促进公私伙伴关系模式，以使政府和商界意识到他们的合作在降低费用的同时，为社会公众提供更优质的产品、服务和设施。

此外，PPP在美国也面临更多阻力。阻力之一来源于美国的税收体制，因为根据法律规定，美国的联邦政府和州政府有权发行债券，债券是免税的，而私人部门融资则需要缴税，这就使私人投资的成本高于政府投资，客观上无法促进私人部门的参与。另外，由于美国是一个劳工组织比较发达的国家，劳工组织的

---

① 巴曙松. 借国际经验完善我国 PPP 模式 [EB/OL]. [2015-02-27]. http://bashusong.baijia.baidu.com/article/47385.

压力也使得美国在推进PPP的过程中面临很大的阻力。

## 四、澳大利亚PPP的经验与教训①

### （一）澳大利亚PPP模式的发展

澳大利亚在运用PPP模式实施大型基础设施项目方面处于世界领先地位。20世纪80年代，为了解决加快基础设施建设而带来的资金不足问题，澳大利亚开始在基础设施建设领域运用PPP模式。

在澳大利亚最普遍的PPP运作模式是由几个投资者联合成立一个特殊目的公司（Special Purpose Vehicle，SPV），由SPV公司和政府就项目的设计、融资、建设和运营签订项目协议，期限一般为 20～30年。融资方对SPV公司的股东（投资者）一般为无追索权或者有限追索权。贷款要求到期一次性还本；在贷款存续期间，融资方可以通过在金融市场上再融资的方式转让贷款份额。SPV公司和政府还会就执行项目的各项任务和其他公司签署协议，确保这些公司能够按照约定履约，在出现履约失败风险的情况下，将按照合同约定的权利、义务关系予以追究责任。SPV公司被赋予基础设施项目的长期特许经营权和收益权，因此也有足够动力快速建设和高效运营。合同到期后，项目资产通常无偿转让给政府，也有可能经政府和投资者谈判后以合适的价格或最新的商务条件续签协议。

20世纪80年代，澳大利亚PPP的运营取得了较好的效益，20世纪90年代开始，政府为了促进经济增长和提高效率，不断加大私人资本参与范围，并将项目建设和运营的风险更多地转嫁给私人资本，使得私人资本享受的收益与其同期承担的风险不匹配，进而导致部分PPP项目以失败告终。2000年以来，澳大利亚汲取经验和教训，制定特别法律措施，从保障私人资本的权益出发，充分发挥政府和私人资本的各自优势，使得PPP模式在基础设施建设中得到良好的运用和发展，实现了共赢。

① 孟刚．澳大利亚基础设施公私合营（PPP）模式的经验与启示 [J]. 海外投资与出口信贷，2016（4）：37-41.

## （二）澳大利亚PPP模式的成功经验

### 1. 设立专门的PPP政府管理机构并公布政策指南

澳大利亚注重政府层面的协调，联邦政府成立了澳大利亚基础设施和区域发展部（Department of Infrastructure and Regional Development），作为全国性的基础设施PPP管理部门，负责统计全国各级政府基础设施建设需求并出台指引政策，业务不限于PPP，但推广PPP是其重要职能之一。

在法律顶层设计方面，澳大利亚对PPP没有专门立法，而是于2008年11月制定了一系列国家政策与指南对PPP进行规范，各州在此基础上再制定本地的指南。2015年10月，澳大利亚基础设施和区域发展部对2008年推出的国家PPP政策框架进行了更新，详细介绍了项目实施政策，包括项目集中采购方法、投资者指南、社会性基础设施的商业原则、经济性基础设施的商业原则、政府操作指南、财务计算方法等。各级政府也在此基础上制定了本地的框架指南，对PPP项目作了各自详细的规定。如维多利亚州就对项目信息披露作了特殊规定，要求除了国有企业主导的项目，所有维多利亚州PPP中心参与的PPP项目合同，需在融资方案完成后3个月内对外公布。

### 2. 确定PPP项目的“物有所值”准入原则

澳大利亚确定PPP项目准入的核心标准是“物有所值”（Value for Money，VFM）原则，即考察PPP模式是否比传统模式好。私人资本能够实现物有所值原则，即经济性上实现成本最低，效率上实现产出最大，效果上达到预期的期望。澳大利亚政府部门在立项阶段，会制订基础设施和公用事业发展规划，通过全面成本—效益分析法（Full Cost-benefit Analysis），考察项目建设的必要性和是否可以适用PPP模式，其基本原理是运用技术经济、社会分析等方法，分别计算出特定基础设施项目在公共部门采购模式下和PPP采购模式下的成本和收益，并根据VFM原则和对比的方法，来决定此基础设施项目的最优采购方法。在PPP项目启动阶段，澳大利亚政府部门会采用公共部门比较因子法（Public Sector Comparator）比较PPP模式和传统模式的全寿命周期成本，如果PPP模式的投标价成本低于传统模式的成本，就体现出了物有所值原则。公共部门比较因子法是在假设建设资金没有约束，与PPP项目建设运营期和产出标准相同，并考虑不同采购模式交易成本差别的前提条件下，基础设施项目采用传统的公共部门采购模式所需要的全部成本，主要包括建设运营净成本、可转移风险承担成本、自留风险承担成本、竞争性中立调整成本等。在量化比较得出PPP模式体现出了VFM最大化的基础上，澳大利亚政府部门将最终选择一个（或几个企业组成的联合体）最适合的企业授予其特许经营权。

3. 制订全流程绩效评估监督体系

澳大利亚政府强调制订全流程的绩效监管体系，通过产出和结果的绩效评估要求，促使私人资本确保所提供的产品或服务的质量并提高效率。政府监管的重点是产品或服务的质量和数量，而不是干涉私人资本通过什么方法来满足绩效要求，以利于发挥私人资本的能动性和创造性。具体而言，私人资本负责项目质量管理，制订管理计划，搜集监管数据，编写监管报告；政府部门负责对项目质量管理的审查，制定技术标准，审查私人资本的管理计划和监管报告，审计财务，实施评估和奖惩；第三方负责独立审计、数据搜集和争议处理；产品或者服务的用户则有权利向政府部门反馈使用情况并有途径举报自身权益受损情况。监管结果应当通过报告形式体现出来，监管费用一般要由政府和私人资本分担，但是如果结果不符合监管要求，需要再次检测的费用则由私人资本承担。

4. 强调保障私人资本的合理利益

在PPP项目中，保障私人资本的合理利益是私人资本积极参与的动力所在。澳大利亚政府推动的PPP项目一般有以下两种情况：

一是项目自身收益，即使用者付费，或者政府付费。使用者付费又称为特许经营权模式，通过向用户收费来实现合理的利润，如公路、桥梁、地铁、机场等交通设施，以及水电供应设施、排污设施、通信设施等；政府付费是指项目在符合政府要求并建成投入运营后，政府按照约定一次性或定期向私人资本付费，通常用于科研机构、学校、医院、文化设施、监狱等社会基础设施（即非创收型）。在实践中，使用者付费和政府付费往往结合使用，政府支付一定比例的费用，其余部分向用户收费。

二是政府让利给私人资本，例如部分土地附加收益。在墨尔本皇家儿童医院PPP项目中，维多利亚州政府与私人资本在开始时谈好条件，新医院建成运营后，私人资本可以将原址的旧医院自行改造利用，开办超市或旅馆等，所得收入归私人资本所有，涉及税收项目可以享受优惠，但最终的土地及所有不动产归政府所有。

5. 将保护公众利益作为推动PPP模式的前提条件

澳大利亚政府始终将保护公众利益作为推行PPP模式的前提条件。政府推行PPP项目有利于缓解政府财政约束、提高产品或服务质量、优化风险分担、降低建设成本、促进经济增长与市场经济，最终体现为对澳大利亚所有纳税人的权益保护。在PPP模式下，私人资本得以更广泛地参与到设计、建造、融资、运营、维护等各个阶段，使其技术、经验、创造性得到充分发挥，政府部门则把重心放在综合协调、政策指引、质量控制和安全监督上，以保障纳税人的权益为最终目标，最大限度地改进公共服务质量。与传统基础设施建设融资相比较，PPP模式将工期延长和预算超支风险转移给私人资本，政府每年购买公共服务的支出固定化，从而使政府支出的确定性得到提高，进而提高了政府债务的可控性。由于PPP项目的运营和维护都由私人资本承担，因此私人资本会积极改进项目方案来控制风险和成本，且不会为赶工期而粗制滥造，这样就从整体上保障了公众的合法权益。

（三）澳大利亚PPP模式对我国的启示和建议

1. 从国家战略层面加强顶层设计

澳大利亚非常重视PPP和国家增长与社会发展目标的联动。澳大利亚基础社会管理局（Infrastructure Australia，IAU）在给专门协调联邦、州和领地政府的澳大利亚政府委员会（The Council of Australia Governments）的报告中，多次强调需要更好地利用现有基础设施建设，为资本投资创造新的机会，消除阻碍澳大利亚经济社会增长的瓶颈和差距。

因此，我国应当从国家战略层面加强PPP模式的顶层设计，注意国家优先项目的实施，注意项目的经济效益、社会效益和环境效益等多方面因素，要在公共政策目标的实现和社会资本盈利目标之间达到一种均衡，通过PPP模式的公共性体现社会公众的利益，更好地促进公共政策目标的实现。

2. 合理确定项目选择标准

我国地方政府对公共服务需求的认定和评估还比较粗放，在项目选择方面，政绩需求有时会混淆公共服务需求，缺乏项目选择的相对客观标准。基于此考虑，建议可以借鉴澳大利亚PPP模式的经验，出台专门的项目物有所值评估指引，将项目全生命周期内政府支出成本现值与公共部门比较值进行客观比较，确保项目选择的PPP模式是提升效率、降低成本的最优选择。

3. 理顺政府与企业的关系

澳大利亚PPP模式的成功关键在于政府部门和社会资本的有效合作。我国各级政府部门应当切实统一思想，充分认识到PPP在提高公共服务供给质量、促进经济结构调整等方面的重要作用，主动转变自身职能定位，该管的管好，不该管的放手，该监督的要到位，特别是要提高PPP的专业知识技能。此外，应当加强部委之间、中央和地方之间的协调统筹，建立跨部门的监管协调机制，避免主管重叠，防止监管缺位，改善政出多门、各行其是的政府部门条块分割现象。只有这样，政府部门和社会资本才能真正协同合作，适应PPP模式带来的从观念、治理结构、操作细节到有效监督落实的巨大挑战。

4. 完善法律和政策体系

澳大利亚虽然属于英美法系，但是PPP模式经过长年的发展，也已经从法律和政策指引方面，建立了完整和有效的成文法保障体系，而不是仅仅限于通过案例法来规制。我国是大陆法系，更应当及时清理、修订、废止现存的、不适应当前PPP模式推广运用的法律、法规或地方性规章，争取尽早出台统一的PPP基础性法律，积极推动更高层次的系统化立法，解决现在严重制约PPP模式推广的法律、法规、部门规章、地方性规章、规范性文件等衔接不畅、相互冲突的突出问题。

5. 引入第三方建立系统的PPP项目监督评估机制

澳大利亚PPP全流程的绩效监管体系中，第三方监督评估具有非常重要的作用。通过政府、社会资本、独立第三方共同发挥作用的产出和结果的绩效评估，确保社会资本所提供的产品或服务的质量并提高效率。第三方监督评估并不是指不需要政府监管。政府监管的重点是制定技术标准，检查产品或服务的质量，审查社会资本的监管报告和财务等。第三方则是客观、公正地负责独立审计，搜集数据和处理争议。通过建立系统的PPP项目监督评估机制，兼顾各利益相关方的利益诉求，加强信息披露和社会监督，增强PPP项目的透明度和公众度，防止可能出现的道德风险和暗箱操作。

## 五、日本PPP的经验与教训

### （一）PPP在日本的发展与现状

20世纪90年代以来，PPP模式被引入日本。日本的PPP模式借鉴了英国的PPP理念，确切地说，是借鉴了英国的PFI模式。PFI模式在日本得到了日本政府，特别是中央政府的支持和大力推动，在十几年的时间里，PFI事业迅速扩张，取得了良好的经济效益和社会效益，成为日本基础设施建设的重要力量。

PPP模式是日本自小泉内阁以来行政改革的重要措施，可称得上是政府导向型的新型公共服务供给模式。2001年6月小泉内阁内阁会议通过了“骨太方针”，改革的内容是：在提供公共服务的过程中，活用市场机制，在“社会能做的事交给社会去做”的原则指导下，根据公共服务的属性，通过民间委托（外包、公设民营等）、PFI、独立行政法人等措施，激发公共部门、民营企业与非营利组织等各服务主体的积极性，提高行政效率及公共服务的质量。简而言之，就是向社会开放历来以政府为中心提供的公共服务领域。为了推进这些政策，日本政府将这种由公共部门直接提供的公共服务对民间开放的模式取名为“日本式PPP”。从日本推行PPP的背景来看，其引进PPP模式的目的在于实现解决财政困难、提高公共服务的品质及活跃经济这三项政策目标。

### （二）日本PPP模式的现状①

从数量和规模来看，日本基础设施PPP的案例、PPP项目总体数量不是很多，相应失败的案例也非常少。总体来说，PPP模式在日本稳步发展，1999—2015年，PPP项目数量从3个增加到527个，项目金额从1999年的1亿日元增长到2015年的48965亿日元。

从实施领域来看，教育和文化领域项目数量排在首位，主要涉及文教设施、文化设施等；数量排在第二的领域是健康和环境领域，主要与医疗设施、垃圾处理设施等相关；排在第三的领域是城市建设，相关项目主要涉及公路、公园、下水道设施、港湾设施等。另外，在实施的527个项目中，中央累计实施69个项目，地方累计实施413个项目，其他机构实施45个项目，足见地方在推广PPP中

① 景婉博．PPP 模式的日本经验及启示 [J]. 中国财政，2017（2）：66-67.

发挥了重要作用。

从具体操作形式来看，日本PPP主要包括BOT和BTO模式。在实践中，BTO项目数量居多，约占到一半以上。BTO不同于BOT之处在于，BTO是设施所有权在工程完工后即移交给公共主体。从日本的案例中可以发现BTO这种方式在实践中也出现了一定的问题，即企业虽然可以在不保有设施所有权的同时提供公共服务，但这种情况容易造成设施管理责任和服务提供责任分担不明确，存在一定的隐患。

### （三）PPP在日本的发展的经验借鉴[①]

#### 1. 健全和完善PPP模式相关法律

健全的法律制度环境是PPP模式赖以生存的基础，也是增强投资者信心、降低项目风险的有效措施。日本政府通过立法手段推动公共服务向社会开放，1999年通过了《民间融资社会资本整备（PFI）法》（简称“PFI法”）；通过政府文件形式明确了“民间能做的事交给民间去做”的改革指导原则；相继发布公共服务改革的政策框架与推进PPP实施的五个“指南”等。这些举措为PPP模式在日本的推进与展开创造了良好的法律、行政和政策实施的保障和环境。2009年，日本政府进一步修订、完善了PFI法，将原来法案中规定的PFI活动只针对道路、医院、国家及地方自治体的办公楼等实施，扩大到人造卫星领域，即将社会力量引入宇宙开发领域。另外，日本PFI法中对于事前的风险评价以及公共部门与私人部门的权责划分，极大地推动了PPP模式的成功运用，也值得借鉴。

#### 2. 促进政府PPP机构的建立

日本中央政府在推动公共服务的提供向民间开放的过程中发挥了重要作用。内阁根据《PFI法》，专门在内阁设置了PFI的领导和推广机构——PFI推进委员会，形成在中央政府的统一领导下，由地方政府、PFI推进机构及行业组织共同构成的PFI项目运作管理模式。该委员会的委员长、专家委员均由内阁总理大臣直接挑选任命，职责主要包括：调查日本PFI事业的实施状况，分析、审查私人部门的意见；向社会发布有关PFI的实施状况、法律、税收等情况；向有关机构

---

① 铭鼎人咨询 . PPP 模式在日本的发展及启示 [EB/OL]. [2015-05-06]. http ://huanbao.bjx.com.cn/news/20150506/615390.shtml.

提出促进PFI事业改革与发展的政策建议；协助政府扩大对PFI事业的宣传和影响，促进社会民众对PFI事业的理解。PFI事业推进委员会对日本PFI发展意义重大，很多政策、法规、建议都是由它提出的，它引导着日本PFI事业的发展方向。此外，经济财政咨询会议和内阁设置的区域经济再生总部还提出，在行政服务中实现公私合作这一重要课题，进一步拓宽了对社会开放的公共服务领域，促进了PPP模式的发展。

3. 鼓励民间咨询机构的发展

在日本，社会上有很多专业从事大型工程项目管理及PFI项目咨询的管理顾问公司，如三菱综合研究所、都市经济研究所、佐藤综合计划等，都可以提供专业咨询服务。在PFI项目确定前的调查阶段，发起机构会委托管理顾问公司对项目条件和前景进行分析和评估；项目确定后，发起机构会聘请有关专家举办PFI学习班；在项目实施阶段，也需要聘请管理顾问指导PFI项目的实施，同时发起机构需要聘请外界专家对PFI项目进行监督和评价。通常来说，PFI项目在不同阶段的咨询服务由不同的顾问公司或外部专家负责。

4. 注重PPP专业人才的培养

PPP模式涉及担保、税收、外汇、合同、特许权等多方领域，内容复杂，文件繁多。PPP模式的实施是理论与实践相结合的过程，PPP模式操作复杂，需要懂法律、经济、财务、项目管理等各方面的专业技术人才。日本的东洋大学于2006年在经济学研究系开设公私合作专业，主要有三个课程：①“城市管理”课程：学习地方政府的财政健全化、公共设施管理等方面的公共管理政策；②“PPP商务”课程：综合学习PFI、指定管理者制度、城市建设等民间、市民为主体的PPP事业；③“世界PPP”课程：学习亚洲、非洲等新兴国家的项目企划。

附件

# 我国现有的PPP相关法律法规与规范性文件

## 一、法律及行政法规

### （一）综合性法律及行政法规

1.《行政许可法》（2003年8月27日）

2.《合同法》（1999年3月15日中华人民共和国主席令第15号）

3.《预算法》（2014年8月31日中华人民共和国主席令第12号修正）

4.《中华人民共和国政府采购法》（2014年8月31日中华人民共和国主席令第14号修正）

5.《中华人民共和国政府采购法实施条例》（2015年1月30日国务院令第658号）

6.《招标投标法》（2017年12月27日中华人民共和国主席令第86号修正）

7.《招标投标法实施条例》（2011年12月20日国务院令第613号）

8.《土地管理法》（2004年8月28日中华人民共和国主席令第28号修正）

9.《土地管理法实施条例》（2014年7月29日修正）

10.《担保法》（1995年6月30日）

11.《物权法》（2007年3月16日）

12.《公司法》（2018年10月26日中华人民共和国主席令第15号修正）

13.《企业国有资产法》（2008年10月28日）

14.《商业银行法》（2015年8月29日修正）

15.《价格法》（1997年12月29日中华人民共和国主席令第92号）

16.《保险法》（2015年4月24日修正）

17.《信托法》（2001年4月28日中华人民共和国主席令第50号）

18.《合伙企业法》（2006年8月27日中华人民共和国主席令第55号修正）

19.《证券投资基金法》(2015年4月24日中华人民共和国主席令第23号修正)

(二)重点行业性法律及行政法规

1.《中华人民共和国城乡规划法》(2007年10月28日)

2.《中华人民共和国城市房地产管理法》(2007年8月30日修正)

3.《中华人民共和国建筑法》(2011年4月22日修正)

4.《建设工程质量管理条例》(2000年1月10日)

5.《建设工程安全生产管理条例》(2003年11月24日)

6.《收费公路管理条例》(2004年9月13日国务院令第417号)

7.《中华人民共和国公路法》(2016年11月7日修正)

8.《城镇排水与污水处理条例》(2013年10月2日)

9.《中华人民共和国环境保护法》(2014年4月24日修正)

10.《中华人民共和国港口法》(2015年4月24日)

## 二、国务院规范性文件

### (一)总则性政策文件

1. 国务院办公厅《关于政府向社会力量购买服务的指导意见》(国办发〔2013〕96号)(2013年9月26日)

2. 国务院《关于创新重点领域投融资机制鼓励社会投资的指导意见》(国发〔2014〕60号)(2014年11月16日)

3. 国务院批转国家发展改革委《关于2015年深化经济体制改革重点工作意见的通知》(国发〔2015〕26号)(2015年5月8日)

4. 国务院关于印发《2015年推进简政放权放管结合转变政府职能工作方案》的通知(国发〔2015〕29号)(2015年5月12日)

5. 国务院办公厅转发财政部、发展改革委、人民银行《关于在公共服务领域推广政府和社会资本合作模式指导意见》的通知(国办发〔2015〕42号)(2015年5月19日)

6. 国务院批转国家发展改革委《关于2016年深化经济体制改革重点工作意见的通知》(国发〔2016〕21号)(2016年3月25日)

7. 国务院办公厅《关于进一步做好民间投资有关工作的通知》(国办发明电

〔2016〕12号)(2016年7月1日)

8. 中共中央、国务院《关于深化投融资体制改革的意见》(中发〔2016〕18号)(2016年7月5日)

9. 国务院关于印发《"十三五"推进基本公共服务均等化规划》的通知(国发〔2017〕9号)(2017年1月23日)

10. 国务院办公厅《关于进一步激发社会领域投资活力的意见》(国办发〔2017〕21号)(2017年3月7日)

11. 国务院批转国家发展改革委《关于2017年深化经济体制改革重点工作意见的通知》(国发〔2017〕27号)(2017年4月13日)

12. 国务院办公厅《关于进一步激发民间有效投资活力促进经济持续健康发展的指导意见》(国办发〔2017〕79号)(2017年9月1日)

13. 国务院办公厅《关于保持基础设施领域补短板力度的指导意见》(国办发〔2018〕101号)(2018年10月11日)

14. 国务院办公厅《关于聚焦企业关切进一步推动优化营商环境政策落实的通知》(国办发〔2018〕104号)(2018年10月29日)

**(二)财税预算体制相关文件**

1. 国务院《关于深化预算管理制度改革的决定》(国发〔2014〕45号)(2014年9月26日)

2. 国务院《关于清理规范税收等优惠政策的通知》(国发〔2014〕62号)(2014年11月27日)

3. 国务院《关于改革和完善中央对地方转移支付制度的意见》(国发〔2014〕71号)(2014年12月27日)

4. 国务院办公厅《关于进一步做好盘活财政存量资金工作的通知》(国办发〔2014〕70号)(2014年12月30日)

5. 国务院《关于实行中期财政规划管理的意见》(国发〔2015〕3号)(2015年1月3日)

6. 国务院关于印发《推进财政资金统筹使用方案》的通知(国发〔2015〕35号)(2015年6月16日)

（三）地方政府债务相关文件

1. 国务院《关于加强地方政府融资平台公司管理有关问题的通知》（国发〔2010〕19号）（2010年6月10日）

2. 国务院《关于加强地方政府性债务管理的意见》（国发〔2014〕43号）（2014年9月21日）

3. 国务院办公厅转发财政部、人民银行、银监会《关于妥善解决地方政府融资平台公司在建项目后续融资问题意见的通知》（国办发〔2015〕40号）（2015年5月11日）

4. 国务院办公厅关于印发《地方政府性债务风险应急处置预案》的通知（国办函〔2016〕88号）（2016年10月27日）

（四）政府采购定价相关文件

国务院办公厅《关于推进农业水价综合改革的意见》（国办发〔2016〕2号）（2016年1月21日）

（五）金融监管制度相关文件

国务院《关于收费公路项目贷款担保问题的批复》（国函〔1999〕28号）（1999年4月26日）

（六）资产结构设计相关文件

1. 国务院《关于固定资产投资项目试行资本金制度的通知》（国发〔1996〕35号）（1996年8月23日）

2. 国务院《关于投资体制改革的决定》（国发〔2004〕20号）（2004年7月16日）

3. 国务院《关于调整和完善固定资产投资项目资本金制度的通知》（国发〔2015〕51号）（2015年9月9日）

4. 国务院《关于国有企业发展混合所有制经济的意见》（国发〔2015〕54号）（2015年9月23日）

（七）重点行业领域相关文件

1. 国务院《关于鼓励和引导民间投资健康发展的若干意见》（国发〔2010〕13号）（2010年5月7日）

2. 国务院办公厅转发国家发展改革委、卫生部等部门《关于进一步鼓励和引导社会资本举办医疗机构意见的通知》（国办发〔2010〕58号）（2010年11月26日）

3. 国务院《关于加快棚户区改造工作的意见》（国发〔2013〕25号）（2013年7月4日）

4. 国务院《关于改革铁路投融资体制加快推进铁路建设的意见》（国发〔2013〕33号）（2013年8月9日）

5. 国务院《关于加快发展养老服务业的若干意见》（国发〔2013〕35号）（2013年9月6日）

6. 国务院《关于促进健康服务业发展的若干意见》（国发〔2013〕40号）（2013年9月28日）

7. 国务院《关于加强城市基础设施建设的意见》（国发〔2013〕36号）（2013年9月6日）

8. 国务院办公厅《关于加强城市地下管线建设管理的指导意见》（国办发〔2014〕27号）（2014年6月3日）

9. 国务院办公厅《关于支持铁路建设实施土地综合开发的意见》（国办发〔2013〕37号）（2014年7月29日）

10. 国务院《关于加快发展体育产业促进体育消费的若干意见》（国发〔2014〕46号）（2014年10月2日）

11. 国务院关于发布《政府核准的投资项目目录（2014年本）》的通知（国发〔2014〕53号）（2014年10月31日）

12. 国务院办公厅《关于推行环境污染第三方治理的意见》（国办发〔2014〕69号）（2014年12月27日）

13. 国务院办公厅转发文化部等部门《关于做好政府向社会力量购买公共文化服务工作意见的通知》（国办发〔2015〕37号）（2015年5月5日）

14. 国务院办公厅《关于城市公立医院综合改革试点的指导意见》（国办发〔2015〕38号）（2015年5月6日）

15. 国务院关于印发《中国制造2025》的通知（国发〔2015〕28号）（2015年5月8日）

16. 国务院《关于推进国际产能和装备制造合作的指导意见》（国发〔2015〕30号）（2015年5月13日）

17. 国务院办公厅印发《关于促进社会办医加快发展若干政策措施》的通知

（国办发〔2015〕45号）（2015年6月11日）

18. 国务院《关于进一步做好城镇棚户区和城乡危房改造及配套基础设施建设有关工作的意见》（国发〔2015〕37号）（2015年6月25日）

19. 国务院办公厅《关于推进城市地下综合管廊建设的指导意见》（国办发〔2015〕61号）（2015年8月3日）

20. 国务院《关于实行市场准入负面清单制度的意见》（国发〔2015〕55号）（2015年10月2日）

21. 国务院办公厅《关于推进海绵城市建设的指导意见》（国办发〔2015〕75号）（2015年10月11日）

22. 国务院办公厅转发卫生计生委等部门《关于推进医疗卫生与养老服务相结合指导意见的通知》（国办发〔2015〕84号）（2015年11月18日）

23. 国务院《关于积极发挥新消费引领作用加快培育形成新供给新动力的指导意见》（国发〔2015〕66号）（2015年11月19日）

24. 国务院《关于深入推进新型城镇化建设的若干意见》（国发〔2016〕8号）（2016年2月2日）

25. 中共中央国务院印发《关于进一步加强城市规划建设管理工作的若干意见》（2016年2月6日）

26. 国务院《关于进一步健全特困人员救助供养制度的意见》（国发〔2016〕14号）（2016年2月10日）

27. 国务院办公厅转发国家发展改革委《关于"十三五"期间实施新一轮农村电网改造升级工程意见的通知》（国办发〔2016〕9号）（2016年2月16日）

28. 国务院办公厅《关于促进通用航空业发展的指导意见》（国办发〔2016〕38号）（2016年5月13日）

29. 国务院关于印发《2016年推进简政放权放管结合优化服务改革工作要点》的通知（国发〔2016〕30号）（2016年5月23日）

30. 国务院关于印发《土壤污染防治行动计划》的通知（国发〔2016〕31号）（2016年5月28日）

31. 国务院办公厅《关于促进和规范健康医疗大数据应用发展的指导意见》（国办发〔2016〕47号）（2016年6月21日）

32. 国务院办公厅《关于创新农村基础设施投融资体制机制的指导意见》(国办发〔2017〕17号)(2017年2月17日)

33. 国务院办公厅《关于进一步激发社会领域投资活力的意见》(国办发〔2017〕21号)(2017年3月16日)

34. 国务院办公厅《关于支持社会力量提供多层次多样化医疗服务的意见》(国办发〔2017〕44号)(2017年5月16日)

35. 国务院办公厅《关于进一步加强城市轨道交通规划建设管理的意见》(国办发〔2018〕52号)(2018年6月28日)

## 三、多部门联合发布的文件

### (一)总则性政策文件

1. 财政部、民政部《关于支持和规范社会组织承接政府购买服务的通知》(财综〔2014〕87号)(2014年10月24日)

2. 财政部、民政部、工商总局关于印发《政府购买服务管理办法(暂行)》的通知(财综〔2014〕96号)(2014年12月15日)

3.《基础设施和公用事业特许经营管理办法》(国家发展和改革委员会、财政部、住房城乡建设部、交通运输部、水利部、中国人民银行令第25号)(2015年4月25日)

4. 财政部、发展改革委《关于进一步共同做好政府和社会资本合作(PPP)有关工作的通知》(财金〔2016〕32号)(2016年5月28日)

### (二)财税预算体制相关文件

1. 财政部、国家税务总局《关于公共基础设施项目享受企业所得税优惠政策问题的补充通知》(财税〔2014〕55号)(2014年7月4日)

2. 财政部、国土资源部、中国人民银行、银监会《关于规范土地储备和资金管理等相关问题的通知》(财综〔2016〕4号)(2016年2月2日)

### (三)地方政府债务相关文件

1. 财政部、国家发展改革委、人民银行、银监会《关于制止地方政府违法违规融资行为的通知》(财预〔2012〕463号)(2012年12月24日)

2. 财政部、发展改革委、司法部、人民银行、银监会、证监会《关于进一步

规范地方政府举债融资行为的通知》(财预〔2017〕50号)(2017年4月26日)

3. 关于印发《地方政府土地储备专项债券管理办法(试行)》的通知(财预〔2017〕62号)(2017年5月16日)

4. 关于印发《地方政府收费公路专项债券管理办法(试行)》的通知(财预〔2017〕97号)(2017年6月26日)

5. 关于印发《试点发行地方政府棚户区改造专项债券管理办法》的通知(财预〔2018〕28号)(2018年3月1日)

**(四)定价相关文件**

国家发展改革委、建设部关于印发《城市供热价格管理暂行办法》的通知(发改价格〔2007〕1195号)(2007年6月3日)

**(五)金融监管制度相关文件**

1. 国家发展改革委、国家开发银行《关于推进开发性金融支持政府和社会资本合作有关工作的通知》(发改投资〔2015〕445号)(2015年3月10日)

2. 中国银监会、国家发展和改革委员会《关于银行业支持重点领域重大工程建设的指导意见》(银监发〔2015〕43号)(2015年8月10日)

3. 国家发展改革委、中国保监会《关于保险业支持重大工程建设有关事项的指导意见》(发改投资〔2015〕2179号)(2015年9月24日)

4. 国家发展改革委、中国证监会《关于推进传统基础设施领域政府和社会资本合作(PPP)项目资产证券化相关工作的通知》(发改投资〔2016〕2698号)(2016年12月21日)

5. 财政部、中国人民银行、中国证监会《关于规范开展政府和社会资本合作项目资产证券化有关事宜的通知》(财金〔2017〕55号)(2017年6月7日)

6. 中国人民银行、中国银行保险监督管理委员会、中国证券监督管理委员会、国家外汇管理局《关于规范金融机构资产管理业务的指导意见》(银发〔2018〕106号)(2018年3月28日)

**(六)政府投资管理相关文件**

国家发展改革委、财政部《关于运用政府投资支持社会投资项目的通知》(发改投资〔2015〕823号)

**（七）国有资产交易监管相关文件**

《企业国有资产交易监督管理办法》（国务院国资委、财政部令第32号）（2016年6月24日）

**（八）市政公用领域相关文件**

1. 财政部、住房和城乡建设部《关于开展中央财政支持地下综合管廊试点工作的通知》（财建〔2014〕839号）（2014年12月26日）

2. 财政部、住房和城乡建设部、水利部《关于开展中央财政支持海绵城市建设试点工作的通知》（财建〔2014〕838号）（2014年12月31日）

3. 财政部、住房城乡建设部《关于市政公用领域开展政府和社会资本合作项目推介工作的通知》（财建〔2015〕29号）（2015年2月13日）

4. 财政部、住房和城乡建设部关于印发《城市管网专项资金管理暂行办法》的通知（财建〔2015〕201号）（2015年6月1日）

5. 国家发展改革委、财政部、国土资源部、住房和城乡建设部、交通运输部、公安部、银监会《关于加强城市停车设施建设的指导意见》（发改基础〔2015〕1788号）（2015年8月3日）

6. 住房城乡建设部、国家开发银行《关于推进开发性金融支持海绵城市建设的通知》（建城〔2015〕208号）（2015年12月10日）

7. 财政部、住房城乡建设部《关于开展2016年中央财政支持地下综合管廊试点工作的通知》（财办建〔2016〕21号）（2016年2月16日）

8. 财政部、住房城乡建设部、水利部《关于开展2016年中央财政支持海绵城市建设试点工作的通知》（财办建〔2016〕25号）（2016年2月25日）

9. 财政部、住房城乡建设部《关于印发城市管网专项资金绩效评价暂行办法的通知》（财建〔2016〕52号）（2016年3月24日）

10. 财政部、住房城乡建设部《关于进一步做好棚户区改造相关工作的通知》（财综〔2016〕11号）（2016年3月25日）

11. 住房城乡建设部、国家发展改革委、财政部《关于开展特色小镇培育工作的通知》（建村〔2016〕147号）（2016年7月1日）

12. 住房城乡建设部、国土资源部《关于进一步完善城市停车场规划建设及用地政策的通知》（建城〔2016〕193号）（2016年8月31日）

13. 住房和城乡建设部、国家发展改革委、财政部、国土资源部、中国人民银行《关于进一步鼓励和引导民间资本进入城市供水、燃气、供热、污水和垃圾处理行业的意见》（建城〔2016〕208号）（2016年9月22日）

14. 国家发展改革委、住房城乡建设部《关于开展重大市政工程领域政府和社会资本合作（PPP）创新工作的通知》（发改投资〔2016〕2068号）（2016年9月28日）

15. 国家发展改革委、住房城乡建设部《关于进一步做好重大市政工程领域政府和社会资本合作（PPP）创新工作的通知》（发改投资〔2017〕328号）（2017年2月20日）

16. 财政部、住房城乡建设部、农业部、环境保护部《关于政府参与的污水、垃圾处理项目全面实施PPP模式的通知》（财建〔2017〕455号）（2017年7月1日）

**（九）交通领域相关文件**

1. 财政部、交通运输部《关于在收费公路领域推广运用政府和社会资本合作模式的实施意见》（财建〔2015〕111号）（2015年4月20日）

2. 国家发展改革委、财政部、国土资源部、银监会、国家铁路局《关于进一步鼓励和扩大社会资本投资建设铁路的实施意见》（发改基础〔2015〕1610号）（2015年7月10日）

3. 财政部、交通运输部《关于推进交通运输领域政府购买服务的指导意见》（财建〔2016〕34号）（2016年2月22日）

4. 国家发展改革委办公厅、交通运输部办公厅《关于进一步做好收费公路政府和社会资本合作项目前期工作的通知》（发改办基础〔2016〕2851号）（2016年12月30日）

5. 交通运输部、国家旅游局、国家铁路局、中国民用航空局、中国铁路总公司、国家开发银行《关于促进交通运输与旅游融合发展的若干意见》（交规划发〔2017〕24号）（2017年3月1日）

6. 国家发展改革委、自然资源部、住房城乡建设部、中国铁路总公司《关于推进高铁站周边区域合理开发建设的指导意见》（发改基础〔2018〕514号）（2018年4月24日）

**（十）环保领域相关文件**

1. 财政部、环境保护部《关于推进水污染防治领域政府和社会资本合作的实施意见》（财建〔2015〕90号）（2015年4月9日）

2. 财政部、国家海洋局《关于组织申报2016年蓝色海湾整治行动资金的通知》（财办建〔2016〕58号）（2016年5月11日）

**（十一）社会领域相关文件**

1. 国家发展改革委、民政部、财政部等《关于加快推进健康与养老服务工程建设的通知》（发改投资〔2014〕2091号）（2014年9月12日）

2. 国家发展改革委、民政部《关于规范养老机构服务收费管理促进养老服务业健康发展的指导意见》（发改价格〔2015〕129号）（2015年1月19日）

3. 民政部、国家发展改革委、教育部、财政部、人力资源和社会保障部、国土资源部、住房和城乡建设部、国家卫生计生委、银监会、保监会《关于鼓励民间资本参与养老服务业发展的实施意见》（民发〔2015〕33号）（2015年2月3日）

4. 财政部、国土资源部、住房和城乡建设部、中国人民银行、国家税务总局、银监会《关于运用政府和社会资本合作模式推进公共租赁住房投资建设和运营管理的通知》（财综〔2015〕15号）（2015年4月21日）

5. 国家发展改革委办公厅、民政部办公厅、全国老龄办综合部《关于进一步做好养老服务业发展有关工作的通知》（发改办社会〔2015〕992号）（2015年4月22日）

6. 民政部、国家发展改革委、公安部、财政部、国土资源部、环境保护部、住房城乡建设部、卫生计生委、中国人民银行、工商总局、食品药品监管总局、银监会、全国老龄办《关于加快推进养老服务业放管服改革的通知》（民发〔2017〕25号）（2017年1月23日）

7. 财政部、民政部、人力资源社会保障部《关于运用政府和社会资本合作模式支持养老服务业发展的实施意见》（财金〔2017〕86号）（2017年8月14日）

**（十二）区域/城镇开发领域相关文件**

1. 国家发展改革委、国家开发银行《关于推进开发性金融支持国家级新区健康发展有关工作的通知》（发改地区〔2015〕1584号）（2015年7月10日）

2. 国家发展改革委、商务部等七部委联合印发《关于促进具备条件的开发区

向城市综合功能区转型的指导意见》(发改规划〔2015〕2832号)(2015年12月2日)

3. 国家发展改革委、国家开发银行《关于开发性金融支持特色小(城)镇建设促进脱贫攻坚的意见》(发改规划〔2017〕102号)(2017年1月13日)

4. 文化和旅游部、财政部《关于在旅游领域推广政府和社会资本合作模式的指导意见》(文旅旅发〔2018〕3号)(2018年4月19日)

5. 文化和旅游部、财政部《关于在文化领域推广政府和社会资本合作模式的指导意见》(文旅产业发〔2018〕96号)(2018年11月13日)

**(十三)资源能源领域相关文件**

1. 国土资源部、全国工商联《关于进一步鼓励和引导民间资本投资国土资源领域的意见》(国土资发〔2012〕100号)(2012年6月18日)

2. 国家发展改革委、财政部《关于完善电力应急机制做好电力需求侧管理城市综合试点工作的通知》(发改运行〔2015〕703号)(2015年4月7日)

**(十四)农林水利领域相关文件**

1. 国家发展改革委、财政部、水利部《关于鼓励和引导社会资本参与重大水利工程建设运营的实施意见》(发改农经〔2015〕488号)(2015年3月17日)

2. 国家发展改革委、国家林业局《关于运用政府和社会资本合作模式推进林业建设的指导意见》(发改农经〔2016〕2455号)(2016年11月24日)

3. 国家发展改革委、农业部《关于推进农业领域政府和社会资本合作的指导意见》(发改农经〔2016〕2574号)(2016年12月6日)

4. 农业部、财政部《关于开展国家现代农业产业园创建工作的通知》(农计发〔2017〕40号)(2017年3月29日)

5. 财政部、农业部《关于深入推进农业领域政府和社会资本合作的实施意见》(财金〔2017〕50号)(2017年5月31日)

6. 国家发展改革委、水利部关于印发《政府和社会资本合作建设重大水利工程操作指南(试行)》的通知(发改农经〔2017〕2119号)(2017年12月7日)

## 四、财政部规范性文件

**(一)总则性政策**

1. 财政部《关于推广运用政府和社会资本合作模式有关问题的通知》(财金

〔2014〕76号）（2014年9月23日）

2. 财政部《关于政府和社会资本合作示范项目实施有关问题的通知》（财金〔2014〕112号）（2014年11月30日）

3. 财政部《关于进一步做好政府和社会资本合作项目示范工作的通知》（财金〔2015〕57号）（2015年6月25日）

4. 财政部《关于实施政府和社会资本合作项目以奖代补政策的通知》（财金〔2015〕158号）（2015年12月8日）

5. 财政部《关于组织开展第三批政府和社会资本合作示范项目申报筛选工作的通知》（财金函〔2016〕47号）（2016年6月8日）

6. 财政部《关于在公共服务领域深入推进政府和社会资本合作工作的通知》（财金〔2016〕90号）（2016年10月11日）

7. 财政部《关于联合公布第三批政府和社会资本合作示范项目加快推动示范项目建设的通知》（财金〔2016〕91号）（2016年10月11日）

8. 财政部《关于规范政府和社会资本合作（PPP）综合信息平台项目库管理的通知》（财办金〔2017〕92号）（2017年11月10日）

9. 财政部《关于公布第四批政府和社会资本合作示范项目名单的通知》（财金〔2018〕8号）（2018年2月1日）

10. 财政部《关于进一步加强政府和社会资本合作（PPP）示范项目规范管理的通知》（财金〔2018〕54号）（2018年4月24日）

**（二）PPP操作流程相关文件**

1. 财政部《关于印发政府和社会资本合作模式操作指南（试行）的通知》（财金〔2014〕113号）（2014年11月29日）

2. 财政部关于印发《政府采购竞争性磋商采购方式管理暂行办法》的通知（财库〔2014〕214号）（2014年12月31日）

3. 财政部关于印发《政府和社会资本合作项目政府采购管理办法》的通知（财库〔2014〕215号）（2014年12月31日）

4. 财政部关于印发《政府和社会资本合作项目财政承受能力论证指引》的通知（财金〔2015〕21号）（2015年4月7日）

5. 财政部《关于政府采购竞争性磋商采购方式管理暂行办法有关问题的补充

通知》(财库〔2015〕124号)(2015年6月30日)

6. 财政部《关于做好政府采购信息公开工作的通知》(财库〔2015〕135号)(2015年7月17日)

7. 关于印发《政府财务报告编制办法(试行)》的通知(财库〔2015〕212号)(2015年11月16日)

8. 财政部关于印发《PPP物有所值评价指引(试行)》的通知(财金〔2015〕167号)(2015年12月18日)

9. 关于征求《政府和社会资本合作物有所值评价指引(修订版征求意见稿)》意见的函(财办金〔2016〕118号)(2016年11月7日)

10. 财政部关于印发《政府采购评审专家管理办法》的通知(财库〔2016〕198号)(2016年11月18日)

**(三)财税预算/地方政府债务相关文件**

1. 财政部关于印发《国家级经济技术开发区国家级边境经济合作区等基础设施项目贷款中央财政贴息资金管理办法》的通知(财建〔2014〕81号)(2014年4月28日)

2. 财政部《关于对地方政府债务实行限额管理的实施意见》(财预〔2015〕225号)(2015年12月21日)

3. 财政部《关于财政资金注资政府投资基金支持产业发展的指导意见》(财建〔2015〕1062号)(2015年12月25日)

4. 财政部关于印发《中央对地方专项转移支付管理办法》的通知(财预〔2015〕230号)(2015年12月30日)

5. 财政部关于印发《中央国有资本经营预算管理暂行办法》的通知(财预〔2016〕6号)(2016年1月15日)

6.《基本建设财务规则》(财政部令第81号)(2016年4月26日)

7. 财政部关于印发《政府和社会资本合作项目财政管理暂行办法》的通知(财金〔2016〕92号)(2016年9月24日)

8. 财政部关于印发《地方政府一般债务预算管理办法》的通知(财预〔2016〕154号)(2016年11月9日)

9. 财政部关于印发《地方政府专项债务预算管理办法》的通知(财预〔2016〕

155号）（2016年11月9日）

10.《关于试点发展项目收益与融资自求平衡的地方政府专项债券品种的通知》（财预〔2017〕89号）（2017年6月2日）

11. 财政部《关于坚决制止地方以政府购买服务名义违法违规融资的通知》（财预〔2017〕87号）（2017年5月28日）

12.《关于做好2018年地方政府债务管理工作的通知》（财预〔2018〕34号）（2018年2月24日）

13.《关于做好2018年地方政府债券发行工作的意见》（财库〔2018〕61号）（2018年5月4日）

14.《关于做好地方政府专项债券发行工作的意见》（财库〔2018〕72号）（2018年8月14日）

**（四）金融监管相关文件**

1. 财政部关于印发《普惠金融发展专项资金管理办法》的通知（财金〔2016〕85号）（2016年9月24日）

2.《国际金融组织和外国政府贷款赠款管理办法》（财政部令第85号）（2016年10月11日）

3.《关于规范金融企业对地方政府和国有企业投融资行为有关问题的通知》（财金〔2018〕23号）（2018年3月28日）

**（五）PPP合同指南相关文件**

财政部《关于规范政府和社会资本合作合同管理工作的通知》（财金〔2014〕156号）

**（六）重点行业相关文件**

1. 财政部关于印发《城镇保障性安居工程贷款贴息办法》的通知（财综〔2014〕76号）（2014年10月17日）

2. 财政部关于印发《中央财政水利发展资金使用管理办法》的通知（财农〔2016〕181号）（2016年12月2日）

3. 财政部《关于开展田园综合体建设试点工作的通知》（财办〔2017〕29号）（2017年5月24日）

### （七）其他

1. 财政部《关于规范政府和社会资本合作（PPP）综合信息平台运行的通知》（财金〔2015〕166号）（2015年12月18日）

2. 财政部关于印发《政府和社会资本合作（PPP）综合信息平台信息公开管理暂行办法》的通知（财金〔2017〕1号）（2017年1月23日）

3. 财政部关于印发《政府和社会资本合作（PPP）咨询机构库管理暂行办法》的通知（财金〔2017〕8号）（2017年3月22日）

4. 财政部《关于进一步做好政府采购信息公开工作有关事项的通知》（财库〔2017〕86号）（2017年4月25日）

## 五、国家发展改革委规范性文件

### （一）总则性政策

1. 国家发展改革委《关于开展政府和社会资本合作的指导意见》（发改投资〔2014〕2724号）（2014年12月2日）

2. 国家发展改革委关于切实做好《基础设施和公用事业特许经营管理办法》贯彻实施工作的通知（发改法规〔2015〕1508号）（2015年7月2日）

3. 国家发展改革委关于印发《政府出资产业投资基金管理暂行办法》的通知（发改财金规〔2016〕2800号）（2016年12月30日）

4. 国家发展改革委《关于加快运用PPP模式盘活基础设施存量资产有关工作的通知》（发改投资〔2017〕1266号）（2017年7月3日）

### （二）PPP操作流程相关文件

国家发展改革委关于印发《传统基础设施领域实施政府和社会资本合作项目工作导则》的通知(发改投资〔2016〕2231号）（2016年10月24日）

### （三）财税预算/地方政府债务相关文件

1. 国家发展改革委办公厅《关于进一步规范地方政府投融资平台公司发行债券行为有关问题的通知》（发改办财金〔2010〕2881号）（2010年11月20日）

2. 国家发展改革委办公厅关于印发《战略性新兴产业专项债券发行指引》的通知（发改办财金〔2015〕756号）（2015年3月31日）

附件：战略性新兴产业专项债券发行指引

3. 国家发展改革委办公厅关于印发《养老产业专项债券发行指引》的通知（发改办财金〔2015〕817号）（2015年4月7日）

4. 国家发展改革委办公厅关于印发《城市停车场建设专项债券发行指引》的通知（发改办财金〔2015〕818号）（2015年4月7日）

5. 国家发展改革委办公厅《关于充分发挥企业债券融资功能支持重点项目建设促进经济平稳较快发展的通知》（发改办财金〔2015〕1327号）（2015年5月25日）

6. 国家发展改革委办公厅关于印发《项目收益债券管理暂行办法》的通知（发改办财金〔2015〕2010号）（2015年7月29日）

7. 国家发展改革委办公厅关于印发《政府和社会资本合作（PPP）项目专项债券发行指引》的通知（发改办财金〔2017〕730号）（2017年4月25日）

**（四）重点行业相关文件**

1. 国家发展改革委《关于发布首批基础设施等领域鼓励社会投资项目的通知》（发改基础〔2014〕981号）（2014年5月18日）

2. 国家发展改革委《关于当前更好发挥交通运输支撑引领经济社会发展作用的意见》（发改基础〔2015〕969号）（2015年5月7日）

3. 国家发展改革委关于印发《加快城市停车场建设近期工作要点与任务分工》的通知（发改基础〔2016〕159号）（2016年1月25日）

4. 国家发展改革委《关于实施光伏发电扶贫工作的意见》（发改能源〔2016〕621号）（2016年3月23日）

5. 国家发展改革委办公厅《关于国家高速公路网新建政府和社会资本合作项目批复方式的通知》（发改办基础〔2016〕1818号）（2016年8月10日）

6. 国家发展改革委《关于切实做好传统基础设施领域政府和社会资本合作有关工作的通知》（发改投资〔2016〕1744号）（2016年8月10日）

7. 国家发展改革委办公厅《关于请报送传统基础设施领域PPP项目典型案例的通知》（发改办投资〔2016〕1963号）（2016年9月2日）

8. 国家发展改革委《关于创新和完善促进绿色发展价格机制的意见》（发改价格规〔2018〕943号）（2018年6月21日）

## 六、住房和城乡建设部规范性文件

### （一）PPP协议相关文件

1. 建设部关于印发《城市供水、管道燃气、城市生活垃圾处理特许经营协议示范文本》的通知（建城〔2004〕162号）（2004年9月14日）

2. 建设部关于印发《城镇供热、城市污水处理特许经营协议示范文本》的通知（建城〔2006〕126号）（2006年5月22日）

### （二）重点行业领域相关文件

1. 建设部关于印发《关于加快市政公用行业市场化进程的意见》的通知（建城〔2002〕272号）（2002年12月27日）

2. 建设部《关于加强市政公用事业监管的意见》（建城〔2005〕154号）（2005年9月10日）

3. 住房和城乡建设部关于印发《进一步鼓励和引导民间资本进入市政公用事业领域的实施意见》的通知（建城〔2012〕89号）（2012年6月8日）

4.《市政公用事业特许经营管理办法》（建设部令第126号）（2015修正）

5. 住房和城乡建设部《关于进一步推进工程总承包发展的若干意见》（建市〔2016〕93号）（2016年5月20日）

6. 住房和城乡建设部《关于做好2016年特色小镇推荐工作的通知》（建村建函〔2016〕71号）（2016年8月3日）

7. 住房和城乡建设部《关于公布第一批中国特色小镇名单的通知》（建村〔2016〕221号）（2016年10月11日）

8. 住房和城乡建设部《关于加强生态修复城市修补工作的指导意见》（建规〔2017〕59号）（2017年3月6日）

## 七、其他部门规范性文件

### （一）交通运输部文件

1.《经营性公路建设项目投资人招标投标管理规定》（交通部令2007年第8号）（2007年10月16日）

2. 交通运输部《关于鼓励和引导民间资本投资公路水路交通运输领域的实施

意见》(交规划发〔2012〕160号)(2012年4月13日)

3. 交通运输部《关于全面深化交通运输改革的意见》(交政研发〔2014〕242号)(2014年12月30日)

4. 交通运输部《关于印发全面深化交通运输改革试点方案的通知》(交政研发〔2015〕26号)(2015年2月18日)

5. 交通运输部《关于深化公路建设管理体制改革的若干意》见(交公路发〔2015〕54号)(2015年4月13日)

6. 交通运输部关于修改《经营性公路建设项目投资人招标投标管理规定》的决定(交通部令2015年第13号)(2015年6月24日)

7. 交通运输部办公厅关于印发《收费公路政府和社会资本合作操作指南》的通知(交办财审〔2017〕173号)(2017年11月22日)

**(二)民政部文件**

民政部《关于鼓励和引导民间资本进入养老服务领域的实施意见》(民发〔2012〕129号)(2012年7月24日)

**(三)国务院直属机构文件**

1. 国家广电总局《关于鼓励和引导民间资本投资广播影视产业的实施意见》(广发〔2012〕36号)(2012年5月22日)

2. 国家旅游局《关于鼓励和引导民间资本投资旅游业的实施意见》(旅办发〔2012〕280号)(2012年6月5日)

**(四)自然资源部文件**

1. 国土资源部办公厅关于印发《产业用地政策实施工作指引》的通知(国土资厅发〔2016〕38号)(2016年11月7日)

2. 自然资源部办公厅《关于进一步规范储备土地抵押融资加快批而未供土地处置有关问题的通知》(自然资办发〔2019〕3 号)(2019年01月09日)

**(五)中国保监会文件**

中国保监会关于保险资金投资政府和社会资本合作项目有关事项的通知(保监发〔2017〕41号)(2017年5月4日)

**(六)国家能源局文件**

1. 国家能源局《关于鼓励和引导民间资本进一步扩大能源领域投资的实施意

见》(国能规划〔2012〕179号)(2012年6月18日)

2. 国家能源局《关于鼓励社会资本投资水电站的指导意见》(国能新能〔2015〕8号)(2015年1月12日)

3. 国家能源局《关于在能源领域积极推广政府和社会资本合作模式的通知》(国能法改〔2016〕96号)(2016年5月26日)

**(七)国务院国有资产监督管理委员会**

《关于加强中央企业PPP业务风险管控的通知》(国资发财管〔2017〕192号)(2017年11月17日)